前　言

随着我国经济建设的蓬勃发展和人民生活水平的不断提高，我国的一些大、中、小城市相继开发建设了大量的生活小区、写字楼等，相应地，物业管理行业也迅速发展，对我国经济社会发展的推动作用日益显现。随着市场经济的发展和人民日益增长的对美好生活的迫切需要，人们对物业管理服务的质量和水平也提出了更高要求，对高技能物业管理专业人才的需求迅速增加，因此，如何快速培养出大批物业管理专业人才以及具有职业技能的从业人员，已成为目前我国物业管理职业教育的重要问题。本书正是在这样的背景下，根据《中华人民共和国职业教育法》（最新版本）、《国家职业教育改革实施方案》、《职业教育提质培优行动计划（2020—2023年）》《"十四五"职业教育规划教材建设实施方案》等文件编写的。本书全面贯彻党的教育方针，落实立德树人根本任务，强化教材建设国家事权，突显职业教育类型特色，坚持"统分结合、质量为先、分级规划、动态更新"原则。本书力求完整、准确、坚定不移用习近平新时代中国特色社会主义思想铸魂育人，为党育人、为国育才，踔厉奋发、勇毅前行，培养社会主义事业建设者和接班人，同时为物业行业培育出大批应用型、技能型专业人才，为行业发展不断输送优质的人才资源。

基于上述目标，本书充分考虑职业院校学生的特点和现状，科学评估职业院校学生的接受能力和意愿，按照"以案例教学为基础，以实践技能培养为中心"的编写思路，从调动学生专业兴趣入手，以通俗易懂、生动真实的案例为导引，使其充分理解物业管理的针对性、实用性和可操作性。书中列举了大量应用范例和各种文书范例，目的是为学生以后的实际工作提供参考。为培养学生的实践能力，每章末设计了知识训练，通过多样性习题的解答，进一步加深对各章节内容的理解与应用，并在书末单独设计了物业管理技能训练；实行"理实一体化"教学，充分发挥教师的主导作用，通过设定学习目标，让师生双方边教、边学、边做，全程构建素质和技能培养框架，丰富课堂教学和实践教学环节，提高教学质量。

本书共十章，分别为物业管理概述、物业管理的组织机构、早期介入与前期物业管理、物业基础管理、各种类型物业的管理与服务、物业管理服务策划、物业风险管理、物业服务企业多种经营、物业服务企业常用文书及物业管理技能训练。另外，本书配有电子课件和四套期末电子试卷及其参考答案，以及书中知识训练题、物业管理技能训练题的参考答案，若有需要，可在网站 www.abook.cn 下载。

本书充分体现理论与实践相结合、校企合作双元开发、工学结合的特点，采取典型案例导学及各类知识训练题和技能训练题模拟实践教学。全书具体特色如下。

（1）体例特点

本书在结构安排上灵活创新，前九章每章都设有学习目标、案例导学、本章小结、知识训练，在最后一章设置 30 个典型案例以便进行实践技能训练。教学内容中穿插知识链接，介绍物业管理服务实际工作中常用表格和常用文书等资料，使全书体例活泼新颖，实用性更强。

（2）编写理念

本书以“立德树人”为目标，以“教育不是把脑袋灌满，而是让思维活跃”为前提，以“工学结合、知行合一、德技并修”为指导思想，注重将专业素质、职业修养和工匠精神融入全书内容，重点培养学生从事物业管理服务工作需要掌握的工作技能，并养成良好的职业心态和职业素养。

（3）注重实践技能培养

在本书编写过程中，编者对历届在物业服务企业工作或实习的学生进行了跟踪反馈、面谈交流，并与沈阳市多家物业服务企业进行了交流，力求理论联系实际，注重实践技能培养。全书从形式到内容都注重对实践技能、动手能力、分析能力和沟通能力的培养，以培养学生分析问题和解决问题的能力为宗旨。

（4）知识性和趣味性相结合

本书在写作方法上，采用了理论和实践密切结合的原则，力求做到理实一体化。着重选择实用性强的方式方法、经典案例、实用表格、文书范例等，案例的选择尽可能做到通俗易懂、典型实用，并努力让学生对所选的案例或模板有阅读兴趣和学习兴趣，以便启迪学生的思维，调动学生的学习积极性，开发学生的潜能，培养学生的物业服务意识和协调沟通能力。

（5）融入课程思政元素

本书明确了课程本身的教学目标、尽量科学合理地拓展专业课程的广度和深度，挖掘提炼专业知识体系中所蕴含的思想价值和精神内涵，注重培养学生科学的思维方式和道德意识，注重培育正确的人生观、世界观、价值观、法治观、道德观、审美观和劳动观，立德树人，注重培养有责任、有担当、有家国情怀的物业服务人才。

本书由辽宁生态工程职业学院教师和沈阳市多家物业服务企业经理人共同编写，由贾英杰担任主编，高世春担任副主编，李红艳担任主审，参编人员有刘鑫、侯瑞、刘阳洋（企业经理人）、方思远（企业经理人）。在本书编写过程中，编者认真阅读了《中华人民共和国民法典》中与物业服务工作相关的法条，认真学习领会教育部 2020 年 5 月 28 日印发的《高等学校课程思政建设指导纲要》的具体内容和精神，并实地考察了多家物业服务企业，与之进行了深入的交流和探讨，同时邀请多年从事物业管理服务工作的资深经理人和大批从事物业管理服务工作的一线往届毕业生及应届实习学生参与。本书的编写也得到了本院领导、同行及专家的指点，并参阅了大量同类教材、论文、著作及资料，沈阳地区多家物业服务企业以及个人为本书提供了相关资料，尤其是沈阳万科物业服务企业的从业人员为本书提供了极大的帮助，在此对所有提供帮助的企业和个人一并表示衷心的感谢！

由于编者水平有限，书中难免有不足之处，期待读者多提宝贵意见。

编　者

2021 年 11 月

目　录

第一章
物业管理概述

学习目标

知识目标

1. 了解物业管理的产生与发展。
2. 掌握物业、物业管理的含义，明确物业管理服务的对象和目标。
3. 掌握物业管理服务的基本内容及物业服务成本的构成。

技能目标

1. 能将所学的基本理论知识应用到实际工作中，并能提出合理化建议。
2. 具有初步的人际沟通协调能力。

思政育人目标

1. 树立正确的世界观、人生观和价值观。
2. 具有诚实守信的职业道德。

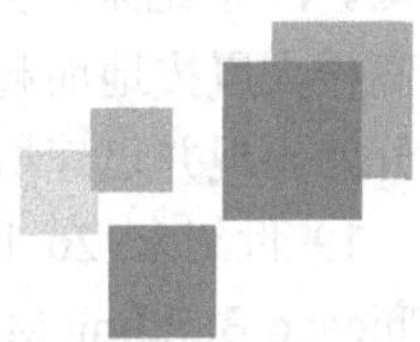

案例导学

物业管理到底是管理还是服务?

某住宅小区在有了物业管理服务后，不少居民对物业服务企业的一些工作很不理解。例如，物业服务企业人员不让业主把车停放在楼下门口，把小区原来的四个出口封闭了两个，不让居民把被子拿到小区内的空地上随意晾晒等，而且对居民的态度也不尽如人意。

这些居民非常疑惑，不是说物业服务企业是业主聘请来为业主服务的吗？可物业服务企业为何又处处管着业主？物业管理到底是管理还是服务?

【案例评析】

物业管理中一个很重要的法律关系是：业主和物业服务企业之间是聘用与被聘用、委托与被委托、服务与被服务的关系，双方是平等的民事主体，法律上没有谁管理谁的问题。

从理论上说，物业管理所包含的法律关系的实体内容既有服务内容，又有管理内容，管理和服务融合在一起，不能分开。

从实际情况看，物业管理工作既有打扫卫生、房屋与设备维修、绿化清洁等服务工作，又有住宅小区内的道路车辆管理、安保管理、制止违章行为等具有管理性质的工作。

因此，既不能将物业管理单纯地理解为管理，也不能将它单纯地理解为服务。

物业管理是集经营、管理、服务于一体并寓管理、经营于服务之中的第三产业。

第一节　物业管理的起源与发展概述

一、物业管理的产生与发展

一般认为，物业管理起源于 19 世纪 60 年代的英国，由于英国工业大发展需要，出现了房屋出租。为维护进城农民居住者的权利，亟须一套行之有效的管理方法，于是诞生了专业的物业管理。自此以后，物业管理逐渐传遍世界各地。

物业管理虽然起源于英国，但真正意义上的现代化物业管理形成于 19 世纪末期的美国。19 世纪末，美国经济正处于迅速发展的时期，伴随着建筑技术的不断进步，一幢幢高楼大厦拔地而起。在这种情况下，大厦管理问题越来越突出，于是专业物业管理机构开始出现并迅速增加，物业管理行业组织也逐渐形成。

19 世纪末 20 世纪初，美国经济迅速发展。1908 年，芝加哥建筑物管理人员组织（Chicago Building Managers Organization，CBMO）召开第一次全国性会议，宣告了全世界第一个专门的物业管理行业组织的诞生。此后，物业管理日益被业主和政府重视，逐

渐发展成一个新型的服务行业。

二、我国物业管理的发展历程及发展趋势

（一）我国物业管理的发展历程

我国香港的物业管理产生于20世纪50年代，而内地社会主义市场经济体制下的物业管理探索和尝试则始于20世纪80年代初期。1981年3月10日，深圳市第一家涉外商品房管理的专业公司——深圳市物业管理公司挂牌成立。该公司按照社会化、专业化的管理原则和企业经营的方式，对住宅小区实施专业管理，为业主提供有偿服务，收取相应的服务费用，建立了“独立核算、自负盈亏、自我发展、自我完善”的运行机制，使房屋管理工作从政府行为变为企业行为，从政府补贴为主变为自负盈亏，为全国房屋管理工作的改革提供了成功的经验。2000年10月，在北京举行的中国物业管理协会第一次全国会员代表大会通过了《中国物业管理协会章程》，选举产生了第一届理事会和常务理事会、名誉会长、会长、副会长、秘书长和副秘书长，会议宣告中国物业管理协会成立。协会总部设在北京。由此，我国城镇房屋管理开始逐步走上专业化的发展道路。

我国社会主义市场经济体制下的物业行业发展大致可以分为以下四个阶段。

第一阶段（1981—2003年）是探索和尝试阶段，即初创期。这一阶段的特点是：只有基础物业服务，行业集中度很低；在管面积低，因此盈利能力也低；缺乏扩张动力。

第二阶段（2004—2012年）是深入探索和发展阶段，即传统业务发展期。这一阶段的特点是：以基础物业服务为主，增值物业服务开始出现；行业集中率极低，收费标准上涨乏力；自然成长，缺乏扩张目标。

第三阶段（2013—2017年）是提高物业管理普及率和创新发展阶段，即转型探索期。这一阶段的特点是：基础物业服务+社区值服务，建设平台模式提高服务盈利能力；行业集中度仍低，但逐步提高；增值业务创造盈利点，传统业务人力成本上升制约总体盈利能力。

第四阶段（2018年至今）是依法管理的市场化、智能化发展阶段，即高速发展期。这一阶段的特点是：以基础物业服务为本，以增值业务为盈利主要来源，各龙头企业构建平台模式；行业集中度加速提升；行业总体盈利水平提升，但业内盈利差异化明显。

（二）我国物业管理的发展趋势

1. 物业管理人力成本提高

2019年1月1日开始实施的《国税地税征管体制改革方案》明确各项社会保险费交由税务部门统一征收。此项变革意味着社保缴费基数将受到严格稽核，社保支出将受到规范征缴。同时政策将有利于物管行业的规范化发展，但人力成本的上升不仅会倒逼行业的技术升级和智能化转型，还会加速行业的优胜劣汰。

2. 物业基础业务外包

物业服务企业是典型的劳动密集型企业，人工成本的刚性上涨成为重要挑战。外包一方面能够提升成本运用效率，另一方面也是通过第三方的专业性提升整体服务质量。基础业务外包是行业的发展趋势，有利于专业化和精细化管理，我国物业百强企业外包占比持续提高。2017 年，我国物业百强企业外包项目中，清洁业务外包项目数量占总项目数量的 60.3%，绿化业务外包占比为 43.1%，设备维护养护和秩序维护业务外包占比分别为 36.8%和 24.7%。

3. 物业行业迎来智能化升级——智慧物业

自 2016 年起，阿里巴巴和腾讯开始布局智慧社区，智慧物业成为其中的重要一环。2018 年是互联网巨头智慧物业布局加速落地的一年，它们为物管行业注入新的科技活力，有效地降低了物业管理的成本。阿里巴巴和腾讯开展智慧社区、智慧物业的模式不同：阿里巴巴选择以支付宝为核心平台，与筑家易集团、朗新云筑合作；而腾讯则以微信、QQ 等为流量入口，成立腾讯海纳。京东布局智慧社区较晚，但也已在全国开设多家京东帮智慧社区店，为客户提供家电清洗、水电维修、家政保洁、快递收发、地暖安装等服务。

物业管理行业逐步由劳动密集、专注于传统的物业管理服务向集约化、自动化、智能化、互联化转变。各大型物业企业已经初步建立了智能化的物业管理系统，如智能停车缴费、智能门禁系统、物业线上缴费系统、手机 APP 等。

第二节　物业和物业管理

一、物业

（一）物业的含义

物业，英语为 estate 或 property，意指财产、地产、房地产等，包括房业和地业，是房屋及其配套的附属设施场地的总称。事实上，物业一词原是香港房地产业中惯用的术语，特指与地产相联系的房产，主要是指一个住宅单位、楼宇或建筑物。

我国首次明确定义“物业”概念的立法是 1994 年制定的《深圳经济特区住宅区物业管理条例》，该条例规定，“本条例所称物业，是指住宅区内各类房屋及相配套的公用设施、设备及公共场地”，“写字楼、商住楼等物业的管理可参照本条例执行”。第一次对“物业”作出全面界定的立法是 1998 年制定的《广东省物业管理条例》，该条例第二条第四款规定，“本条例所称物业，是指已建成并交付使用的住宅、工业厂房、商业用房等建筑物及其附属的设施、设备和相关场地”。

目前，我国理论界和实务界关于物业概念内涵和外延的认识基本趋于一致，一般认为，物业是指已经建成并竣工验收投入使用的各类房屋及其与之配套的设备、设施和相关场地。在我国，一个完整的物业一般由建筑物本体、配套的设施设备及相关场地几个部分构成。

1. 建筑物本体（房屋）

建筑物本体包括居住、商业及工业等各种用途的各类建筑。各类建筑可以是住宅房屋，如居民楼、公寓、别墅等，也可以是非住宅房屋，如工业厂房、仓库、商业大厦、写字楼、商店、饭店、医院、体育场馆、机场、码头、公共建筑、办公楼等。

2. 配套的设施设备

配套公共设施是指与房屋建筑相配套的公用管线和公用设施，一个物业区域内全体业主共有共用的设施有道路、绿地、停车场（库）、垃圾房等；也指为市民提供公共服务产品的各种公共性、服务性设施，按照具体的项目特点可分为教育、医疗卫生、文化娱乐、交通、体育、社会福利与保障、行政管理与社区服务、邮政电信和商业金融服务等。配套设备是指建筑物内部的各项设备，包括位于自用部位内部、供业主和使用人自用的门窗、卫生设备等自用设备和位于共用部位、供整幢建筑的全体业主共同使用的水、电、燃气、有线电视等的线路和管道等共用设备，如电梯、空调、备用电源等。

3. 相关场地

相关场地是指物业所占用的土地，包括建筑地块、庭院及停车场等。一座孤零零的不具备任何设施的楼宇或单体建筑，不能称为完整意义上的物业。

（二）物业的性质

1. 物业的自然属性

物业的自然属性也称物业的物理性质，通常包括以下几个方面。

（1）物业的二元性

物业的二元性是指物业由土地和建筑物两大部分构成，兼有土地和建筑物两方面的物质内容，从而兼有土地和建筑物二者所特有的性质。

（2）物业空间位置的固定性

物业空间位置的固定性主要是指其空间位置的不可移动。由于土地具有位置固定性，房屋及其附属设施设备都依附于一定的地块，所以物业具有空间位置的固定性。这一特性也派生了物业的地区性、个别性和有限性。因为空间位置不可替代，所以没有两宗完全相同的物业。

（3）物业形式上的多样性

因建筑物功能、位置、自然环境、技术条件等不同，形成了物业形式上的多样性，即每宗物业在区位、类别、品种、规格、结构、式样、品质及功能等方面都有区别于他宗物业的地方。

（4）物业使用寿命上的长期性

物业使用寿命的长期性有两层含义：第一，物业构成要素之一的土地，就一般意义而言，具有不可毁灭性，即其标示的空间地理位置是固定的；第二，土地上建筑物的自然寿命短则十几年、几十年，长则数百年，所以，物业一经建筑完成，可供人们长期使用。

（5）物业的有限性

由于土地的绝对数量是有限的，且不可再生，并且用来开发建设的土地更加有限，人类只能在有限的土地上开发建设，所以物业的数量受到一定的限制。土地的有限性决定了物业的有限性。

（6）物业的配套性

物业的配套性是指物业以其各种配套设施设备满足人们各种需要的特性。没有配套的设施设备，就不是完整意义上的物业。以住宅为例，如果住宅室内没有厨房和卫生间等配套设施，如果住宅附近没有配套的医院和农贸市场等必备的设施设备，就会造成使用不便，也会影响房屋功能的发挥。

2. 物业的社会属性

从物业作为一种商品进行交易来看，物业具有经济属性；从物业权属问题来看，物业具有法律属性。物业的社会属性主要表现为以下几个方面。

（1）物业的经济属性

物业的经济属性表现为：物业的价值是通过市场交易活动实现的；物业具有保值、增值性；物业受宏观政策的调控。物业的基本经济属性是物业的商品属性，一是体现在物业的买卖、租赁、抵押、土地使用权的转让，二是体现在物业的经营活动必须遵循市场价值规律。

（2）物业的法律属性

物业的法律属性集中表现在物权的关系上。在我国，房地产物权是指物权人在法律规定的范围内享有的房屋所有权和所占有土地的使用权。

（3）物业的权属性

物业权属最重要的内容是物业的所有权和物业的使用权。物业的所有权是指物业所有者在法律规定的范围内对该物业所拥有的占有、使用、收益和处分的权利；物业的使用权是指依法经营或使用物业的权利。物业的权属性是指物业在法律上有着明确的权属关系。

（4）物业的效用性

在市场经济条件下，物业本身既有经济价值又有使用价值，物业的效用性是指物业对人们生活的使用价值，即物业能够满足人们的某些需求。

（5）物业的保值、增值性

由于土地资源稀缺，房屋建筑规模大、配套多、建造周期长，因此物业开发建设投资巨大，而且随着社会的发展和人们生活水平的提高，人们对物业某些方面的需求日益增加，这些都会使物业保值、增值。

二、物业管理

（一）物业管理的概念

一般来说，对物业管理含义的理解主要有广义和狭义两种。就广义而言，物业管理

泛指一切有关房地产开发、租赁、销售及售租后的服务，包括房屋及其配套的设施设备保养和维修、环境保洁和绿化、安全秩序以及社区康乐类有益活动与生活服务等。总之，广义的物业管理应当包括房地产所有经营管理方面的事宜。狭义的物业管理主要是指有关房地产及其辅助设备、设施售租后的服务。

2003 年 9 月 1 日开始实施的《物业管理条例》第二条规定："本条例所称物业管理，是指业主通过选聘物业服务企业，由业主和物业服务企业按照物业服务合同约定，对房屋及配套的设施设备和相关场地进行维修、养护、管理，维护物业管理区域内的环境卫生和相关秩序的活动。"对《物业管理条例》中物业管理的定义理解如下。

1. 物业管理是由业主通过选聘物业服务企业的方式来实现的活动

对于房屋等建筑物的管理，业主可以根据不同情况采用不同的方式。从实际情况来看，主要有三种方式：其一是业主自己进行管理；其二是业主将不同的服务内容委托给不同的专业公司；其三是业主选聘物业服务企业进行管理。《物业管理条例》调整和规范的范围仅限于业主选聘物业服务企业所进行的物业管理服务活动。当然，这并不意味着业主采用其他方式对建筑物进行管理的行为没有法律约束。就业主自行管理而言，作为建筑物的所有权人，业主可行使对建筑物的占有权、使用权、收益权和处分权，对建筑物的维修、养护和管理属于业主行使所有权的体现，对此，《中华人民共和国民法典》（以下简称《民法典》）已有规定。就业主委托专业公司提供专项服务而言，业主和专业公司之间是委托服务合同关系，也应当按照《民法典》等相关法律法规的规定执行。《物业管理条例》之所以就业主通过选聘物业服务企业实施建筑物管理单独立法，是基于这种方式的特殊性。业主有权选择适合自己的方式来管理自己的物业。换言之，是否选聘物业服务企业来对物业实施管理，是业主的权利。《物业管理条例》并不强制业主必须选择物业服务企业来实施物业管理，但是，如果业主通过选聘物业服务企业的方式来对物业进行管理，则应当按照《物业管理条例》的规定来进行。

2. 物业管理活动的依据是物业服务合同及相关法律法规

物业管理活动的实质是业主和物业服务企业以物业管理服务为标的所进行的一项交易。物业服务合同是业主和物业服务企业订立的关于双方在物业管理活动中的权利义务的协议。物业服务合同是物业管理活动产生的契约基础。物业服务企业是基于物业服务合同的约定来为业主提供物业管理服务的。物业服务合同确立了业主和物业服务企业之间被服务者和服务者的关系，明确了物业管理活动的基本内容。物业服务企业根据物业服务合同提供物业管理服务，业主根据物业服务合同交纳相应的物业服务费用，业主和物业服务企业双方是平等的民事法律关系。《民法典》规定，建设单位、物业服务企业或者其他管理人等利用业主的共有部分产生的收入，在扣除合理成本之后，属于业主共有；物业服务企业或者其他管理人应当执行政府依法实施的应急处置措施和其他管理措施，积极配合开展相关工作。

3. 物业管理的内容是对物业进行维修、养护、管理及对物业管理区域内的环境卫生和秩序进行维护

物业管理的内容由业主和物业服务企业在物业服务合同中约定。主要有两方面：一是对房屋及配套的设施设备和相关场地进行维修、养护、管理；二是维护物业管理区域内的环境卫生和秩序，包括物业服务企业提供的清洁卫生、安全防范、装饰装修等服务。除此之外，物业服务企业可以接受业主和使用人的特别委托，有偿为其提供物业服务合同约定以外的服务项目。

根据《物业管理条例》对物业管理的界定，对物业管理的概念可以进一步理解为：物业管理是指物业服务企业的经营人接受物业所有人的委托，依照国家有关法律规范，按照物业服务合同或契约行使管理权，运用现代管理科学和先进维修养护技术，以经济手段对物业实施多功能、全方位的统一管理，并为物业所有人和使用人提供高效、周到的服务，使物业发挥最大的使用价值和经济价值。

传统意义上的物业管理所管理的对象往往局限于建筑实体的管理，也就是说，所管理的是建筑的结构主体和配套设施、设备场地的物业实体，忽视了建筑的文化含量和精神价值以及建筑与人息息相关的心理联系。现代物业管理应包括新的内涵，在更开阔的层面上不再局限于对建筑实体的管理，而更关注空间与人、文化与价值等附着于建筑物之上的精神内涵，注重经济效益、社会效益、环境效益的协调发展，最终以提升物业使用人的生活质量和社会的和谐进步为主要目标。

（二）物业管理的内涵

物业管理的内涵主要表现为以下几点：

① 实施物业管理的机构，必须是具有法人资格，并经政府有关部门注册认可的专业组织；

② 物业管理是一种经营型的管理方式；

③ 物业管理所提供的劳务和服务能起到完善物业使用的效能，并使物业具有保值、增值的作用；

④ 物业管理是综合性的管理；

⑤ 就法律属性而言，物业管理是具有中介性质的管理，通过一定的契约，规定相关各方的权利和义务。

（三）物业管理的性质

物业管理的性质主要表现为以下几点：

① 物业管理是一种服务性行业，属于第三产业；

② 物业管理活动的对象是各种各样的物业，物业管理服务的对象是业主和使用人；

③ 物业管理不直接生产有形状的商品，只提供服务；物业管理作为房地产综合开发的延伸和完善，存在于房地产的消费环节中；

④ 物业管理是集管理、经营、服务于一体并寓管理、经营于服务之中的活动。

（四）物业管理的基本特征

物业管理作为现代房屋管理的一种管理模式，是随着房地产经济市场化和住房商品化发展而产生的，它是房地产生产、流通、消费领域的延续，也是房地产产业的一个重要分支。按照社会产业部门划分的标准，物业管理属于第三产业。物业管理实行的是企业化经营、专业化管理、社会化服务和市场化运作的运行机制。企业化、专业化、社会化和市场化是物业管理的基本特征。

1. 企业化

物业管理组织是企业组织，所提供的商品是服务，物业管理的属性是经营，实行的是有偿服务、合理收费。物业服务企业必须按现代企业制度组建，自主经营、自负盈亏、自我发展。物业服务企业应依照物业管理市场的运行规则参与市场竞争，开展物业管理经营活动。物业服务企业可以通过多种经营，使物业管理逐步走上"以业养业、自我发展"的道路，这样既可以减轻政府和各主管部门的压力和负担，又可以使业主得到全方位、多层次、多项目的服务，并获得安全、舒适的居住环境和工作环境，从而实现物业管理服务行业的快速发展。

2. 专业化

物业管理的专业化，指的是由物业服务企业通过合同或契约的签订，按照产权人和使用人的意志和要求去实施专业化管理。这就要求有专业的人员配备，有专门的组织机构，有专门的管理工具设备，有科学、规范的管理措施与工作程序，运用现代管理科学和先进的维修养护技术实施专业化的管理。物业管理专业化是现代化大生产专业分工的必然结果，因此，要求物业服务企业必须具备一定的资质、物业管理从业人员必须具备一定的职业资格。

3. 社会化

物业管理的社会化，指的是摆脱了过去那种自建自管的分散管理体制，由多个产权单位、产权人通过业主大会选聘一家物业服务企业；变多个产权单位、多个管理部门的多头、多家管理为物业服务企业的统一管理，在业主大会委托授权的范围内集中实施社会化管理，从而克服旧体制下各自为政、多头管理、相互扯皮、互相推诿的种种弊端，以提高整个城市管理的社会化程度，充分发挥住宅小区与各类房屋的综合效益和整体功能，使之实现社会效益、经济效益和环境效益的统一。

物业管理社会化有两个基本含义：一是物业的所有权人要到社会上选聘物业服务企业，二是物业服务企业要到社会上寻找可以代管的物业。

物业的所有权、使用权与物业的经营管理权相互分离，是物业管理社会化的必要前提，现代化大生产的社会专业分工则是实现物业管理社会化的必要条件。

4. 市场化

市场化是物业管理最主要的特点。在市场经济条件下，物业管理的属性是经营，所提供的商品是劳务，方式是等价有偿，业主通过招投标选聘物业服务企业，由物业服务企业来具体实施。物业服务企业是按照现代企业制度组建并运作，具有明确的经营宗旨和管理章程，实行自主经营、独立核算、自负盈亏，能够独立承担民事责任的企业法人。物业服务企业向业主和使用人提供劳务和服务，业主和使用人购买并消费这种服务。在这样一种新的机制下逐步形成有活力的物业管理竞争市场，业主有权选择物业服务单位，物业服务单位必须靠自己良好的经营和服务才能进入和占领这个市场。这种通过市场竞争机制和商品经营的方式所实现的商业行为就是市场化。双向选择和等价有偿是物业管理市场化的集中体现。

（五）物业管理服务的对象

1. 物业管理的对象

物业管理的对象是物业，包括硬件和软件两部分。硬件是指建筑物或构筑物实体、建筑用地及相关场地、机电设备系统、市政公用设施等一系列实体；软件是指生活环境、工作环境、服务功能等方面。

2. 物业服务的对象

物业服务的对象是业主和用户（也可以说服务的对象是人）。物业服务不仅要保证人们的正常生产、生活，还要创造优美、舒适的生活环境，使人们得到精神上的享受，提高生活和工作质量。

（六）物业管理服务的目标

物业管理服务的目标主要体现在以下几个方面：

① 为业主服务，使物业保值、增值；

② 为用户（业主及非业主使用人）服务，创造整洁、文明、安全、舒适、和谐的生活和工作环境，提高广大业主和使用人的生活质量；

③ 为社会服务，使家庭和社会协调发展，最终实现社会效益、经济效益和环境效益的协调统一。

（七）物业管理的作用

物业管理的作用主要体现在以下几个方面。

1. 有利于促进经济增长

住房消费是相当长一段时期居民消费的热点，以住宅为主的房地产业是全面建设小康社会时期国民经济增长的持续推动力。1998 年以来，随着城镇住房制度改革的重大突破，居民住房消费的积极性得到充分调动，促进了居民消费结构转型，也促进了房地产业的持续快速发展，对国民经济增长起到了重要的推动作用。因此，物业管理不但有利于刺激居民购房的积极性，其本身也对扩大消费、拉动经济增长有重要作用。

2. 有利于提高居住质量和改善居住环境

经济发展的根本目的是提高人们的生活水平。提高居住质量是全面建设小康社会的重要任务。为了向更高生活水平迈进，重点是改善居住、卫生、交通、通信条件，扩大服务性消费，逐步增加公共设施和社会福利设施。提高居住质量，既要靠住宅建设的科技进步，又要有良好的物业管理，提供房屋及其设施设备的维修养护、绿化、保洁等专业性服务，创造安全舒适的居住环境。

3. 有利于增加就业

就业是民生之本，扩大就业是我国当前和今后长时期重大而艰巨的任务。当前我国正处于城镇化高速发展时期，农村劳动力向非农产业的转移、农村人口向城镇的转移是世界历史上最大规模的就业和人口转移。住宅建设的持续快速发展和物业管理覆盖面的不断扩大促使物业管理就业容量增大，对增加就业将起到积极的推动作用。

4. 有利于维护社区稳定

维护社会安定是全面建设小康社会的重要保障。物业管理是社区服务的重要组成部分。通过规范社区建设与物业管理各主体之间的关系，整合资源，可以推进物业管理与社区建设的协调发展，形成推进社区建设的整体合力，这样既有利于为居民创造良好的居住环境，也有利于促进社区安定和社区精神文明建设。物业服务企业对维护社区环境和秩序具有积极作用。

5. 有利于促进物业的保值和增值

物业管理作为房地产开发活动的后继延伸，对提高房地产开发项目的品牌效应、促进房地产开发的良性循环、提高城市建设和城市管理的专业化和现代化都有着重要意义。物业管理作为房地产消费阶段的管理环节，对房地产保值、增值具有重大影响。

（八）物业管理的基本原则

1. 权责分明原则

在物业服务区域内，业主、业主大会、业主委员会、物业服务企业的权利与责任应当非常明确，物业服务企业各部门的权利与职责要分明。一个物业服务区域内的全体业主组成一个业主大会，业主委员会是业主大会的执行机构。物业的产权是物业服务权的基础，业主、业主大会或业主委员会是物业服务权的主体，是物业服务权的核心。

2. 业主主导原则

业主主导是指在物业服务活动中，以业主的需要为核心，将业主置于首要地位。强调业主主导是现代物业管理与传统体制下房屋管理的根本区别。

3. 服务第一原则

物业服务企业所做的每一项工作都是服务，物业管理必须坚持服务第一的原则。

4. 统一管理原则

一个物业管理区域只能成立一个业主大会，一个物业管理区域由一个物业服务企业实施清洁卫生、环境绿化、房屋维修、道路车辆、安全以及附属的设备设施等物业服务。

5. 专业高效原则

物业服务企业进行统一管理，并不等于所有的工作都必须由物业服务企业自己来承担，物业服务企业可以将物业管理区域内的专项服务委托给专业性管理企业，但不得将该区域内的全部物业管理一并委托给他人。

6. 收费合理原则

物业管理的经费是搞好物业管理的物质基础。物业服务收费应当遵循合理、公平以及费用与服务水平相适应的原则，区别不同物业的性质和特点，由业主和物业服务企业按有关规定进行约定。收缴的费用要让业主和使用人能够接受并感到质价相符，物有所值。物业管理的专项维修资金要依法管理和使用。物业服务企业可以通过实行有偿服务和开展多种经营来增加收入。

7. 公平竞争原则

物业管理是社会主义市场经济的产物，在市场经济中应当实行公开、公平、公正的竞争机制，在选聘物业服务企业时，应该坚持招标、投标制度，委托方发标，一般要有三个以上的物业服务企业投标，招标要公开，揭标要公正。

8. 依法行事原则

物业管理遇到的问题十分复杂，涉及的法律非常广泛，整个物业管理过程中时时刻刻离不开法律、法规。依法签订的《物业服务合同》是具有法律效力的规范文书，是物业管理服务的基本依据。

三、物业管理服务的基本内容

物业管理属于第三产业，是一种服务性行业，主要包括常规性的物业管理与服务及综合经营管理与服务两方面。

（一）常规性的物业管理与服务

常规性的物业管理与服务是指业主与物业服务企业按照物业服务合同约定实施的常规性公共服务，常规性的公共服务是物业管理中最基本的管理工作，是物业管理区域中所有使用人都享受的，由物业服务企业提供的最基本的服务。

常规性物业管理与服务的基本内容通常有以下几个方面。

1. 房屋及共用设施设备维修、养护管理

房屋及共用设施设备维修、养护管理主要是指对各类建筑物、各种配套设施设备的维修、养护与管理，如房屋共用部位的维修与养护，照明系统的维修养护，配电设备的维修与养护，配套的供水系统、供暖系统、空调系统、电梯运行系统等的维修与养护管理。

2. 环境卫生与绿化管理

环境卫生与绿化管理是为了净化和美化物业环境而进行的管理与服务工作。环境卫生与绿化是物业管理的重要组成部分，是一项能够体现物业管理水平高低的重要标志。环境卫生是指对各种垃圾、污水、雨水的处理，防鼠灭虫，外墙的粉刷和清洗，垃圾箱和垃圾房的清洁消毒处理，也包括对区域内饮用水等的清洁保养和检查监督等管理工作。绿化工作是指对区域内花草树木的养护工作，包括定期修剪、浇水、施肥、防治病虫害、更换花木、营造园林绿地等。

3. 公共安全管理

公共安全管理是为维护物业管理区域内人们正常的工作与生活秩序而进行的一项专门性的管理与服务工作，它包括物业管理区域内的安全、保卫、警戒以及对排除各种干扰的应急防范管理。

4. 消防管理

消防管理是指预防物业火灾发生，或最大限度地减少火灾的损失。消防管理也是一项专门性的管理与服务工作。消防工作包括灭火和防火，让业主或租户具有人人防火和自救的意识，配备专职人员，订立消防制度，保证消防设备处于良好待用状态。

5. 车辆道路管理

车辆道路管理是物业管理中的一件十分琐碎而又不可或缺的工作。车辆道路管理看起来是一件小事，但处理起来并不容易。车辆道路管理包括车辆的保管、道路的管理、交通秩序的维护等。

6. 物业装饰装修管理

在物业管理服务过程中，遇到房屋装饰装修时，必须做好装修垃圾的清运处理工作并履行告知义务，即在装饰装修工作进行前就以书面的形式将禁止行为和注意事项告知

相关人员。例如，住宅室内装饰装修活动禁止下列行为：

① 未经原设计单位或者具有相应资质等级的设计单位提出设计方案，变动建筑主体和承重结构；

② 将没有防水要求的房间或者阳台改为卫生间、厨房间；

③ 扩大承重墙上原有的门窗尺寸，拆除连接阳台的砖、混凝土墙体；

④ 损坏房屋原有节能设施，降低节能效果；

⑤ 其他影响建筑结构和使用安全的行为。

7. 物业档案资料管理

物业档案资料管理是物业管理机构内部一个不可缺少的、基础性的工作。档案所涉及的内容相当多，既包括房地产开发立项、建筑相关的文件资料，又包括业主入住、产权户籍管理等相关的文件资料，还包括物业管理自身的一些相关文件资料，如物业管理相关合同资料、物业运行记录资料、物业维修养护记录资料、物业设施设备管理记录资料、秩序维护资料、环境绿化保洁资料、社区文化资料及客户服务资料等。

8. 物业服务费的收取

收取物业服务费是一件细致而又复杂的工作，需要提前编制预算和收支账目，定期收取费用，同时还要随时准备处理在收取费用过程中的各种矛盾，及时、耐心地解答业主和使用人提出的各种疑问并接受广大业主的检查和监督。

（二）综合经营管理与服务

1. 综合经营管理与服务的含义

综合经营管理与服务，主要是为了方便业主的生活和工作而提供的全方位、多层次的服务。综合经营管理与服务也包括委托性的特约服务。

物业服务合同的标的是物业服务企业提供的公共性物业服务，物业服务的对象是物业管理区域内的全体业主。对每一个业主而言，依据物业服务合同享受的服务应是统一的。然而，由于每个业主都是独立的民事主体，除了全体业主共同需求之外，单个业主自然会有不同于他人的特殊需求。

委托性的特约服务通常是物业服务合同约定以外的服务，属于多种经营范畴。例如，某业主需要物业服务企业提供托管或接送小孩的服务，由于这一需求无法通过业主大会与物业服务企业订立的物业服务合同解决，因此可以与物业服务企业就该事项另行订立协议。物业服务企业为业主提供物业服务合同之外的特约服务项目通常为有偿服务，接受服务的业主需要支付一定的报酬。

《物业管理条例》第四十三条规定："物业服务企业可以根据业主的委托提供物业服务合同约定以外的服务项目，服务报酬由双方约定。"理解这条规定，需要注意以下几点。

第一，提供物业服务合同约定以外的服务项目并不是物业服务企业的法定义务。《物业管理条例》规定物业服务企业"可以"而不是"应当"提供相关服务。当然，提供物

业服务合同以外的服务，对业主而言，可以满足自身需求，提高生活质量；对物业服务企业而言，可以增强业主的亲和力和认同感，同时获得一定的经济利益。

第二，合同以外的服务事项需由特定的业主和物业服务企业另行约定。需要此项服务的业主需与物业服务企业另行协商，签订委托合同，约定双方的权利和义务。

第三，物业服务合同约定以外的服务是一种有偿服务。有偿服务意味着接受服务者需要为服务提供者支付相应的报酬。

2. 综合经营管理与服务涵盖的内容

综合经营管理与服务的具体内容通常包括以下几个方面：

① 衣食方面，如洗衣服务、制衣服务、鞋类修补保养服务、餐饮服务及音乐茶座等；

② 居住方面，如业主的房屋装修、房屋看管、房屋清洁、房屋代理租赁及业主房屋保修期满后的修缮等；

③ 购物方面，如开设超市提供日用百货的供应、蔬菜水果的供应及代送外卖等；

④ 娱乐方面，如开设美容美发店、休闲娱乐场所、健身运动场所以及阅读休闲场所等；

⑤ 增值服务，对业主的增值服务通常有家政服务、电商服务、社区金融、社区教育、房屋资产服务（二手房经纪、装修、租赁）及最后一公里配送服务，对非业主的增值服务通常有开发商新盘服务（新房销售代理、案场服务）、顾问咨询及广告服务等。

第三节　物业服务费及物业服务成本构成

一、物业管理服务费的概念

根据《物业服务收费管理办法》的规定，物业服务收费是指物业服务企业按照物业服务合同的约定，对房屋及配套的设施设备和相关场地进行维修、养护、管理，维护相关区域内的环境卫生和秩序，向业主收取的费用。

二、物业服务的收费原则

《物业管理条例》第四十条对物业服务收费作出原则规定：“物业服务收费应当遵循合理、公开以及费用与服务水平相适应的原则，区别不同物业的性质和特点，由业主和物业服务企业按照国务院价格主管部门会同国务院建设行政主管部门制定的物业服务收费办法，在物业服务合同中约定。”具体收费原则如下。

1. 合理原则

物业服务收费水平应当与我国经济发展状况和人们的现实生活水平协调一致，既不能超出业主的实际承受能力，也不能一味降低收费水平，进而造成业主房屋财产的贬损和制约人们生活水平的提高。因此，研究和确定物业服务收费标准，应当面向实际，客观决策。

2. 公开原则

《中华人民共和国价格法》规定：经营者销售、收购商品和提供服务，应当按照政府价格主管部门的规定明码标价，注明商品的品名、产地、规格、等级、计价单位、价格或者服务的项目、收费标准等有关情况；经营者不得在标价之外加价出售商品，不得收取任何未予标明的费用。物业服务企业应在物业管理区域内的显著位置，依法向业主公示物业服务企业名称、物业服务内容、服务标准、收费项目、收费计价方式和收费标准。

3. 收费与服务水平相适应原则

要求物业服务收费与服务水平相适应，就是要求质价相符，业主花钱买服务必须买得公平合理，符合等价交换原则；物业服务企业的经营作风必须诚实信用，提供的服务质量必须货真价实，接受业主的监督。

三、物业服务费定价形式

《中华人民共和国价格法》对于包括服务收费在内的价格管理，规定了以下三种定价形式。

1. 政府定价

政府定价是指由政府价格主管部门或者其他有关部门，按照定价权限和范围制定的价格。

2. 政府指导价

政府指导价是指由政府价格主管部门或者其他有关部门，按照定价权限和范围规定基准价及其浮动幅度，指导经营者制定的价格。

3. 市场调节价

市场调节价是指由经营者自主制定，通过市场竞争形成的价格。

我国开展物业管理以来，政府价格主管部门和房地产主管部门，对高档公寓、别墅和非住宅的物业服务收费管理，一般实行市场调节价，由业主和物业服务企业根据不同的服务项目和标准协商议定，主管部门只作备案登记。对普通住宅的物业服务收费则采取较为严格的管理措施，一般采取政府定价和政府指导价的管理方式，其中绝大多数物业项目采取政府定价管理方式。

考虑各地经济发展状况与市场环境不尽相同，《物业服务收费管理办法》第六条规定：“物业服务收费应当区分不同物业的性质和特点分别实行政府指导价和市场调节价。具体定价形式由省、自治区、直辖市人民政府价格主管部门会同房地产行政主管部门确定。”

四、物业服务计费方式

1. 包干制计费方式

根据《物业服务收费管理办法》的规定，包干制是指由业主向物业管理企业支付固定物业服务费用，盈余或者亏损均由物业管理企业享有或者承担的物业服务计费方式。实行物业服务收费包干制的，物业服务费的构成包括物业服务成本、法定税费和物业服务企业的利润。

包干制是目前我国住宅物业服务收费普遍采用的计费形式。在包干制计费方式下，业主按照物业服务合同支付固定的物业服务费用后，物业服务企业必须按照物业服务合同的要求和标准完成物业管理服务。换句话说，就是物业服务企业的盈亏自负，无论收费率高低或物价波动，物业服务企业都必须按照合同约定的服务标准提供相应服务。

包干制计费方式比较简捷，但交易透明度不高。在收费率偏低时，容易导致物业服务企业亏损；在市场不规范时，个别物业服务企业可能通过减少物业服务成本来保证其利润，业主的权益可能受到侵害。

2. 酬金制计费方式

根据《物业服务收费管理办法》的规定，酬金制是指在预收的物业服务资金中按约定比例或者约定数额提取酬金支付给物业管理企业，其余全部用于物业服务合同约定的支出，结余或者不足均由业主享有或者承担的物业服务计费方式。实行物业服务酬金的，预收的物业服务资金包括物业服务支出和物业管理企业的酬金。

酬金制也称佣金制，这种物业服务收费方式在非住宅物业管理项目中较多采用，目前，不少高档住宅物业管理也已采用。为保证实施物业管理服务所需费用，酬金制要求业主按照经过审议的预算和物业管理合同的约定，先行向物业管理企业预付物业服务支出。物业服务支出为所交纳的业主所有，物业管理企业对所收的物业服务支出仅属代管性质，不得将其用于物业服务合同约定以外的支出。

根据《物业服务收费管理办法》的规定，实行物业服务费用酬金制的物业管理企业，应当履行以下义务：

① 物业管理企业应当向业主大会或者全体业主公布物业服务资金年度预决算并每年不少于一次公布物业服务资金的收支情况；

② 业主或者业主大会对公布的物业服务资金年度预决算和物业服务资金的收支情况提出质询时，物业管理企业应当及时答复；

③ 物业管理企业应配合业主大会按照物业服务合同约定聘请专业机构对物业服务资金年度预决算和物业服务资金的收支情况进行审计。

五、物业服务成本（物业服务支出）的构成

物业服务成本或者物业服务支出的构成如下。

1. 管理服务人员的工资、社会保险和按规定提取的福利费（人员费用）

该项费用是指管理服务人员的工资、按规定提取的工会经费、职工教育经费，以及按政府有关规定应当由物业服务企业缴纳的住房公积金和养老、医疗、失业、工伤、生育保险等社会保险费用。其中的各种费用都要求在相应项目中列支，不得在其他项目中重复列支。

2. 物业共用部位、共用设施设备的日常运行、维护费用

该项费用是指为保障物业服务区域内共用部位、共用设施设备的正常使用和运行、维护保养所需的费用，不包括保修期内应由建设单位履行保修责任而支出的维修费和应由住宅专项维修资金支出的物业共用部位、共用设施设备的大修、中修和更新改造费用。

3. 物业管理区域绿化养护费用

该项费用是指管理、养护绿化所需的绿化工具购置费、绿化用水费、补苗费、农药化肥费等，不包括应由建设单位支付的前期维护费用和种苗种植费用。

4. 物业管理区域清洁卫生费用

该项费用是指保持物业服务区域内环境卫生所需的购置工具费、清洁用料费、管道疏通费、化粪池清理费、消杀防疫费和环卫所需费用等。

5. 物业管理区域秩序维护费用

该项费用是指维护物业服务区域秩序所需的器材装备费、安全防范人员的人身保险费及由物业服务企业支付的服装费等。其中，器材装备费不包括共用设备中已经包含的监控设备费用。

6. 办公费用

办公费用是指物业服务企业为维护物业管理区域正常运行的物业管理活动所需的办公用品费、交通费、房租、水电费、取暖费、通信费、书报费及其他费用。

7. 物业服务企业固定资产折旧

固定资产折旧是指按规定折旧方法计提的物业服务固定资产的折旧金额。物业服务固定资产一般是指在物业服务区域内由物业服务企业拥有的、与物业服务直接相关的、使用年限在一年以上的资产。

8. 物业共用部位、共用设施设备及公众责任保险费用

该项费用是指物业服务企业购买物业共用部位、共用设施设备及公众责任保险所支付的保险费用，以物业服务企业与保险公司签订的保险单和所缴纳的保险费为准。

物业管理公共责任保险又称第三者责任险或普通责任保险，是指被保险人在保险单列明的物业管理区域内进行物业管理经营活动时，由于疏忽或发生意外事故而造成第三者人身伤亡或财产损失，依法应由被保险人承担经济赔偿责任的保险。它是一种无形财产保险，承保的是投保人的损害赔偿责任，没有实际标的。

9. 经业主同意的其他费用

该项费用是指业主或者业主大会按规定同意，由物业服务费开支的其他不同于上述各项的费用，主要包括以下几个方面。

（1）劳动防护保护费

劳动防护保护费是指根据劳动法的有关规定，物业服务企业为物业服务人员在高温环境以及高空作业、野外作业等危险环境下作业提供的技术安全防护措施所发生的费用，以及购置营养品、保健品、防暑用品、洗涤用品的费用和相应的补贴、补助等。

（2）公共水电费

公共水电费是指小区或大厦的公共照明系统（包括大厅、门厅、走廊、装饰灯、路灯、电梯系统、值班室等）的耗电费用，以及水池、喷泉用水等费用。

（3）法定税费及其他

法定税费是指按现行税法，物业服务企业在进行企业经营活动过程中应缴纳的税费。另外，物业服务企业为吸引新客户、保留原有客户、增强市场竞争能力，也会产生经营管理费用（如广告费、营销代理费、人工费、办公费、交通费及公关费等）。

六、物业服务费用的交纳和督促

1. 非业主使用人的交费责任

在物业管理活动中，物业服务企业受业主委托，对业主的物业进行管理，为业主提供服务，因此，业主理应向物业服务企业支付相应的服务费用。业主是物业的所有权人，交纳物业服务费用是业主最基本的义务。在现实生活中，业主拥有的物业，不一定为业主所占有和使用。所以，《物业管理条例》规定，当业主将其物业出租给他人或者交由他人使用时，业主可以和物业使用人约定，由物业使用人交纳物业服务费用，业主负连带交纳责任。所谓连带交纳责任，是指当物业使用人不履行或者不完全履行与业主关于物业服务费用交纳的约定时，业主仍有交纳物业服务费用的义务，物业服务企业可以直接请求业主支付物业服务费用。

2. 未交付房屋的交费主体

《物业管理条例》第四十一条第二款规定：“已竣工但尚未出售或尚未交给物业买受人的物业，物业服务费用由建设单位交纳。”在建设单位销售物业之前，建设单位是唯一的业主。如果建设单位聘请了物业服务企业实施前期物业管理服务，就应当支付物业服务费用。在物业全部售出并交付给业主之前，建设单位仍然需要就没有售出的物业以及没有交付给业主的物业交纳物业服务费用；已出售并交付给业主的物业，物业服务费用由业主交纳。

3. 业主委员会对欠费业主的督促义务

按时足额交纳物业服务费用是业主应当自觉履行的义务。但现实中，业主违反物业服务合同约定，逾期不交纳服务费用的情况客观存在，有些物业管理区域业主欠交物业费用的情况甚至比较普遍。为维护业主的共同利益，《民法典》第二百八十六条规定，业主大会或者业主委员会，对任意弃置垃圾、排放污染物或者噪声、违反规定饲养动物、违章搭建、侵占通道、拒付物业费等损害他人合法权益的行为，有权依照法律、法规以及管理规约，请求行为人停止侵害、排除妨碍、消除危险、恢复原状、赔偿损失。《物业管理条例》和《物业服务收费管理办法》均明确规定：对于欠费业主，业主委员会应当督促其限期交纳；逾期仍不交纳的，物业服务企业可以向人民法院起诉。业主欠交物业管理服务费用，必然影响物业管理服务的质量，因此，业主欠费行为不仅侵害了物业服务企业的合法权益，而且损害了其他交费业主的合法权益，业主委员会有责任也有义务代表交费业主督促欠费业主限期交纳物业管理服务费用。对拒不交费的业主，物业服务企业有权依法追索，但不得采取停水、停电等违法措施胁迫业主交费。依法追索的方式，就是依据物业服务合同关于解决争议条款的约定，通过仲裁或向人民法院起诉解决。

七、代收代缴费用

实际上，供水、供电、供气、供热、通信、有线电视等单位与业主和物业服务企业之间存在三个合同关系：业主与供水、供电、供气、供热、通信、有线电视等单位之间是供用合同关系；业主与物业服务企业之间是物业服务合同关系；物业服务企业和供水、供电、供气、供热、通信、有线电视等单位之间是委托合同关系。按照第一个合同，业主应当支付水、电、气、热、通信、有线电视费；按照第二个合同，业主应当支付物业服务费用；按照第三个合同，供水、供电、供气、供热、通信、有线电视等单位应当支付委托代收费用。根据相关规定，物业服务企业可以接受供水、供电、供气、供热、通信、有线电视等单位的委托，代收有关费用。

根据上述情况，《物业管理条例》为保护业主与物业服务企业的合法权益，维护市场交易原则和企业经营规则，对物业服务企业代收代交各项公用事业费用，作出明确规定：物业管理区域内，供水、供电、供气、供热、通信、有线电视等单位应当向最终用户收取有关费用；物业服务企业接受委托代收费用的，不得向业主收取手续费等额外费用。《物业服务收费管理办法》进一步明确规定，物业管理企业接受委托代收上述费用的，可向委托单位收取手续费。其中，“最终用户”是指水、电、气、热、通信、有线电视的最终使用人，即业主。“手续费”是指公用事业单位与物业服务企业，应当按照市场原则与委托合同的约定，在平等、自愿、协商、等价有偿的基础上，由公用事业单位支付给物业服务企业的代理费。

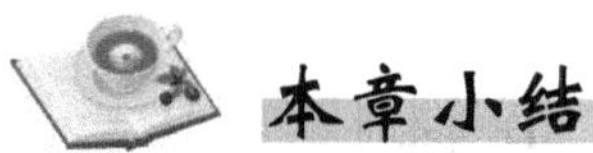

本章小结

本章主要介绍物业管理的起源与发展、物业和物业管理的含义与特征、物业服务费的含义、物业服务成本的构成以及物业服务费的交纳等。

知识训练

一、填空题

1. ________是指已经建成并竣工验收投入使用的各类房屋及其与之配套的设备、设施和相关场地。

2. ________是指物业由土地和建筑物两大部分构成，兼有土地和建筑物两方面的物质内容。

3. ________是指业主通过选聘物业服务企业，由业主和物业服务企业按照物业服务合同约定，对房屋及配套的设施设备和相关场地进行维修、养护、管理，维护物业管理区域内的环境卫生和秩序的活动。

4. ________是指由业主向物业服务企业支付固定物业服务费用，盈余或者亏损均由物业服务企业享有或者承担的物业服务计费方式。

5. ________是指在预收的物业服务资金中按约定比例或者约定数额提取酬金支付给物业服务企业，其余全部用于物业服务合同约定的支出，结余或者不足均由业主享有或者承担的物业服务计费方式。

6. 在物业服务活动中，物业服务企业受________委托，对业主的物业进行管理，为业主提供服务。

7. ________是指物业服务企业按照物业服务合同的约定，对房屋及配套的设施设备和相关场地进行维修、养护、管理，维护相关区域内的环境卫生和秩序，向业主收取的费用。

8. ________是指由经营者自主制定，通过市场竞争形成的价格。

9. ________是指物业对人们生活的使用价值，即物业能够满足人们的某些需求。

10. 物业权属最重要的内容是物业的所有权和物业的________。

二、选择题

1. 按照国民经济产业部门划分标准，物业服务企业属于（　　）。

A．第一产业　　B．第二产业　　C．第三产业　　D．建筑产业

2. 物业服务的对象是（　　）。

A. 物业管理区域内的开发商　　B. 小区建设单位

C. 业主和使用人　　D. 物业管理区域内的商业机构

3. 我国第一家物业服务公司出现在（　　）。

A. 北京　B. 上海　C. 广州　D. 深圳

4. 物业服务和各种服务收费标准需要由（　　）和物业服务企业依法依规进行约定。

A. 国务院建设行政主管部门　　B. 国务院价格主管部门

C. 物业服务管理机构　　D. 业主

5. 我国第一部物业管理地方性法规出现在（　　）。

A. 北京　B. 上海　C. 广州　D. 深圳

6. 我国第一部地方性物业管理法规是（　　）。

A. 《上海市居住物业管理条例》　　B. 《深圳经济特区住宅物业管理条例》

C. 《北京市居住小区物业管理办法》　D. 《常州市居住小区物业管理办法》

7. 物业的自然属性也称物业的物理性质，通常不包含（　　）。

A. 物业的二元性　　B. 物业的经济属性

C. 物业的有限性　　D. 物业的配套性

8. 以下不属于物业管理的基本特征的是（　　）。

A. 社会化　B. 专业化　C. 市场化　D. 社区化

9. 物业服务成本或者物业服务支出的构成一般不包括（　　）。

A. 物业共用部位的大修、中修和更新、改造费用

B. 区域秩序维护费用

C. 区域内的清洁卫生和绿化养护费用

D. 管理服务人员的工资及办公费用

10. 现代物业管理与传统体制下房屋管理的根本区别是特别强调（　　）。

A. 经济效益　B. 收费合理　C. 业主主导　D. 统一管理

三、判断题

1. 综合经营管理与服务，主要是为了方便业主的生活和工作而提供的全方位、多层次的服务，它不包括委托性的特约服务。（　　）

2. 物业服务的对象是人，物业管理所提供的服务是有偿的。（　　）

3. 物业管理虽然起源于英国，但真正意义上的现代化物业管理形成于19世纪末期的美国。（　　）

4. 物业服务收费应当遵循合理、公开以及费用与服务水平相适应的原则。（　　）

5. 物业服务企业或者其他管理人应当执行政府依法实施的应急处置措施和其他管理措施，积极配合开展相关工作。（　　）

6. 建设单位、物业服务企业或者其他管理人等利用业主的共有部分产生的收入，在扣除合理成本之后，属于业主共有。（　　）

7. 实施物业管理的机构，必须是具有法人资格的，并经政府有关部门注册认可的专业组织。（　　）

8. 物业管理是一种经营型的管理方式。（　　）

9. 物业管理所提供的劳务和服务能起到完善物业使用的效能，并使物业具有保值、增值的作用。 （ ）

10. 已竣工但尚未出售或尚未交给物业买受人的物业，不需要支付物业服务费。 （ ）

四、简答题

1. 物业和物业管理的含义分别是什么？
2. 物业管理服务的基本内容有哪些？
3. 简述物业管理服务成本的构成。
4. 简述物业管理服务的对象和目标。
5. 什么是物业服务费用？

第二章
物业管理的组织机构

学习目标

知识目标

1. 掌握物业服务企业的概念、特征及分类。
2. 熟悉物业服务企业设立的程序和管理制度。
3. 了解物业服务企业的权利和义务。
4. 掌握物业服务企业的常设部门及工作职责。
5. 掌握业主的概念及业主的权利和义务。
6. 掌握业主大会、业主委员会的概念和特征。
7. 熟悉业主委员会、业主大会的职责。

技能目标

具有人际沟通和协调的能力。

思政育人目标

能够主动进取、自强自立，具有家国情怀和社会责任感。

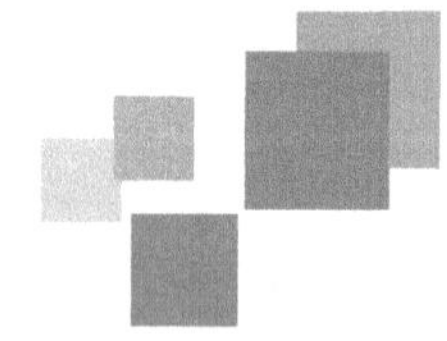

案例导学 1

物业服务企业有罚款权吗？

王大爷住了几十年的房子要拆迁了，他拿着政府给的拆迁补偿款和多年的积蓄买了一套商品房，办理入住手续后，某物业服务企业要求王大爷交 2000 元的装修押金，否则不给门钥匙。装修完毕后，王大爷的子女到该物业服务企业要求退还押金，没想到却被物业服务企业以违章装修为由罚了 500 元。王大爷的子女一气之下将该物业服务企业告上法庭。

物业服务企业有罚款权吗？物业服务企业有哪些权利？

【案例评析】

物业服务企业没有罚款权，因为罚款是一种行政处罚行为，行政处罚应由具有行政处罚权的行政机关在法定的职权范围内实施，而物业服务企业只是一个企业法人或非法人组织，不是行政机关，无权实施包括罚款在内的任何行政处罚行为。

物业服务企业的权利如下：

① 根据有关法规结合实际情况制定物业服务办法；

② 依照物业服务合同和管理办法对物业实施管理；

③ 依照物业服务合同和有关规定收取物业服务费用；

④ 制止违章行为；

⑤ 要求业主委员会协助管理；

⑥ 选聘专业公司；

⑦ 可以实行多种经营，以其收益补充物业管理经费。

案例导学 2

非业主能否参加业主代表大会？

在某小区准备召开业主代表大会核定业主代表时，工作人员对一位老太太存有异议，认为她不是小区的业主，不能参加业主代表大会。事后了解，原来这个老太太是该小区某业主的岳母。该业主认为，自己的岳母退休在家，身体也不错，平时又热心，而自己平时工作忙，由岳母代表自己参加业主代表大会，甚至参加业主委员会是完全可以的。

不是业主就不能参加业主代表大会吗？

【案例评析】

① 哪些人可以参加业主代表大会？

业主大会或业主代表大会是行使业主自治管理权、决定物业重大管理事项的重要组织形式和最高权力机构。由此可知，业主参加业主代表大会既是合情合理，又是合乎法律规定的。但这并不是说其他人就没有出席业主大会的权利和可能，只要完成一定的法律手续后，非业主是有资格代替业主参加业主大会或业主代表大会的。

② 非业主如何参加业主代表大会？

非业主在完成一定的法律手续后，都有资格代替业主参加业主代表大会。这个法律手续就是有业主的书面委托。但是，受委托的非业主只能拥有业主的部分权利，主要是发言权和投票权，非业主没有被选举权，不能成为业主委员会候选人参选业主委员会委员。

第一节 物业服务企业概述

一、物业服务企业的概念

物业服务企业是指依法成立，具备专门资质并具有独立法人地位，依照物业服务合同从事物业管理相关活动的经济实体。

二、物业服务企业的特征

实施物业管理的机构必须是具有法人资格并经政府有关部门注册认可的专业组织。物业服务企业严格遵循法定程序建立，独立核算，自负盈亏，享有民事权利，承担民事责任。物业服务企业除了具备一般企业应有的特征以外，还具有以下四个特征。

1. 物业服务企业属于服务性企业

物业服务企业的主要职能是通过对物业的管理和提供的多种服务，确保物业正常使用，为业主和物业使用人创造一个舒适、方便、安全的工作场所和居住环境。物业服务企业本身并不制造实物产品，它主要是通过常规性的公共服务、延伸性的专项服务、随机性的特约服务、委托性的代办服务和创收性的经营服务等项目，尽可能实现物业的保值和增值。因此，物业服务企业的“产品”就是服务。

2. 物业服务企业所提供的服务是有偿的和营利性的

物业服务企业所提供的服务是有偿服务，并且应当获得经济报酬。物业服务企业是一个经济实体，其所提供服务的直接受益者为物业管理区域内的全体业主，业主应当根据物业服务合同的约定交纳物业服务费用。

3. 物业服务企业具有一定的公共管理性质的职能

物业服务企业在向业主和物业使用人提供服务的同时，还承担着物业区域内公共秩序的维护、市政设施的配合管理、物业的装修管理等，其内容带有公共管理的性质。

4. 物业服务企业根据物业服务合同的约定提供物业服务

按照《物业管理条例》第三十五条的规定，物业服务企业应当按照物业服务合同的约定，提供相应的服务。

三、物业服务企业的常见模式

1. 房地产开发建设单位的附属子公司或部门

房地产开发建设单位的附属子公司是指由房地产开发建设单位投资成立的法人或非法人物业服务企业。另外，也有部分房地产开发建设单位在其内部设立专门部门，承担售后物业的管理工作。这种企业的特点是：房地产开发建设单位与物业管理单位之间属上下级关系。

2. 独立的物业服务企业

独立的物业服务企业是指不依附于房地产开发建设单位和其他单位，独立注册、自主经营、自负盈亏的物业服务企业。

3. 物业管理集团公司

物业管理集团公司主要由集团总公司和下属子公司或分公司构成。集团总公司是宏观控制机构，集团发展的战略决策由总公司负责。总公司设若干业务处室和行政办公部门；子公司或分公司既可按地域设置，也可按专业服务内容划分，如楼宇设备的维修公司、清洁服务公司、保安服务公司以及物业服务企业等。

四、物业服务企业的设立

物业服务企业的设立分资质审批和工商注册两个阶段。

1. 物业服务企业资质审批

我国各地物业服务企业资质审批申报规定有所差异，但基本申报程序如下：

① 申请单位按有关规定到当地县级以上人民政府的物业管理行政主管部门提出申请，提供所需的各项材料；

② 物业管理行政主管部门收到申请评定资质等级的物业服务企业报告材料后，一般在两周内审核完毕。

2. 物业服务企业工商注册

物业服务企业办理营业执照手续与一般企业相同。按《中华人民共和国公司法》规定，企业设立必须向市场监督管理部门进行登记注册。企业注册登记时，必须制定企业章程。物业服务企业章程应载明以下事项：

① 总则，主要包括企业的名称（全称）、地址等；

② 企业的经营宗旨，突出物业管理、为业主服务及契约关系；

③ 企业的经营范围，从管理、服务、多种经营三方面确定；

④ 企业的经济性质及组织形式，可以是国有、集体、私营，其组织形式可以是独资、有限责任公司、股份有限公司或合伙、合作制；

⑤ 注册资金，多方设立的要明确各方投资比例、投资形式（实物还是现金），并在此基础上明确各方的权利、义务与责任；

⑥ 机构，指企业内部的组织机构；

⑦ 财务会计制度，如果是合资企业应注明采用的货币形式；

⑧ 利润分配形式；

⑨ 职工录用方式、待遇、管理方法；

⑩ 企业的各种规章制度。

第二节　物业服务企业常设部门及其工作职责

一、物业服务企业常设部门

一般来说，物业服务企业规模较大、管理的物业较多时，企业可分为企业总部和各项目管理机构（管理处）。企业总部可以设置若干职能部门，分管各项目管理机构的不同业务，项目管理机构负责具体业务操作。

通常情况下，物业服务企业常设部门有以下十个：总经理室、人力资源部、行政管理部、客户服务部、维修养护部、环境管理部、安全管理部、品质管理部、财务管理部、综合经营服务部。

二、物业服务企业常设部门的工作职责

1. 总经理室

总经理室一般设总经理、副总经理及总会计师、总经济师、总工程师等，部分企业还设有总经理助理，他们共同构成企业的决策层，对企业的重大问题作出决策，确保物业服务企业正常运行，良性发展。

2. 人力资源部

人力资源部是指对单位中各类人员形成的资源进行有效管理的部门。人力资源部主要负责制定企业各项人力资源管理制度，编制人力资源发展和培训计划，优化人力资源结构和人力资源配置，设计实施薪酬管理方案，完成人员招聘、面试、录用、调配、考核、奖惩、培训、解聘、辞退等工作。

3. 行政管理部

行政管理部是指实施物业服务企业行政管理事务的部门。行政管理部主要负责编制

实施行政管理、企业文化建设、品牌管理和信息化建设的规划和预算，建立相关规章制度和各种标准，完成企业日常行政管理、企业文化和社区文化建设、品牌策划、后勤保障、内部信息管理、信息化建设、对外沟通协调等工作。

4. 客户服务部

客户服务部是指利用电话、手机、传真、网络等多种信息方式，以人工、自动语音、网络等多种形式为客户提供各种服务，解决业主的各类问题，建立起企业与客户沟通的组织平台的部门。客户服务管理的工作内容涵盖物业管理咨询、业主投诉与回访、物业费用收缴、报修管理等，其主要的工作目标是确保及时为业主提供物业服务，满足业主生活、工作的各种需要。

5. 维修养护部

维修养护部是物业服务企业中负责辖区内房屋管理、维修和机电设备检查保养工作的部门。该部门主要负责提供工程管理服务，做好工程人员的管理与工作安排，保证辖区内所有硬件设备的正常运行，用最低水平的费用支出开展辖区内机电设备的管理工作。

6. 环境管理部

环境管理部是负责辖区范围内清洁卫生、环境绿化及消杀等工作的部门。环境管理部主要负责指导、监督项目清洁绿化的日常维护保养工作，以及负责对承包方的监督检查与考核、制定公共环境卫生防护的各类管理措施、组织编制并实施项目清洁绿化的维护保养计划。

7. 安全管理部

安全管理部是负责辖区内的安全保护、消防、车辆管理等工作，以维持辖区秩序，保证辖区内设施设备和业主的人身财产安全的部门。安全管理部主要负责企业安全管理制度及工作计划的制订与实施，并监督、指导、协调和考核各项目的执行情况；完成安全巡查、安全投诉处理、定期消防安全检查、规范车辆的进出和停放管理等工作；协助调查和处理重大安全事故或突发事件。

8. 品质管理部

品质管理部主要负责辖区内各项目的质量管理、规范化服务以及物业服务质量体系的建立健全等工作；负责各物业项目服务品质监督、客户满意度评价及监督、管理评审、外部质量审核的协调、内部服务品质审核的组织协调、客户服务监督管理、客户关系管理、客户投诉处理、客户满意度评价等工作，确保提供高质量的物业服务。

9. 财务管理部

财务管理部是负责辖区内会计审核管理、财务核算管理、公司财务监督、稽核、审计、检查、协调和指导工作的部门。财务部的主要职责是编制财务计划，做好财务核算、成本控制、预算和决算管理、财务分析和财务管理等工作；督促检查各项目的财务收支情况，监督资金和资产的安全运作，增收节支；定期汇报财务收支情况。

10. 综合经营服务部

综合经营服务部是指采取灵活多样的经营机制和服务方式提高物业服务企业经济效益的部门。综合经营服务部既能为业主提供方便，又能为企业增加经营性收入。综合经营服务部的主要工作如下：

① 负责策划和从事多种经营服务项目，如家政服务、电商服务、社区金融、社区教育、房屋资产服务（二手房租售、装修）及最后一公里配送服务；开发商新盘服务（新房销售代理、案场服务）、顾问咨询及广告服务等。

② 负责市场拓展工作，如负责辖区内的物业服务规划、项目开发、市场调研、市场拓展、项目可行性研究、广告宣传管理及物业招商等工作。

三、物业服务企业的权利和义务

（一）物业服务企业的权利

物业服务企业的权力大致可分为三个方面：首先，有权采取完成委托任务所必需的行为；其次，有权获得劳动报酬；最后，有权根据物业服务合同制止违背全体业主利益的行为。最主要的是，当物业服务企业接受某个小区业主的委托后，便获得了该物业管理区域的管理权。具体而言，物业服务企业享有以下权利：

① 制定物业管理制度；

② 依照物业服务合同和相关法律法规对物业实施管理服务；

③ 依照物业服务合同和有关规定收取服务费用；

④ 有权制止违反规章制度的行为；

⑤ 有权要求业主委员会协助管理；

⑥ 有权选聘专营公司承担专项管理业务；

⑦ 可以实行多种经营，以其收益补充管理经费；

⑧ 法律、法规及物业服务合同规定的其他权利。

（二）物业服务企业的义务

物业服务企业的义务有以下八个方面：

① 履行物业服务合同，依法经营；

② 接受业主委员会和业主及使用人的监督；

③ 重大管理措施应提交业主委员会审议批准；

④ 接受行政主管部门的监督指导；

⑤ 至少每六个月应向全体业主公布一次管理费用收支账目；

⑥ 发现违法行为要及时向有关行政管理机关报告；

⑦ 提供优良的生活环境，搞好社区文化；

⑧ 物业服务合同终止时，必须向业主委员会移交全部房屋、物业管理档案、财务等资料和本物业的公共财产，包括管理费、公共收入积累形成的资产，同时，业主委员会有权指定专业审计机构对物业管理财务状况进行审计。

四、物业服务企业的管理制度

物业服务企业管理制度的内容广泛，总体来说主要有以下几个方面。

1. 企业内部行政管理制度

① 劳动人事管理制度，包括人员的招聘、入职、培训、提升、任免与辞退、档案管理、薪酬管理、劳动管理以及员工奖励、员工福利、保险制度等；

② 设备物资管理制度，包括设备的购买、使用、维修、保养制度，以及物资的采购、验收、入库、领取和库存管理制度等；

③ 组织管理制度，包括组织机构的设置、职能部门的划分、职责范围与权限的划分、内部关系的处理等制度；

④ 决策与领导制度，包括决策程序、决策原则、决策类型、决策者的责任与权利，以及领导者的产生及撤换程序、领导者的责任与权利、对领导者行为的监督等制度；

⑤ 财务管理制度，包括资金的筹集与使用管理，成本管理，收入、税金与利润的管理等；

⑥ 后勤服务制度及其他，如电话使用管理制度等。

2. 物业管理方面的制度

① 物业产权产籍档案管理制度；
② 物业交接验收制度；
③ 物业维修保养制度；
④ 装修者须知（或装修者道德规范与行业准则）；
⑤ 管理费收取标准与管理方法；
⑥ 环境卫生管理条例和环境绿化管理办法；
⑦ 保安管理办法；
⑧ 小区车辆管理办法；
⑨ 从业人员岗位标准与操作规范。

3. 为住户服务的管理制度

为住户服务的管理制度很多，主要有以下几个方面：
① 服务费收取标准与管理办法；
② 从业人员服务准则；
③ 信访、走访制度；
④ 按服务项目制定的有关管理办法；

⑤ 住户须知；

⑥ 其他，如合同管理等。

第三节 物业服务企业的相关机构及相互关系

一、物业服务企业的相关机构

1. 政府管理部门

政府管理部门主要包括房地产行政主管部门、市场监督、税务、物价及其他行政管理部门。

房地产行政主管部门有关物业管理方面的工作如下：

① 审批物业服务企业的经营资质；

② 对物业管理招投标活动实施监督管理；

③ 对日常物业管理活动实施监督管理；

④ 组织物业服务企业参加考评和评比。

物业服务企业必须接受市场监督、税务、物价、公安或派出所、环卫及园林部门的监督和指导。

2. 房地产开发企业

按照《中华人民共和国城市房地产管理法》的规定，房地产开发企业是指以营利为目的，从事房地产开发和经营的企业。

3. 专业服务公司

专业服务公司主要是指为物业管理工作配套服务的专门机构，如专业清洁公司、保安公司、园林绿化公司以及各种设施维修服务公司等。

4. 社区（街道办事处和社区居委会）

社区对物业服务企业和业主委员会进行工作指导，使其积极配合社区开展社区建设工作。

5. 业主委员会

业主委员会是业主大会的执行机构，代表该物业的全体业主，监督物业服务企业的管理运作，在物业管理活动中代表和维护全体业主的合法权益。

6. 供水、供电、供气、供热、通信、有线电视等单位

供水、供电、供气、供热、通信、有线电视等单位虽分工明确，但需密切配合。

7. 物业管理行业协会

物业管理行业协会为会员单位、政府等机构提供各种市场信息、法律咨询与服务及业务指导与培训。

二、物业服务企业与相关机构的关系

（一）物业服务企业与政府管理部门的关系

1. 物业服务企业与房地产行政主管部门的关系

房地产行政主管部门负责物业管理的归口管理工作，物业服务企业经房地产行政主管部门审核批准后才可以到市场监督管理部门申办登记注册。物业服务企业设立后，仍须在房地产行政主管部门的监督、指导下开展工作，但政府管理部门不直接参与物业服务企业的管理活动。

2. 物业服务企业与市场监督管理部门的关系

物业服务企业应向市场监督管理部门申请注册登记，领取营业执照后，方可对外经营。市场监督管理部门每年都会对物业服务企业进行年度检查。

3. 物业服务企业与税收管理部门的关系

税收管理部门有权对物业服务企业的纳税情况进行业务检查和指导。物业服务企业虽可享受国家对第三产业的利税优惠政策，但仍需依法纳税。

4. 物业服务企业与物价管理部门的关系

物业服务企业的收费应按物价管理部门规定的收费标准收取，不得随意增加收费项目和提高收费标准。

5. 物业服务企业与其他行政管理部门的关系

物业服务企业的各项服务工作均要接受相对应的行政管理部门的指导与监督，如物业的消防管理要接受消防部门的监督、检查和指导；物业安保管理要接受公安部门的监督与指导，安保管理人员由派出所进行培训和指导；物业清洁卫生工作要接受环卫部门的指导与监督；物业的环境绿化工作要接受园林部门的指导等。

（二）物业服务企业与房地产开发企业的关系

从物业服务企业与房地产开发企业之间是否有隶属关系来看，有两种情况：

① 房地产开发企业附设物业服务企业。此种情况下，二者是一体的，做好物业管理服务是共同的目标。

② 房地产开发企业委托专业物业服务公司实施物业管理。此种情况下，二者是合同聘用关系。

（三）物业服务企业与专业服务公司的关系

物业服务企业可以通过选聘专业的服务公司或选聘专业服务人员，与其签订合同，完成专业服务工作。所以，物业服务企业与专业服务公司之间是合同关系。

（四）物业服务企业与社区的关系

概括地说，物业服务企业与社区之间是互相依赖、互相支持、互相促进、共同发展的关系。具体体现在以下方面：

① 社区建设离不开物业管理；
② 物业管理需要社区指导和协调；
③ 物业管理要配合社区管理；
④ 社区不能轻易干预物业管理，要尊重物业管理的自主权。

（五）物业服务企业和业主委员会的关系

物业服务企业和业主委员会的关系表现在以下方面：

① 经济上的合同关系；
② 法律上的平等关系；
③ 工作上的合作关系。

（六）物业服务企业与供水、供电、供气、供热、通信、有线电视等单位的关系

物业服务企业与上述单位之间是互惠互利的合作关系。

（七）物业服务企业与物业管理协会的关系

物业服务企业应积极参加物业管理行业协会的活动，接受其业务指导和培训。

在物业服务过程中，应明确物业管理法律关系中各主体间的法律地位和相互间的权利义务关系，其中最重要的主体是物业服务企业和业主及使用人，物业服务企业和业主之间是平等的民事主体关系，是委托与被委托的关系，各级政府主管部门及相关部门与上述两个主体之间是宏观的、间接的、以政策法规为主要调控手段的监督指导关系。

第四节 业 主

一、业主的概念

《物业管理条例》第六条规定，房屋的所有权人为业主。业主是物业管理区域内房屋和相关设施设备的所有权人，是物业的主人，是物业管理权的主体。业主是房屋的所有权人，即物业的主人，但业主不等于房屋所有权人。

实际生活中，具备业主身份的情况有以下四种：

① 房屋所有权证书载明的权利人；

② 房屋共有权证书载明的权利人；

③ 待领房屋所有权证书和房屋共有权证书的购房人；

④ 在实际生活中，虽未经房屋产权登记，但已经合法拥有房屋的，也可以视为业主。

在我国现实生活中，根据《民法典》的相关规定，如果该房屋为夫妻双方婚后共同财产，即使产权证只载明其中一人，夫妻双方也都是房屋的所有权人；如果是婚前个人财产，则房屋的所有权证书载明的权利人即为房屋所有权人，另外一人为非业主使用人。

二、物业使用人

《物业管理条例》第四十七条规定，物业使用人在物业管理活动中的权利义务由业主和物业使用人约定，但不得违反法律法规和管理规约的有关规定。物业使用人违反本条例和管理规约的规定，有关业主应当承担连带责任。

物业使用人是指不具有物业所有权的人，包括承租人和实际使用物业的其他人。

三、业主的权利和义务

（一）业主的权利

按照《物业管理条例》的规定，业主在物业管理活动中享有的权利如下：

① 按照物业服务合同的约定，接受物业服务企业提供的服务；

② 提议召开业主大会会议，并就物业管理的有关事项提出建议；

③ 提出制定和修改管理规约、业主大会议事规则的建议；

④ 参加业主大会会议，行使投票权；

⑤ 选举业主委员会成员，并享有被选举权；

⑥ 监督业主委员会的工作；

⑦ 监督物业服务企业履行物业服务合同；

⑧ 对物业共用部位、共用设施设备和相关场地使用情况享有知情权和监督权；

⑨ 监督物业共用部位、共用设施设备专项维修资金的管理和使用；

⑩ 法律、法规规定的其他权利。

《民法典》第二百八十七条规定，业主对建设单位、物业服务企业或者其他管理人以及其他业主侵害自己合法权益的行为，有权请求其承担民事责任。业主对建设单位、物业服务企业或者其他管理人以及其他业主侵害自己合法权益的行为，有权请求其承担民事责任，维护自己的合法权益。业主行使该请求权，可以直接向建设单位、物业服务企业和其他管理人请求，也可以向有关行政主管部门投诉，还可以向人民法院起诉，由人民法院判决。

（二）业主的义务

按照《物业管理条例》的规定，业主在物业管理活动中应履行下列义务：

① 遵守管理规约、业主大会议事规则；

② 遵守物业管理区域内物业共用部位和共用设施设备的使用、公共秩序和环境卫

生的维护等方面的规章制度；

③ 执行业主大会的决定和业主大会授权业主委员会作出的决定；

④ 按照国家有关规定交纳专项维修资金；

⑤ 按时交纳物业服务费用；

⑥ 法律、法规规定的其他义务。

四、业主的守法义务

《民法典》第二百八十六条规定，业主应当遵守法律、法规以及管理规约，相关行为应当符合节约资源、保护生态环境的要求。对于物业服务企业或者其他管理人执行政府依法实施的应急处置措施和其他管理措施，业主应当依法予以配合。

第五节 业主大会

一、业主大会的概念

业主大会是由物业管理区域内全体业主组成的，维护物业管理区域内全体业主的公共利益，对物业管理行使自治权的业主自治机构。业主大会是物业管理区域内全体业主物业合法权益的自治自律群众团体和物业管理监督组织。

《物业管理条例》第八条规定，物业管理区域内全体业主组成业主大会，业主大会应当代表和维护物业管理区域内全体业主在物业管理活动中的合法权益。第九条规定，一个物业管理区域成立一个业主大会。

二、业主大会的成立

《业主大会和业主委员会指导规则》第十五条规定，筹备组应当自组成之日起 90 日内完成筹备工作，组织召开首次业主大会会议。业主大会自首次业主大会会议表决通过管理规约、业主大会议事规则，并选举产生业主委员会之日起成立。

《民法典》第二百七十七条规定，业主可以设立业主大会，选举业主委员会。业主大会、业主委员会成立的具体条件和程序，依照法律、法规的规定。地方人民政府有关部门、居民委员会应当对设立业主大会和选举业主委员会给予指导和协助。

1. 首次业主大会会议所需的文件资料

《业主大会和业主委员会指导规则》第八条规定，物业管理区域内，已交付的专有部分面积超过建筑物总面积 50%时，建设单位应当按照物业所在地的区、县房地产行政主管部门或者街道办事处、乡镇人民政府的要求，及时报送下列筹备首次业主大会会议所需的文件资料：

① 物业管理区域证明；

② 房屋及建筑物面积清册；

③ 业主名册；

④ 建筑规划总平面图；

⑤ 交付使用共用设施设备的证明；

⑥ 物业服务用房配置证明；

⑦ 其他有关的文件资料。

《业主大会和业主委员会指导规则》第九条规定，符合成立业主大会条件的，区、县房地产行政主管部门或者街道办事处、乡镇人民政府应当在收到业主提出筹备业主大会书面申请后60日内，负责组织、指导成立首次业主大会会议筹备组。

2. 首次业主大会会议筹备组成员组成

《业主大会和业主委员会指导规则》第十条规定，首次业主大会会议筹备组由业主代表、建设单位代表、街道办事处、乡镇人民政府代表和居民委员会代表组成。筹备组成员人数应为单数，其中业主代表人数不低于筹备组总人数的一半，筹备组组长由街道办事处、乡镇人民政府代表担任。

《业主大会和业主委员会指导规则》第十一条规定，筹备组中业主代表的产生，由街道办事处、乡镇人民政府或者居民委员会组织业主推荐。筹备组应当将成员名单以书面形式在物业管理区域内公告。业主对筹备组成员有异议的，由街道办事处、乡镇人民政府协调解决。建设单位和物业服务企业应当配合协助筹备组开展工作。

3. 首次业主大会会议筹备组的工作内容

《业主大会和业主委员会指导规则》第十二条规定，筹备组应当做好以下筹备工作：

① 确认并公示业主身份、业主人数以及所拥有的专有部分面积；

② 确定首次业主大会会议召开的时间、地点、形式和内容；

③ 草拟管理规约、业主大会议事规则；

④ 依法确定首次业主大会会议表决规则；

⑤ 制定业主委员会委员候选人产生办法，确定业主委员会委员候选人名单；

⑥ 制定业主委员会选举办法；

⑦ 完成召开首次业主大会会议的其他准备工作。

以上筹备工作内容应当在首次业主大会会议召开15日前以书面形式在物业管理区域内公告。业主对公告内容有异议的，筹备组应当记录并作出答复。筹备组应当自组成之日起90日内完成筹备工作，组织召开首次业主大会会议。业主大会自首次业主大会会议表决通过管理规约、业主大会议事规则，并选举产生业主委员会之日起成立。

4. 首次业主大会成立的流程

① 确定首次业主大会会议召开的时间、地点、形式和内容，按照政府主管部门制定的示范文本，拟定《业主大会议事规则（草案）》和《临时管理规约（草案）》；

② 确定业主身份，确定业主在首次业主大会会议上的投票权；

③ 确定业主委员会委员候选人产生办法及名单；

④ 做好召开首次业主大会会议的其他准备工作。

5. 首次业主大会召开的程序

首次业主大会的会议议程一般包括以下内容：
① 介绍业主大会的筹备工作情况；
② 宣读《业主大会议事规则（草案）》和《临时管理规约（草案）》；
③ 投票表决通过《业主大会议事规则》和《临时管理规约》；
④ 宣读业主名册和在首次业主大会会议上的投票权数；
⑤ 宣读业主委员会委员候选人名单，同时候选人本人进行自我介绍；
⑥ 投票选举产生业主委员会委员；
⑦ 审议、通过与物业管理相关的重大事项。

三、业主大会应履行的职责

《民法典》第二百七十八条规定，下列事项由业主共同决定：
① 制定和修改业主大会议事规则；
② 制定和修改管理规约；
③ 选举业主委员会或者更换业主委员会成员；
④ 选聘和解聘物业服务企业或者其他管理人；
⑤ 使用建筑物及其附属设施的维修资金；
⑥ 筹集建筑物及其附属设施的维修资金；
⑦ 改建、重建建筑物及其附属设施；
⑧ 改变共有部分的用途或者利用共有部分从事经营活动；
⑨ 有关共有和共同管理权利的其他重大事项。

业主共同决定事项，应当由专有部分面积占比三分之二以上的业主且人数占比三分之二以上的业主参与表决。其中，第⑥项至第⑧项规定的事项，应当经参与表决专有部分面积四分之三以上的业主且参与表决人数四分之三以上的业主同意；其他事项应当经参与表决专有部分面积过半数的业主且参与表决人数过半数的业主同意。

《民法典》第二百八十六条规定，业主大会或者业主委员会，对任意弃置垃圾、排放污染物或者噪声、违反规定饲养动物、违章搭建、侵占通道、拒付物业费等损害他人合法权益的行为，有权依照法律、法规以及管理规约，请求行为人停止侵害、排除妨碍、消除危险、恢复原状、赔偿损失。业主或者其他行为人拒不履行相关义务的，有关当事人可以向有关行政主管部门报告或者投诉，有关行政主管部门应当依法处理。

四、业主大会会议

1. 业主大会的会议形式

业主大会会议分为定期会议和临时会议。

业主大会会议可以采用集体讨论的形式，也可以采用书面征求意见的形式，但是应当有物业管理区域内专有部分占建筑物总面积过半数的业主且占总人数过半数的业主参加。业主因故不能参加业主大会会议的，可以书面委托代理人参加。

业主大会会议应当由业主委员会做书面记录并存档，还应当以书面形式在物业管理区域内及时公告。同时，在业主大会会议召开 15 日前将会议通知及有关材料以书面形式在物业管理区域内公告全体业主。住宅小区的业主大会会议决议应当同时告知相关的居民委员会。

2. 业主大会的决定方式

根据业主大会需要决定事项的重要性程度不同，可将其分为一般决定和重大决定，二者有不同的通过标准。

（1）一般决定

一般决定指的是常规性的或非重大事项的决定。属于围绕物业展开的管理和服务的决定为常规决定。根据《物业管理条例》的规定，制定和修改业主大会议事规则、制定和修改管理规约、选举业主委员会或者更换业主委员会成员、选聘和解聘物业服务企业、有关共有和共同管理权利的其他重大事项的决定为一般决定。

一般决定应当经专有部分占建筑物总面积过半数的业主且占总人数过半数的业主同意。

（2）重大决定

重大决定指的是非常规性的决定。属于围绕物业本身养护、保值和关系到物业自身命运的决定为重大决定。业主共同决定事项及表决遵守《民法典》第二百七十八条的规定。

3. 业主大会的决定效力

《民法典》第二百八十条规定，业主大会或者业主委员会的决定，对业主具有法律约束力。业主大会或者业主委员会作出的决定侵害业主合法权益的，受侵害的业主可以请求人民法院予以撤销。

业主大会的决定一旦作出，只要符合法律法规的规定，并且遵守了管理规约和业主大会议事规则，便在物业管理区域内对全体业主产生法律效力。即使有个别业主持有不同意见，也必须执行。

第六节 业主委员会

一、业主委员会的概念

业主委员会由业主大会会议选举产生，由物业管理区域内的业主代表组成，并经房地产行政主管部门登记，在物业管理活动中代表和维护全体业主合法权益的组织，是业主大会的常设机构和执行机构。业主委员会是监督物业服务公司管理运作的一个民间性组织。业主委员会由 5 至 11 人单数组成，代表该物业的全体业主。

二、业主委员会应履行的职责

《物业管理条例》第十五条规定，业主委员会应该履行下列职责：

① 召集业主大会会议，报告物业管理的实施情况；

② 代表业主与业主大会选聘的物业服务企业签订物业服务合同；

③ 及时了解业主、物业使用人的意见和建议，监督和协助物业服务企业履行物业服务合同；

④ 监督管理规约的实施；

⑤ 业主大会赋予的其他职责。

业主委员会应当自选举产生之日起 30 日内，向物业所在地的区、县人民政府房地产行政主管部门和街道办事处、乡镇人民政府备案。

业主委员会委员应当由热心公益事业、责任心强、具有一定组织能力的业主担任。

业主委员会主任、副主任在业主委员会委员中推选产生。

三、业主委员会应当向业主公布的资料

业主委员会应当向业主公布的资料如下：

① 管理规约、业主大会议事规则；

② 业主大会和业主委员会的决定；

③ 物业服务合同；

④ 专项维修资金的筹集、使用情况；

⑤ 物业共有部分的使用和收益情况；

⑥ 占用业主共有的道路或者其他场地用于停放汽车车位的划分情况；

⑦ 业主大会和业主委员会工作经费的收支情况；

⑧ 其他应当向业主公开的情况和资料。

四、业主委员会的备案

业主委员会是业主大会的执行机构，一经业主大会会议选举产生，就在业主大会议事规则规定的任期内履行相关职责，因此《物业管理条例》规定：业主委员会应当自选举产生之日起 30 日内，持下列文件向物业所在地的区、县房地产行政主管部门和街道办事处及乡镇人民政府办理备案手续：

① 业主大会成立和业主委员会选举的情况；

② 管理规约；

③ 业主大会议事规则；

④ 业主大会决定的其他重大事项。

业主委员会办理备案手续后，可持备案证明向公安机关申请刻制业主大会印章和业主委员会印章。业主委员会任期内，备案内容发生变更的，业主委员会应当自变更之日起 30 日内将变更内容书面报告备案部门。

五、业主委员会会议

业主委员会应当按照业主大会议事规则的规定及业主大会的决定召开会议。经三分之一以上业主委员会委员的提议，应当在7日内召开业主委员会会议。

业主委员会会议由主任召集和主持，主任因故不能履行职责，可以委托副主任召集。业主委员会委员不能委托代理人参加会议。

业主委员会会议应当制作书面记录并存档，业主委员会会议作出的决定，应当有参会委员的签字确认，并自作出决定之日起3日内在物业管理区域内公告。

业主委员会应当建立工作档案，工作档案包括以下主要内容：

① 业主大会、业主委员会的会议记录；
② 业主大会、业主委员会的决定；
③ 业主大会议事规则、管理规约和物业服务合同；
④ 业主委员会选举及备案资料；
⑤ 专项维修资金筹集及使用账目；
⑥ 业主及业主代表的名册；
⑦ 业主的意见和建议。

六、临时管理规约和管理规约

（一）临时管理规约

1. 临时管理规约的概念

《物业管理条例》第二十二条规定，建设单位应当在销售物业之前，制定临时管理规约，对有关物业的使用、维护、管理、业主的共同利益，业主应当履行的义务，违反临时管理规约应当承担的责任等事项依法作出约定。

临时管理规约是房地产开发建设单位或前期介入的物业服务企业制定的，对全体业主共同约定的，要求业主共同遵守有关物业使用、维护、管理及公共利益等方面的行为准则，也是实行物业管理的基础和基本准则。

临时管理规约是在物业买受人购买物业之前（在业主大会制定管理规约之前），由建设单位依据有关法律、法规，以及根据住房和城乡建设部的《临时管理规约》（示范文本），结合开发项目对有关物业的使用、维护、管理、业主的共同利益、业主应当履行的义务，以及违反临时管理规约应当承担的责任等事项依法作出的约定。

2. 临时管理规约的制定

建设单位应当在销售物业之前，制定临时管理规约。临时管理规约的内容是对有关物业的使用、维护、管理，业主的共同利益，业主应当履行的义务，违反临时管理规约应当承担的责任等事项依法作出约定。建设单位制定的临时管理规约，不得侵害物业买受人的合法权益。

建设单位应当在物业销售前将临时管理规约向物业买受人明示，并予以说明。物业买受人在与建设单位签订物业买卖合同时，应当对遵守临时管理规约予以书面承诺。业主入住阶段，物业服务企业可通过各种合法形式向业主广泛宣传临时管理规约，力求人人知晓。

（二）管理规约

1. 管理规约的概念

管理规约是指由业主大会制定，全体业主承诺，对全体业主具有约束力，用以指导规范和约束所有业主、物业使用人、业主大会和业主委员会权利义务的行为守则，是物业管理的基础和准则。

管理规约是一种公共契约，属于协议、合约的性质，是由业主承诺的，是全体业主共同约定、相互制约、共同遵守的有关物业使用、维护、管理及公共利益等方面的行为准则，也是实行物业管理的基础和准则。

管理规约应当对有关物业的使用、维护、管理，业主的共同利益，业主应当履行的义务，违反管理规约应当承担的责任等事项依法作出约定。管理规约应当尊重社会公德，不得违反法律法规或者损害社会公共利益。

业主共同财产的管理和共同利益的平衡，需要通过民主协商的机制来实现，管理规约集中体现了经民主协商所确立的全体业主均需遵守的规则。维护业主的财产权利是物业管理的主要内容。

2. 管理规约的主要内容

管理规约应当对下列主要事项作出规定：

① 物业的使用、维护、管理；
② 专项维修资金的筹集、管理和使用；
③ 物业共用部分的经营与收益分配；
④ 业主共同利益的维护；
⑤ 业主共同管理权的行使；
⑥ 业主应尽的义务；
⑦ 违反管理规约应当承担的责任。

3. 管理规约的法律效力

管理规约对物业管理区域内的全体业主具有约束力，由于管理规约须经物业管理区域内业主签字承诺，具有法律效力，因此，管理规约的效力范围涉及全体业主。理解管理规约的法律效力应当注意以下两点。

（1）管理规约对物业使用人也发生法律效力

物业使用人基于其实际物业的使用，不可避免地会影响物业的状态，而且业主委员会或者物业服务企业对物业进行管理势必要直接与物业使用人打交道，因此，客观上需要将其纳入物业管理活动中。

（2）管理规约对物业的继受人（即业主）自动产生效力

在物业的转让和继承中，物业的所有权要发生变动，移转给受让人，但管理规约无须新入住的继受人作出任何形式上的承诺，就自动地对其产生效力。

本章小结

本章首先介绍物业服务企业的概念和特征、常设部门、权利和义务、管理制度，物业服务企业的相关机构及物业服务企业与相关机构的关系；其次介绍业主的含义及业主的权利和义务、业主大会和业主委员会的概念及职责、管理规约和临时管理规约的基本内容和作用。目的是使人们对物业服务企业、业主、业主大会、业主委员会有比较全面的认知和了解，从而更好地进行物业管理服务工作。

知识训练

一、填空题

1. ________是指依法成立，具备专门资质并具有独立法人地位，依照物业服务合同从事物业管理相关活动的经济实体。

2. ________是指利用电话、手机、传真、网络等多种信息方式，以人工、自动语音、网络等多种形式为客户提供各种服务，解决业主的各类问题，建立起企业与客户沟通的组织平台的部门。

3. ________是物业服务企业中负责辖区内房屋管理、维修和机电设备检查保养工作的部门。

4. ________是负责辖区内的安全保护、消防、车辆管理等工作，以维持辖区秩序，保证辖区内设施设备和业主的人身财产安全的部门。

5. ________是负责辖区范围内清洁卫生、环境绿化及消杀等工作的部门。

6. ________是由物业管理区域内全体业主组成的，维护物业管理区域内全体业主的公共利益，对物业管理行使自治权的业主自治机构。

7. ________是房地产开发建设单位或前期介入的物业服务企业制定的，对全体业主共同约定的，要求业主共同遵守有关物业使用、维护、管理及公共利益等方面的行为准则，也是实行物业管理的基础和基本准则。

8. ________是指由业主大会制定，全体业主承诺，对全体业主具有约束力，用以指导规范和约束所有业主、物业使用人、业主大会和业主委员会权利义务的行为守则，是物业管理的基础和准则。

9. 物业服务企业是独立的企业法人，所提供的________是有偿的和营利性的。

10. 物业使用人违反《物业管理条例》和管理规约规定的，有关________应当承担连带责任。

二、选择题

1. 住宅小区的业主大会、业主委员会作出的决定，应当告知相关的（　　），并认真听取其建议。

A. 业主大会的监督者　　B. 行政主管部门
C. 业主代表人　　D. 居民委员会

2. 根据《物业管理条例》规定，一个物业管理区域成立（　　）。

A. 一个业主大会　　B. 两个业主委员会
C. 两个业主大会　　D. 根据具体情况

3. 《物业管理条例》规定，一个物业管理区域内的（　　）组成一个业主大会。

A. 业主　　B. 建设单位　　C. 物业服务企业　　D. 全体业主

4. 业主委员会是业主大会的（　　）机构。

A. 派出　　B. 执行　　C. 监督　　D. 附属

5. 业主大会定期会议应当按照业主大会议事规则的规定召开，经（　　）以上的业主提议，业主委员会应当组织召开业主大会临时会议。

A. 20%　　B. 30%　　C. 25%　　D. 10%

6. （　　）是指由全体承诺的并对全体业主具有约束力的有关业主在物业使用、维护及管理等方面权利义务的行为守则。

A. 管理规约　　B. 行为守则　　C. 自律条约　　D. 处罚条例

7. 首次业主大会会议以后的定期会议和临时会议均由（　　）负责筹备和召集。

A. 业主大会的监督者　　B. 业主
C. 业主代表人　　D. 业主委员会

8. 业主大会会议规则是（　　）组织、运行的规程，需要由业主共同决定。

A. 业主委员会　　B. 业主大会　　C. 物业服务企业　　D. 其他管理人

9. 筹集建筑物及其附属设施的维修资金，应当经参与表决专有部分面积（　　）以上的业主且参与表决人数（　　）以上的业主同意。

A. 2/3、 2/3　　B. 3/4、3/4　　C. 1/3、 1/3　　D. 1/2、1/2

10. 业主大会更换业主委员会委员，除应当经参与表决专有部分面积占建筑物总面积规定比例的业主同意外，还应当经参与表决人数（　　）的业主同意。

A. 占总人数 2/3 以上　　B. 占总人数过半数
C. 占出席大会总人数 2/3 以上　　D. 占业主代表总人数过半数

11. 在委托物业管理服务中物业服务企业只拥有物业的经营（　　）。

A. 使用权　　B. 产权　　C. 支配权　　D. 管理权

12. 在选聘物业服务企业时坚持公开、公平、公正的招标投标制度，体现了物业服务的（　　）原则。

A. 专业高效　　B. 公平竞争　　C. 统一管理　　D. 权责分明

13. 物业服务活动中（　　）可以有效地遏制腐败现象产生。

A. 选聘有资质的物业服务企业　　B. 进行招投标

C. 公开、公平、公正的招投标制度　　D. 物业服务行业尽快与国际接轨

14. 物业服务企业在实施物业管理活动过程中首先要（　　）。

A. 接管验收物业　　B. 签订物业服务合同

C. 收集物业资料　　D. 为客户办理入住手续

15. 物业服务企业不具有的权利是（　　）。

A. 有权制止违反规章制度的行为

B. 有权选聘专营公司承担专项管理业务

C. 可以实行多种经营，以其收益补充管理经费

D. 接受行政主管部门监督指导

三、判断题

1. 业主大会应当维护物业管理区域内全体业主在物业管理活动中的合法权益。（　　）

2. 管理规约是一种公共契约，属于协议、合约的性质，是实行物业管理的基础和基本准则。（　　）

3. 业主享有的权利有服务权、建议权、投票权、选举权与被选举权、监督权和知情权及法律、法规规定的其他权利。（　　）

4. 房屋的所有权人为业主。（　　）

5. 住宅小区的业主大会会议，应当同时告知相关的居民委员会。（　　）

6. 管理规约对全体业主具有约束力。（　　）

7. 业主是物业管理权的主体。（　　）

8. 业主是物业管理区域内房屋和相关设施设备的所有权人，是物业的主人。（　　）

四、简答题

1. 简述物业服务企业的概念、特征及分类。
2. 物业服务企业的常见模式有哪些？
3. 物业服务企业的权利和义务有哪些？
4. 物业服务企业的常设部门及其职责有哪些？
5. 简述业主、业主大会、业主委员会的概念。
6. 简述业主的权利和义务。
7. 简述业主委员会和业主大会的职责及管理规约的基本内容。

第三章
早期介入与前期物业管理

学习目标

知识目标

1. 掌握早期介入的含义和作用。
2. 了解早期介入的工作内容。
3. 掌握前期物业管理服务的具体工作内容。
4. 了解早期介入与前期物业管理工作的主要区别。

技能目标

1. 具有较强的团队意识和协作能力。
2. 具有有效沟通和管理的能力。

思政育人目标

1. 具有尊重知识、尊重科学，勇于探索和创新的思想意识。
2. 具有服务意识和爱岗敬业精神，对待工作有责任心。

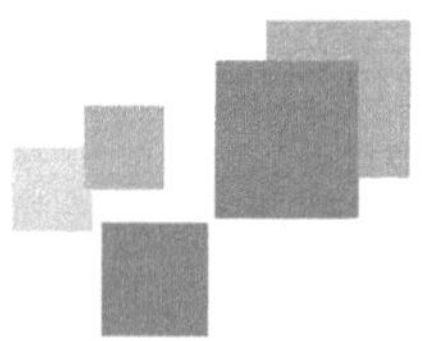

案例导学 1

规划设计失误导致的不良后果

沈阳市某小区自 2015 年开始建设，于 2020 年封园，建设面积 80 万平方米，共分 12 个组团，其中包含普通住宅、别墅、高层公寓、对外商业网点、内部商业街等属性。物业服务企业为全国业内知名企业，物业费为每月 1.3 元/米 ^{2}。在规划设计阶段，考虑别墅外立面美观问题，将房屋雨排水管做进了假墙中。由于北方冬天天气寒冷，雨水管道中的雪水融化后不能及时排出导致水管冻裂，雪水渗漏进业主室内。业主向物业服务企业投诉后，物业维修人员查到问题点，但因雨水管道在假墙中，施工成本大，且考虑小区美观等问题，不能从根本上对此管道进行维修，造成无法闭环问题。

武汉某小区业主投诉化粪池夏天味道太重，物业服务中心人员通过排查下水管线，发现管线未按施工图纸施工，并发现消防管道也有同样的问题。物业服务企业通过与房地产开发商对接交圈后达成共识：第一，施工单位未按图纸施工；第二，由房地产开发商负责牵头重新铺设消防管道及下水管道。经过数月排查，所有管道、管道井、管道阀门全部被找到，消防管道埋深最深处达 12 米。此次整改工程花费数十万元。

【案例评析】

在物业管理服务中，因规划设计问题引起的业主投诉大多无法从根本上解决，对良好的客户体验及物业管理造成了一定影响。若物业能在规划设计阶段进行早期介入工作，就能最大限度地降低管理风险。若早期介入工作能在施工建设阶段跟进施工进度、提出建议，就能为日后的物业管理工作提供保障，便于日后物业管理服务工作顺利进行。

案例导学 2

早期介入越早越好

某房地产开发商于 1997 年末立项开发浦东某地区的一个中高档商品住宅小区，随即便选聘了一家物业服务企业早期介入该项目的设计、施工与安装工程。物业服务企业非常重视早期介入，本着做开发商的“好参谋、好帮手、好朋友”的服务理念，专门成立了由物业管理部和工程设备部负责人组成的项目组，深入项目工地，查阅扩初设计方案和其他设计资料，开发商的项目领导、工程技术人员达成一致，很快拿出了早期介入工作计划和工作方案，经开发商认可后迅速开展了工作。项目组在早期介入的一年中，坚持参加开发商的项目专题会议和工程例会，从保障业主的未来利益、有利于物业销售和售后物业管理出发，先后发出工作联系单 25 张，对工程建设中的各种问题提出 71 条意见和建议，其中大部分意见或建议被开发商采纳，既提高了工程质量，又降低了工程成本，还避免了事后大量难以弥补的遗憾。另外，项目组还配合开发商拟制了《住宅使用说明书》《住宅质量保证书》《住宅使用公约》《业主手册》《前期物业管理服务委托合同》等大量的文件，组织策划了《前期物业管理总体方案》《业主入伙实施方案》《物业服务企业筹建方案》《物业管理各项费用预算》等前期物业管理的准备工作。由于开发商站得高、看得远，物业服务企业服务理念正确、关系处理得当，充分发挥自身的优势，该项目如期完成了建设过程和竣工、接管验收，实现了一边小区施工，一边业主入伙，物业管理服务从高起点出发，向着高标准方向努力。该楼盘很快成为上海市物业管理的一个样板楼盘，各地前往参观学习的房地产开发商和物业服务企业络绎不绝。切身的体验使房地产开发商和物业服务企业都一致认为：物业管理的早期介入是非常重要的和非常必要的，而且越早介入越好，这对物业的产权人、开发销售者和管理服务者都极为有利。

【案例评析】

本案例从总体上描述了物业管理早期介入的重要性和必要性。物业管理的早期介入对开发商的好处很多。首先，开发商在开发建设中需要一个好参谋，特别是需要听取熟知其产品、能反映产品使用人需求的物业服务企业的意见，从而最大限度地完善自己的产品、降低开发建设成本、促进产品销售。其次，开发商在开发建设中需要一个好帮手，特别需要有专业经验的物业服务企业，协助其解决建房过程中发生的各种各样的问题，如工程监理问题、设备选型与安装问题、业主入伙问题、售后服务问题、工程遗留问题等。最后，开发商需要一个事业上的好朋友，即好的合作伙伴，使其集中精力做大事业，开发销售更多更好的楼盘，而不是西瓜芝麻样样要，到头来，芝麻沾手西瓜溜掉。另外，物业管理的早期介入对物业服务企业也非常重要。通过早期介入，物业服务企业可以从未来潜在业主的立场，尽早地了解工程项目的客观情况，协助开发商纠正设计施工中的不当之处，避免潜在业主使用物业、开发商销售物业、物业服务企业管理物业中发生不尽的烦恼与遗憾。同时，物业服务企业可以及时做好业主入伙与前期物业管理的准备，实现物业管理服务的高起点、高标准，使广大业主受益。

物业管理的早期介入对房地产开发与物业管理的行政主管部门来说也是值得重视的管理环节。行政主管部门需要培育与规范市场，希望房地产开发商开发建设越来越多的优质楼盘，希望物业服务企业为业主提供越来越好的优质服务，希望房地产开发商与物业服务企业优势互补，而物业管理的早期介入正好是一个理想的结合点，因此，推广和倡导物业管理的早期介入无疑对这两个相关行业的健康发展将起到积极的作用。

第一节　物业管理的早期介入

一、物业管理早期介入的含义

所谓物业管理的早期介入，是指物业服务企业在接管物业之前，参与房地产项目的投资立项、规划设计及施工建设等过程，并提出相应的意见和建议，以便建成后的物业能够更好地满足业主和物业使用人的需求，方便物业管理服务。

物业管理的早期介入一般是指从物业开发项目的可行性研究开始到项目竣工验收的全程介入，此时物业服务企业是顾问身份，提供咨询服务。物业服务企业早期介入的咨询服务对象，主要是房地产开发商或投资商，其费用应由开发商承担。

二、物业管理早期介入的工作内容

（一）投资立项阶段

房地产开发商在进行市场调查、项目经济评价时，应听取专业的物业管理人员对该物业的市场定位，潜在业主的构成与消费水平，周边物业管理概况，该物业将来的管理内容、管理标准以及成本、利润测算等建议，避免盲目投资。

（二）规划设计阶段

物业管理人员对物业的结构设计、功能配置等提出的意见与建议，更加贴近业主和物业使用人的实际需求，有利于克服物业规划设计阶段可能形成的“先天不足”，为将来顺利开展物业管理工作打下坚实的基础。

（三）施工建设阶段

物业管理人员通过参与设备购置、隐蔽工程施工验收、机电设备安装调试、管道线路铺设、工程竣工验收等工作，可以监督、了解工程质量，全面掌握物业相关信息。

（四）销售阶段

物业管理早期介入在此阶段的工作内容如下：

① 制定物业管理方案及方案实施步骤；
② 完成物业管理的各项公共管理制度；
③ 制定各项费用的收费标准和收费办法；
④ 在售楼现场设专人为客户提供物业管理咨询服务；
⑤ 对销售人员提供必要的专业基本知识培训；
⑥ 将全部早期介入所形成的记录、方案、图纸等资料，整理后归档。

三、物业管理早期介入的作用

1. 有利于完善物业的规划设计和使用功能

物业服务早期介入在物业布局、配套、建筑造型、电力负荷设计、垃圾站点布设、建材选用、供电供水、污水处理、电话和有线电视等的管线铺设、抽油烟机排烟孔位预留等方面根据经验提出建设性意见，有利于用户生活的安全、舒适与便利；有利于对设施设备的施工、安装质量进行监督，全面掌握相关信息，消除施工质量的隐患，保证后期用户的可靠使用。

2. 有利于接管验收物业

由于物业服务企业对物业的土建结构、管线走向、设施建设、设备安装等情况了如指掌，因此可以缩短验收时间、提高验收质量，便于对发现的问题进行交接处理。

3. 有利于后期物业管理工作的顺利进行

早期介入可以规避物业配套不完善、布局设计不合理、质量不过关、资料欠缺、情况不明等风险，从而避免使用不便、销售不畅、管理困难、纠纷多等问题。物业服务企业可利用早期介入的机会，逐步开展制订物业管理方案、各项规章制度及与相关部门的沟通等前期物业管理的准备工作，为日后的物业服务工作打下基础。

4. 有利于提高投资经济效益并减少投资风险

早期介入的物业服务企业可以根据经验提出合理化建议，建设单位在其协助下可以开发出市场定位更准确、使用功能更加完善、业主更满意、销售量更好的物业，从而提升建设单位自身的品牌价值，获取更多效益，减少投资风险。

第二节　前期物业管理

一、前期物业管理的含义

前期物业管理是指在业主、业主大会选聘物业服务企业之前，由建设单位选聘物业服务企业进行的物业管理。前期物业管理是从物业接管验收开始至业主大会选聘物业服务企业签约为止的物业管理阶段。在实际工作中，早期介入往往被误认为是前期物业管理，其实，二者是在完全不同的两个时期进行的物业管理工作。

由于业主大会的成立需要具备一定的条件，并要遵循一定的程序，因此，从物业开始销售、部分业主开始入住到业主正式选聘物业服务企业进行物业管理一般需要 1～2 年甚至更长的时间。在此期间，前期入住的业主所需要的房屋维修养护、卫生、保安、绿化等物业管理服务问题由建设单位前期选聘的物业服务企业负责解决。

对前期物业管理可做如下理解。

1. 前期物业管理阶段的物业服务企业由建设单位选聘

在前期物业管理阶段，由于业主大会尚未成立，无法由其选聘物业服务企业，此时建设单位作为最大的业主，非常熟悉物业的各种情况，所以由建设单位选聘物业服务企业实施前期物业管理。

2. 前期物业服务合同由建设单位与物业服务企业签订

在房屋销售时，建设单位要向买房人明示前期物业服务合同，并取得买房人的书面认可。这样做的目的是避免日后物业管理的矛盾和纠纷。

3. 前期物业管理是阶段性的管理

前期物业管理的时间一般是从房屋销售之前到业主大会、业主委员会与其选聘的物业服务企业签订正式的物业服务合同生效时为止。《物业管理条例》明确规定，业主委员会成立以后，经专有部分占建筑物总面积过半数的业主且占总人数过半的业主同意，即可选聘物业服务企业。此时业主与物业服务企业应签订正式的物业服务合同。

4. 前期物业管理期间的法律主体

前期物业管理期间的法律主体主要有建设单位、物业服务企业和业主。建设单位是物业的供应者，也是前期物业管理的责任人；物业服务企业作为独立的民事法律主体，按照合同约定为业主提供物业管理服务，并收取相应的费用；业主购房以后，按照协议的约定享受物业管理服务，并承担交费等相应义务。

二、前期物业管理的工作内容

（一）设立物业管理组织机构和建立物业管理规章制度

1. 设立物业管理组织机构

机构的设置应根据委托物业的用途、面积、业务类型和规模等确定；管理人员与工作人员确定以后，还应根据各自的职责进行培训，然后上岗。规章制度应依据国家和政府有关部门的法律法规、政策和文件，并结合本物业的实际情况来制定，以便进行规范化、程序化、法治化的物业管理活动。

2. 建立物业管理规章制度

科学管理、制度健全是物业服务取得成功的重要保障。为了更好地满足业主需求，提高物业服务质量和水平，物业服务企业在接管物业以后，应实行专业化、规范化管理，制定出切实可行的日常物业管理规章制度。日常物业管理规章制度通常包括以下几个方面。

（1）公众制度

公众制度包括业主手册、业主公约、精神文明公约、楼宇使用维护管理规定、二次装修管理规定、二次装修管理协议、装修人员管理规定、出入物品管理规定、安全管理规定、消防管理规定、清洁卫生管理规定、园林绿化管理规定等。

（2）岗位职责

岗位职责须包含物业服务企业所设置的各个岗位的职责。

（3）运作管理制度

物业服务企业的运作管理制度包括员工手册，管理人员文明服务准则，员工办公制度，各部门月工作计划及总结制度，物业管理工作廉洁制度，员工培训制度，内部财务管理制度，档案资料管理制度，值班管理制度，公用品申请、购买、领用制度，员工宿舍管理评比制度，接待投诉处理及回访制度，维修回访制度，机电设备的编号方法，机电设备的统计制度，配电房管理制度，物业防火安全检查制度，大厦应急灭火抢救方案，物业管理运作流程，业主投诉处理程序，业主入住工作程序，业主入住装修管理工作程序、物业管理档案建立工作程序，物业管理档案监督工作程序，物业资料控制工作程序，公共设施维修、养护工作程序，机电设备维修工作程序，安全管理工作程序，消防应急处理工作程序，园林绿化管理工作程序，清洁管理工作程序，社区文化开展工作程序等。

（二）物业的验收与接管

物业的验收直接关系到今后物业管理工作能否正常顺利开展。物业服务企业应当严格按规范做好承接查验工作，熟悉各种设备设施的养护管理。验收合格后，建设单位应向物业服务企业移交相关的资料，明确保修项目和时间，以方便今后的物业管理和维修养护。

《物业管理条例》第二十八条规定，物业服务企业承接物业时，应当对物业共用部位、共用设施设备进行查验。

《物业管理条例》第二十九条规定，在办理物业承接验收手续时，建设单位应当向物业服务企业移交下列资料：

① 竣工总平面图，单体建筑、结构、设备竣工图，配套设施、地下管网工程竣工图等竣工验收资料；

② 设施设备的安装、使用和维护保养等技术资料；

③ 物业质量保修文件和物业使用说明文件；

④ 物业管理所必需的其他资料。

物业服务企业应当在前期物业服务合同终止时将上述资料移交给业主委员会。

（三）业主入伙和装修管理

所谓入伙，是指业主或物业使用人收到书面入住通知书，在规定期限内办理完相应手续并实际入住，也就是将物业正式交付业主或物业使用人使用的过程。物业服务企业要加强业主入住后的装修管理，应将装饰装修的注意事项和禁止行为提前书面告知业主和装修人。

（四）物业档案资料管理

物业服务企业在接管物业和业主或物业使用人入伙以后应及时收集物业管理档案资

料并建立档案，物业管理档案资料包括物业资料和住户资料。物业管理档案资料是物业维修、养护及设备更新改造的依据，也是物业服务企业解决可能遇到的纠纷的法律依据。

（五）做好成立业主委员会的辅助工作

当成立业主委员会的条件具备时，物业服务企业应会同建设单位和政府主管部门组织召开业主大会，选举并产生业主委员会。

（六）前期日常工作管理及其他

在保修期内负责协调业主与建设单位之间的关系，督促或协调建设单位解决业主提出的有关房屋及公共配套设施的返修等方面的问题；对物业管理区实施正常的管理服务；当业主委员会选聘了新的物业服务企业以后，负责前期物业管理的物业服务企业应将档案资料等移交给业主委员会，确保物业管理的顺利交接。

三、前期物业管理中权利主体的相互关系

前期物业管理阶段，形成了建设单位、受托的物业服务企业以及业主三个权利主体共存的法律关系。建设单位与业主之间是买卖关系；建设单位与物业服务企业之间是合同聘用关系；物业服务企业与业主之间是服务与被服务关系。

建设单位与物业服务企业达成的前期物业服务委托合同须向行业主管部门备案。

四、前期物业管理与早期介入的区别

前期物业管理与早期介入的区别如表 4-1 所示。

表 4-1　前期物业管理与早期介入的区别

项目	早期介入	前期物业管理
法律规定	无	有
介入时间	物业竣工验收前	物业竣工验收后
有无合同及合同内容	建设单位自主选聘，无合同，顾问咨询	法定招标选聘，有合同，实施前期物业管理
工作内容	规划设计、施工建设及建议	物业管理服务
是否拥有经营管理权	无	有
管理服务对象	无明确服务对象	有明确服务对象
是否承担民事责任	不承担民事责任	承担民事责任
费用	建设单位全额承担	建设单位和部分入伙业主

五、物业承接查验的概念

物业承接查验，是指承接新建物业前，物业服务企业和建设单位按照国家有关规定和前期物业服务合同的约定，共同对物业共用部位、共用设施设备进行检查和验收的活动。

六、物业承接查验的一般程序

物业承接查验一般按照下列程序进行：

① 确定物业承接查验方案；

② 移交有关图纸资料；

③ 查验共用部位、共用设施设备；

④ 解决查验发现的问题；

⑤ 确认现场查验结果；

⑥ 签订物业承接查验协议；

⑦ 办理物业交接手续。

七、新建物业承接查验的内容

物业服务企业应当对下列物业共用部位、共用设施设备进行现场检查和验收。

1. 共用部位

共用部位一般包括建筑物的基础、承重墙体、柱、梁、楼板、屋顶以及外墙、门厅、楼梯间、走廊、楼道、扶手、护栏、电梯井道、架空层和设备间等。

2. 共用设备

共用设备一般包括电梯、水泵、水箱、避雷设施、消防设备、楼道灯、电视天线、发电机、变配电设备、给排水管线、电线、供暖和空调设备等。

3. 共用设施

共用设施一般包括道路、绿地、人造景观、围墙、大门、信报箱、宣传栏、路灯、排水沟、渠、池、污水井、化粪池、垃圾容器、污水处理设施、机动车（非机动车）停车设施、休闲娱乐设施、消防设施、安防监控设施、人防设施、垃圾转运设施以及物业服务用房等。

八、物业管理机构更迭时物业承接查验的内容

物业管理机构更迭时的物业承接查验的基本内容包括以下几个方面。

1. 物业资料

除了对新建物业承接查验的相关资料进行检查外，还要对物业服务企业在管理过程中产生的重要质量记录进行检查。

2. 项目收支及机构经济运行情况

该项主要包括物业服务费、水电费、停车费及其他有偿服务费的收取和支出，维修资金的收取、使用和结存，各类押金、欠收款项及待付费用等账务情况。

3. 物业共用部位、共用设施设备及管理现状

查验物业共用部位、共用设施设备及管理现状的主要项目如下：

① 建筑结构及装饰装修工程的状况；
② 供配电、给水排水、消防、电梯、空调等机电设施设备；
③ 保安监控、对讲门禁设施；
④ 清洁卫生设施；
⑤ 绿化及设施；
⑥ 停车场、门岗、道闸设施；
⑦ 室外道路、雨污水井等排水设施；
⑧ 公共活动场所及娱乐设施；
⑨ 其他需了解查验的设施设备。

4. 其他内容

需要查验的其他内容如下：

① 产权属全体业主所有的设备、工具及材料；
② 物业管理用房；
③ 与水、电、通信等市政管理单位的供水、供电的合同和协议等。

九、物业竣工验收

（一）物业竣工验收的含义

竣工是指一个建筑工程项目经过建筑施工和设备安装后，达到了该工程项目设计文件所规定的要求，具备了使用的条件。工程项目竣工以后，承建单位需要向建设单位办理交付手续。在办理交付手续时，需要经建设单位或专门组织的验收委员会对竣工项目进行查验，在认为工程合格后办理工程接受手续，把产品移交给建设单位，这一移交过程称为竣工验收。

（二）物业竣工验收与物业承接查验的比较

物业竣工验收与物业承接查验的比较如表 4-2 所示。

表 4-2　物业竣工验收与物业承接查验的比较

比较项目	物业竣工验收	物业承接查验
验收主体	房地产开发企业	物业服务企业
交接对象	建设单位验收承建单位移交的施工完毕项目	物业服务企业接管建设单位移交的物业
验收性质	检验房屋工程是否达到规划设计文件、建筑安装施工及验收规范的要求	在竣工验收合格的基础上，以主体结构安全和满足使用功能为主要内容的再验收
验收目的	建设单位在工程项目建成后，为了取得物业进入市场资格，对其是否合格进行的质量验收	物业服务企业为了分清管理责任，对即将进行管理的物业进行的质量验收

本章小结

本章主要介绍物业管理早期介入的含义、工作内容及其作用；前期物业管理的概念及工作内容，明确早期介入和前期物业管理的区别。

知识训练

一、填空题

1. ________一般是指从物业开发项目的可行性研究开始到项目竣工验收的全程介入。

2. 前期物业管理阶段，形成了开发企业、受托的物业服务企业以及________三个权利主体共存的法律关系。

3. ________是指业主或物业使用人收到书面通知书，在规定期限内办完相应手续并实际入住，也就是将物业正式交付业主或物业使用人使用的过程。

4. ________是指物业服务企业根据标准，对建设单位移交的物业所进行的综合检验、收受管理工作。

5. ________可以规避物业配套不完善、布局设计不合理、质量不过关、资料欠缺、情况不明等风险，从而避免使用不便、销售不畅、管理困难、纠纷多等问题。

二、选择题

1.（　　）是物业服务企业在接管物业前，就参与物业的规划、设计和建设，从物业服务的角度上提出意见和建议，以便将来更好地满足业主或物业使用人的要求。

A. 前期物业服务　　B. 日常物业服务
C. 前期物业管理　　D. 物业管理的早期介入

2. 前期物业管理，由（　　）选聘物业服务企业实施物业服务。

A. 业主　　B. 业主大会　　C. 业主委员会　　D. 建设单位

3.《物业管理条例》规定，在业主、业主大会选聘物业服务企业之前，建设单位选聘物业服务企业的，（　　）签订书面的前期物业服务合同。

A. 应当　　B. 不必　　C. 可能　　D. 必须

4. 物业管理的早期介入是前期物业管理的（　　），早期介入工作越主动，越扎实，对物业服务企业正式按照委托合同实施前期物业管理越有利。

A. 重要铺垫　　B. 重要内容　　C. 开始阶段　　D. 工作延续

5. 在业主或业主大会选聘物业服务企业之前，由建设单位选聘物业服务企业实施的物业管理是（　　）。

A. 物业管理的早期介入　　B. 前期物业管理

C．物业的接管验收　　　　D．物业的竣工验收

三、判断题

1. 物业服务企业早期介入的咨询服务对象主要是房地产开发商或投资商，其费用应由开发商承担。（　）

2. 前期物业管理是从物业接管验收开始至业主大会选聘物业服务企业签约生效为止的物业管理阶段。（　）

3. 前期物业管理阶段的物业服务企业由建设单位选聘。（　）

4. 前期物业服务合同由建设单位与物业服务企业签订。（　）

5. 前期物业管理期间的法律主体主要有建设单位、物业服务企业和业主。（　）

四、简答题

1. 早期介入的含义、工作内容及作用是什么？
2. 前期物业管理的内容有哪些？
3. 早期介入与前期物业管理服务工作的主要区别是什么？
4. 简述物业承接查验的概念和程序。
5. 简述物业承接查验与物业竣工验收的区别。

第四章 物业基础管理

学习目标

知识目标

1. 掌握房屋维修和房屋维修养护管理的概念。
2. 熟悉房屋维修养护管理和物业设备管理的基本内容。
3. 了解物业设施设备和智能化技术设备系统的构成。
4. 掌握物业环境管理和物业安全管理的含义和基本内容。
5. 掌握物业档案的类型、内容、作用和管理方法。

技能目标

1. 能协助主管做好物业档案收集管理工作。
2. 具有自主学习和不断进取的能力。

思政育人目标

1. 具有积极进取的精神和持续学习的能力，时刻保持与社会发展同步。
2. 具有良好的服务意识和爱岗敬业精神。

案例导学 1

楼房墙皮脱落砸坏汽车，物业公司应当赔偿吗？

某小区业主吕先生一直将私人汽车停放在楼下空地上。2021 年 9 月 30 日，楼宇外墙皮脱落，一块从楼顶脱落的外墙水泥块重重地砸在了车子的前机器盖上，前风挡玻璃也出现了裂痕。事发后，吕先生多次找物业公司协商解决赔偿问题。物业公司认为，吕先生停车的位置并不是正规的停车位，而本次墙体脱落也纯属意外，因此，吕先生应自己承担随意停车所导致的后果，自行负担相应的修车费用，物业公司只负责向小区业主收取水、电费用，与此事故无关。双方就赔偿问题未能达成一致意见，业主吕先生将物业公司起诉到法院，要求物业公司赔偿修车费用 3000 元。庭审中，物业公司表示，小区内没有正规的停车位，不具备设置停车位的条件，并表示愿意和吕先生协商解决，为其支付 30%的维修费用。对此，吕先生表示物业公司赔偿数额过低，不能接受。法院经审理后认为，物业公司作为建筑物管理人，对涉案楼房有维修、预防危险发生的义务，因此判决物业公司赔偿吕先生全部修车费用。

【案例评析】

本案例是因物业共有（公用）部分的管理引发的诉讼，其焦点在于，物业公司应否赔偿业主吕先生的维修费用？如果需要赔偿，应当承担多大比例的赔偿份额？

《民法典》第一千二百五十三条规定，建筑物、构筑物或者其他设施及其搁置物、悬挂物发生脱落、坠落造成他人损害，所有人、管理人或者使用人不能证明自己没有过错的，应当承担侵权责任。所有人、管理人或者使用人赔偿后，有其他责任人的，有权向其他责任人追偿。本案例中，小区楼房的墙体脱落砸损业主车辆，属于建筑物发生脱落造成他人损害的情况，“所有人、管理人或者使用人”应当承担责任。

《民法典》第二百八十四条规定，业主可以自行管理建筑物及其附属设施，也可以委托物业服务企业或者其他管理人管理。本案例中，业主委托物业公司管理小区的建筑物及其附属设施。业主是建筑物的使用人和所有人，但在墙体脱落上，业主并没有过错，而物业公司作为建筑物管理人，对涉案楼房有维修、预防危险发生的义务。楼房墙体脱落，说明物业公司并没有尽到完全的管理义务和责任。因此，法院判决物业公司赔偿吕先生全部修车费用。

本案例中，应当特别注意的是，应分清不同情况下的不同责任主体。例如，如果房屋处于保修期内，那么，外墙脱落极有可能与房屋质量有关，应由建筑单位承担保修责任并承担损害赔偿责任。

案例导学 2

未清理建筑垃圾，谁承担赔偿责任？

2021 年 7 月的某一天，一名 8 岁男孩与其 11 岁的同伴在小区内玩球。两人抢球时，该男孩不慎跌倒在小区门口一建筑垃圾堆上，被垃圾堆上一个废弃玻璃鱼缸的锐口割断了股动脉，经抢救无效，于次日晚上死亡。经查，该堆建筑垃圾是居住在该小区内的某业主在装修房屋时临时堆放的，居委会曾多次要求该业主将垃圾及时清运出去。事发前 3 天，该业主委托环卫保洁公司清运了部分垃圾，剩下的部分垃圾该业主称非其堆放而未清运。

男孩父母可以采取怎样的诉讼请求？

【案例评析】

男孩父母将该业主、物业公司、11 岁同伴的父母告上法庭，要求赔偿经济损失。

一审法院经审理，判决物业公司、该业主、11 岁同伴的父母，分别赔偿男孩父母经济损失人民币 55925 元、27962 元和 9320 元。该业主不服提起上诉。二审法院认为，该业主没有证据证明垃圾是别人堆放的，虽然不能认定鱼缸是该业主的，但垃圾为鱼缸创造了放置的条件，有不可推卸的责任，并据此驳回该业主的上诉请求，维持原判。

在本案例中，物业公司存在过错，没有及时督促业主清理垃圾，也没有组织清理，因此应承担责任。

案例导学 3

火灾发生以后小区物业的应急服务

某年秋天，天干物燥。某小区一新入住业主正忙着装修，结果因其装修中操作不当，引起了一场火灾。经消防部门的奋力抢救，大火终于被扑灭了，但整栋楼的外墙被熏黑，并造成停电和部分屋内积水。

事后，小区物业服务企业人员及时拍照取证，同时对受害业主逐一进行了走访安慰，组织人员帮助清除积水，与电力公司取得联系，以保证及时恢复通电。随后，物业服务企业提出了整改的设想与方案，维护了广大业主的利益，避免了矛盾的激化，并请来公安消防单位对业主进行了消防知识讲座，同时针对该事件举一反三，与街道居委会、业委会一起在小区内建立了消防责任制。

【案例评析】

消防安全是物业安全管理的重点，它不仅事关事前防范，也包括事后处理。在本案例中，物业服务企业的处理方式很好，尽量从服务业主的角度出发。尤其值得一提的是，该物业管理处请来专业消防人员，开展消防知识宣传，并举一反三建立相应的防范措施。

案例导学 4

物业管理档案的收集内容

某物业服务企业在日常物业管理服务期间，收集和整理的档案有物业丈量报告、物业工程地质勘查报告、电梯维修记录、业主投诉管理记录、物业员工考察和奖惩档案。这样收集档案是否有误？如果有误，错在哪里？正确的收集内容有哪些？

【案例评析】

日常物业管理服务期档案收集内容主要有物业运行记录档案、物业维修维护记录档案、物业服务记录档案和物业服务企业行政管理档案。

① 物业运行记录档案主要包括建筑物运行记录档案和设施设备运行记录档案。

② 物业维修维护记录档案主要包括建筑物维修维护记录档案和设施设备维修维护记录档案。

③ 物业服务记录档案主要包括辖区内及共用设施设备清洁服务记录、业主装修管理服务记录、安全巡视记录、会所服务记录、增值服务记录、社区活动记录和投诉管理记录等。

④ 物业服务企业行政管理档案主要包括公司的设立、变更申请、审批、登记、终止，以及劳动工资、人事、法律事务、教育、培训等方面的文件材料。

由此可见，本案例中档案的收集是有问题的，丈量报告和地质勘察报告属于物业承接查验期档案收集的范围，不应包含在日常物业管理服务期档案收集的范围内。

第一节　房屋及物业设施设备维修养护管理

一、房屋维修的概念

房屋维修有广义和狭义之分。狭义的房屋维修仅指对房屋的养护和修缮；广义的房屋维修则包括对房屋的养护、修缮和改建。

二、房屋维修养护管理的概念

房屋维修养护管理是指物业服务企业按照一定的科学管理程序和制度及一定的维修技术管理要求对企业所经营管理的房产进行日常维护修缮的技术管理。房屋维修养护管理是物业管理的主体工作和基础性工作，主要包括房屋日常质量安全检查的质量管理、房屋维修养护的施工管理和房屋维修养护的行政管理。

三、房屋维修养护管理的基本内容

房屋维修养护管理的基本内容概括地说有以下几点：

① 房屋维修养护计划管理；

② 房屋维修养护技术管理；

③ 房屋维修养护质量管理；

④ 房屋维修养护施工管理；

⑤ 房屋维修养护档案资料管理等。

房屋维修养护所需的档案资料主要有：房屋新建工程、维修工程竣工验收时的竣工图及有关的房屋原始资料；现有的有关房屋及附属设备的技术资料；房屋维修的技术档案资料。

四、房屋的基本组成部分

房屋的基本组成部分主要包括以下几部分：

① 结构部分——基础、承重构件、非承重墙、屋面、楼地面等；

② 装修部分——门窗、外抹灰、内抹灰、顶棚、细木装修等；

③ 设施设备部分——水卫、电气、暖通、特殊设备（如消防、避雷、电梯）等。

五、房屋损坏的主要原因

导致房屋损坏的原因很多，一般可分为自然损坏和人为损坏两大类。

1. 自然损坏

自然损坏的速度是缓慢的，但有时是突发性的，其损坏因素主要有以下几个方面。

（1）气候因素

房屋因长期经受自然界的风、霜、雨、雪和冰冻的袭击以及空气中有害物质的侵蚀与氧化作用，其外部构件会产生老化和风化作用，使构件发生风化剥落，引起质量变化，从而发生损坏。

（2）地理因素

地理因素主要是指由于地基土质的差异引起房屋的不均匀沉降，以及地基盐碱化作用引起房屋的损坏。

（3）生物因素

生物因素主要是指由于虫害（如白蚁等）、菌类（如霉菌）的作用，使建筑物构件的断面减少、强度降低。

（4）自然灾害因素

自然灾害因素主要是由突发性的天灾人祸，如洪水、火灾、地震、滑坡、龙卷风、战争等造成损坏。

2. 人为损坏

人为损坏是相对于自然损坏而言的，主要情况如下。

（1）房屋使用方法不当

人们在房屋内生活或生产以及使用时的不合理等因素都会影响房屋的使用寿命，不合理地改装、搭建，改变房屋用途、周围设施等也会使房屋遭受破坏。

（2）房屋预防保养不及时

有的房屋和设备，由于没有适时地采取预防保养措施或者修理不够及时，造成不应产生的损坏或提前损坏，以致发生房屋破损、倒塌事故。

（3）房屋设计和施工质量有问题

房屋在建造或施工时，由于设计不合理或施工不规范及材料质量不合格等因素，造成房屋先天不足，从而影响了房屋的正常使用，加快了房屋损坏的速度。

在物业使用期间，往往是以上几种因素综合发生作用，从而加剧了房屋的毁损，因此及时进行养护维修管理，恢复物业正常的使用功能是非常必要的。

六、房屋维修的基本特点

1. 房屋维修的局限性

房屋维修是在已有房屋的基础上进行的，是对房屋的构建、部分项目进行养护维修以及局部的更新或修复。因此，工作上受到原有条件的限制，设计和施工都只能在一定的范围内进行。

2. 房屋维修的经常性和不确定性

房屋使用期限长，在使用中由于自然或人为因素的影响，会导致房屋的损坏或使用功能的减弱，而且由于房屋所处的地理位置、环境和用途的差异，同一结构的房屋，其使用功能减弱的速度和损坏的程度也是不均衡的，因此，房屋的维修是大量的、经常性的、不确定的，有时还有可能是突发性的工作。

3. 房屋维修具有生产和服务双重性

生产性是指房屋维修过程中必然结合增添设备、改进装饰装潢、改善结构等工作，通过维修可使房屋增值。服务性是指房屋维修的基本目的是为住户提供服务，保证房屋的正常和安全使用。

4. 房屋维修材料的多样性

房屋维修项目多、涉及面广、零星分散，因此，各类房屋装修材料的品种、规格，备用材料的规格和种类也应尽可能多。

5. 房屋维修要保持原有的建筑风格

房屋维修是要保持原有的建筑风格和设计意图，并与周围环境相协调，因此对技术的要求较高。房屋维修的这种特殊性决定了它有独特的设计、施工技术和操作技能的要求，而且对不同建筑结构、不同等级标准的房屋，采用的装修标准也不同。

七、物业（房屋）设施设备的含义

物业设施设备是指附属于房屋建筑，为用户提供生活和工作服务的各类设施设备的总称，是房屋建筑的有机组成部分，是发挥物业功能和实现物业价值的物质基础和必要条件。

物业设施设备管理是物业服务企业根据物业管理总体目标，对物业中的设施设备通过保养、维修等手段，保障物业设施设备可靠、安全、经济地运行，延长设备的使用寿命，以创造出最大的经济效益、社会效益和环境效益的技术管理和经济管理活动。

八、物业设施设备的构成

物业设施设备（房屋建筑附属的基本设施设备）通常包括建筑给排水系统、供电系统、燃气系统、消防系统、供暖系统、制冷系统（工业制冷）、空调系统，通风系统、运载系统、热水供应系统、通信系统、监控系统及其他智能控制系统等。

我国城市房屋的常用设施设备主要是由房屋建筑卫生设施设备、房屋建筑电气设备和智能化技术设备系统组成的。

（一）房屋建筑卫生设施设备

1. 建筑给排水系统

室内给水设备通常包括生活给水设备、生产给水设备和消防给水设备三类。供水设备有供水箱、供水泵、水表、供水管网等。

室内排水管道一般包括生活排水系统、生产排水系统、雨水排水系统三类。排水设备有排水管道系统、通风管、清通设备、抽升设备、室外排水管、污水处理系统等。

2. 卫生设施设备

卫生器具是用来满足日常生活中洗涤等卫生要求以及收集和排除生活、生产中产生污水的一类设备，主要包括浴缸、水盆、面盆、小便池、抽水马桶、冲洗盆。

3. 燃气设施设备

燃气设施设备是指供应城市居民生活、公共建筑和工业生产使用的燃气，燃气由城市的输配管网输送到用户室内的燃气管道，再通过室内的燃气管道与燃气用具相连提供给用户使用。燃气设施设备主要包括煤气灶、煤气管、煤气表、供气管网。

4. 供热系统

供热工程是以热水或蒸汽作为热媒为用热系统（如供暖、通风、空调等）提供热能的供热系统和集中供热系统。集中供热系统主要包括热源、热网、热用户三部分。

5. 消防系统

消防系统是指房屋设施设备中的消防装置部分，如消火栓系统、喷淋系统。其他配套消防设备有烟感器、温感器、消防报警系统、防火卷帘、防火门、防火阀、消防电梯、消防走道及事故照明等。

物业管理所涉及的建筑物的消防设备以高层建筑最为齐全复杂，典型的高层建筑消防系统通常由以下八个部分组成：

① 火灾报警系统；
② 消防控制中心；
③ 消火栓系统；
④ 自动喷洒灭火系统；
⑤ 防排烟系统；
⑥ 安全疏散和防火隔离系统；
⑦ 手提式灭火器；
⑧ 其他灭火系统。

6. 通风设施设备

通风设施设备通常是指房屋内部的通风设备，包括通风机、排气口及一些净化除尘设施设备等。

7. 空调设施设备

空调工程采用技术手段把某种特定空间内部的空气环境控制在一定状态下，使其满足人体舒适或生产工艺的要求，通常包括制冷机、空调机、冷却塔、循环泵等设施设备。

空调按冷源工作原理可分为压缩式制冷机和吸收式制冷机；按冷源设备布置的情况可分为中央空调和独立空调等。

8. 热水供应设施设备

热水供应设备是指房屋设备中热水供应部分，一般由加热设备、热水表、存储设备（主要指热水箱）和管道部分组成。

（二）房屋建筑电气设备

房屋建筑电气设备通常包括以下几个方面。

1. 供电及照明设备

供电及照明设备是指给房屋提供电源及照明的各种装置。供电设备有变压器房内的设备、配电房内设备、配电干线、楼层配电箱。变压器房内一般有高压开关、变压器以及各种温控仪表和计量仪表等。配电房内的主要设备有低压配电柜、空气开关、计量指导仪表、保护装置、电力电容器、接触器等。照明设备包括开关、插座和各种照明灯具。

2. 弱电设备

弱电设备是指给房屋提供某种特定功能的弱电设备及装置，主要包括通信设备、广播设备、共用天线设备及闭路电视系统、网络设备等。随着现代化建筑水平的提高，房屋的弱电设备也越来越多。

3. 运输设备

目前，建筑中主要的运输设备为电梯，电梯按用途可分为客梯、货梯、客货梯、消防梯及各种专用电梯，其设备组成部分主要包括传动设备、升降设备、安全设备、控制设备等。

4. 防雷设备

为了防止雷电对建筑物和建筑物内电气设备造成破坏，必须对容易受到雷电袭击的建筑物提供防雷保护。防雷设备有如避雷针、避雷网等，防雷装置由接闪器、引下线和接地装置三部分组成。

（三）智能化技术设备系统

智能化技术设备系统主要由通信自动化系统、办公自动化系统、楼宇设备自动化系统三大系统集成。

1. 通信自动化系统

通信自动化系统是智能建筑重要的组成部分，可为建筑物的使用者提供快捷有效的服务。通信自动化系统通过电话机、传真机、数字终端设备、个人计算机、数据库设备、主计算机等进行文件的传送，数据的传输、收集处理，信息的储存、检索等工作。通过楼宇的结构化综合布线系统来实现计算机网络、卫星通信、闭路电视、可视电话、电视会议等系统的综合，从而达到楼宇内、市内、国内以及国际的信息沟通与共享。

2. 办公自动化系统

办公自动化（office automation，OA）是在计算机、网络发展的基础上，通过管理信息系统（management information system，MIS）的发展而兴起的一门综合性技术。它是将计算机网络与现代化办公相结合的一种新型办公方式，它不仅可以实现办公事务的自动化处理，而且可以极大地提高个人或者群体办公事务的工作效率，为企业或部门机关的管理与决策提供科学的依据。

OA=硬件+软件。硬件包括计算机、终端设备及网络设备；软件针对不同应用包括数据库管理系统、事务处理系统及针对各种应用的终端应用软件。

3. 楼宇设备自动化系统

楼宇设备自动化系统总体上可分为基本楼宇自动化控制系统、保安报警系统、自动消防报警系统三个部分，具体又可分为以下几个部分。

（1）自动消防报警系统

自动消防报警系统包括报警、自动与手动灭火、防排烟、通信、避难等与火灾相关的设备设施。消防中心设有显示屏和控制台，显示屏包括火灾自动报警受信盘、紧急电话指示、自动喷洒水指示、消防水泵启停指示、自动喷洒水泵启停指示、气体灭火系统工作指示、消防电梯指示及其他（如航空障碍灯、疏散标志灯、应急电源等）；控制台包括紧急广播、紧急电话、防火门关闭、排烟门开闭、紧急疏散口打开、空调闸栅开闭等。

（2）安保监控系统

安保监控系统一般同楼宇设备一起管理计算机联网，由雷达、超声波、红外线装置的传感器触发报警信号和自动打印，并由监控电视系统跟踪录像。

（3）计算机管理系统

计算机管理系统对各种机电设备、消防和保安装置进行自动化管理和控制，对空调、给排水、供电、变配电、照明、电梯、消防、闭路电视、广播音响、通信、防盗等进行全面监控，对原始数据进行收集、分类、运算、存储、检索、制表。

（4）空气调节自动化系统

空气调节自动化系统通过计算机控制，使空调区域保持设定的参数精度和在合适的范围内使空调降低能耗，并使空调设备得到安全运行和及时维护管理。

（5）供暖系统

供暖系统通过计算机控制，使供暖区域按照需要提供热量和在合适范围内节约能源。

（6）电梯自动化系统

电梯自动化系统由一个计算机控制的群控制器、每台电梯的轿厢控制器、固态传动系统及信号装置组成，能根据客观状态选择客流程序进行调配，计算各轿厢对召唤的应答时间，使乘客能够尽快等候到电梯。

（7）停车场管理系统

停车场管理系统是由计算机控制两组光电开关和地面埋设的感应线圈，使车辆检测器动作，以判别车辆的进出。

（8）电力、供水、供热系统

电力、供水、供热系统通过各种检测元件和传感器件对电流、电压、频率有功无功、电度量、功率周数等进行测量、记录，对给排水和供热系统的流量、温度、压力进行监控、测量、记录。

九、物业设备管理的基本内容

物业设施设备管理按时间顺序可以划分为两个阶段：第一阶段是从规划、选购到投产安装的前期管理工作；第二阶段是从设施设备运行到报废这一阶段的全部工作，这一阶段是物业服务企业管理工作的重点。

物业设备管理的基本内容如下。

1. 物业设备基础资料管理

物业设备基础资料管理的主要工作内容是建立设备管理原始资料档案和重要设备的维修资料档案。

2. 物业设备运行管理

物业设备运行管理的主要工作内容是建立合理的运行制度和安全操作规程，建立定期检查运行情况和规范服务的制度等。

第二节 物业环境管理

物业环境管理的实质，就是要遵循自然规律和社会经济发展规律，采取有效的手段来影响和约束业主、使用人和受益人的行为，确保物业管理服务工作正常运行，实现物业的经济价值，从而达到物业经济效益、社会效益和环境效益的统一。物业环境管理工作必须坚持在发展中保障和改善民生，鼓励共同奋斗创造美好生活，不断实现人民对美好生活的向往。

一、物业环境的概念

物业环境是指物业管理区域内的周围环境及公共设施，具体地讲，是指业主可享用房间之外的一切公共场所，包括过道、电梯厅间、步行梯、电梯、公用厕所、入口大堂、中心会所（俱乐部）、游泳池以及楼宇住宅外的附属公共场所。

二、物业环境管理的概念

物业环境管理是指物业服务企业对物业管理区域内的共用部位、共用设施设备和场地等的清洁卫生、园林绿化和卫生虫害防治、物业环境污染与防治等的管理服务。

三、物业环境管理的任务

物业环境管理的任务是保护和维持物业管理区域内的容貌，防止人为破坏和减缓自然损坏，维护正常的生产、生活和办公秩序，保持物业的外观及整体形象的永恒性，提高知名度，使物业保值增值等。

四、物业环境管理的基本内容

（一）物业环境绿化管理

绿化管理是物业环境管理的一项重要工作。良好的绿化环境能够调节管理区域内局部的生态平衡，不仅可以净化空气、保持水土，而且可以消声防噪，达到净化、美化环境的目的。

（二）物业环境卫生管理

物业环境卫生管理是物业服务中一项常规性的管理服务工作，其目的是净化环境，为业主和使用人提供一个清洁宜人的工作和生活环境。良好的环境卫生不仅可以保持物业区域外观的整洁，而且对于减少疾病、促进身心健康十分有益，同时，对社会精神文明建设也具有重要作用。

物业环境卫生管理主要包括以下两方面内容：

① 对管理区域的卫生情况进行保洁服务，包括清除公共设施和楼宇的污渍、收集和清运生活垃圾、维护和保养卫生设施等；

② 对公共场所设施进行消毒管理，如灭杀公共场所的害虫等。

（三）物业环境保护管理

物业环境保护管理是指物业服务企业执行国家有关环境保护的法律、法规，采取各种有效可行的措施，防治物业管理区域内的大气污染、水体污染、固体废弃物污染、噪声污染及光污染等。同时做好物业辖区内的卫生虫害防治工作，如做好白蚁、鼠害、蚊子、苍蝇、蟑螂等卫生虫害的防治。

（四）物业公共安全防范管理

物业区域内的公共安全防范管理工作是指物业管理企业为防盗、防破坏、防不法侵害、防意外及突发事件而在所管物业区域内进行的一系列管理活动。公共安全防范管理的对象主要是人为造成的事故与损失，其目的是保护所管物业区域内的人身安全和财产安全，维护正常的工作和生活秩序。

（五）物业区域内的违章搭建管理

违章建筑是指未取得拟建工程规划许可证，在规划区以外建设违反《中华人民共和国土地管理法》《中华人民共和国城乡规划法》《村庄和集镇规划建设管理条例》等相关法律法规的规定而建造的房屋及设施。

常见的违章建筑主要包括以下几类：

① 未申请或申请未获得批准，并未取得建设用地规划许可证和建设工程规划许可证而建成的建筑物；

② 擅自改变建设工程规划许可证的规定建成的建筑物；

③ 擅自改变使用性质建成的建筑物；

④ 临时建筑建设后超过有效期未拆除成为永久性建筑的建筑物；

⑤ 通过伪造相关材料向主管部门骗取许可证而建成的建筑物。

相关法律法规规定，违章建筑不仅要拆除，当事人还要承担拆除违章建筑所花费的全部费用。

违章搭建是对整个物业区域和谐环境的破坏。它既有碍观瞻，又影响人们的日常工作和生活，还可能带来交通、消防等方面的隐患。因此，物业服务企业一定要协助有关部门，认真做好清除和防止物业区域内违章搭建的管理工作。

（六）物业景观小品管理

景观小品具有美化环境、优化空间、方便使用等功能。景观小品在景观环境中表现种类较多，包括凉亭、雕塑、休闲座椅、喷泉、健身器材等。不同物业区域的景观小品布置的原则和方法也不尽相同。因此，景观小品的管理应从使用功能出发，在整体环境协调统一的要求下，与建筑群体和绿化种植保持紧密配合，这样才能达到理想的效果。

（七）物业人文环境管理

人文环境管理是为了营造和睦共处、互帮互助的生活环境，互利互惠、温馨文明的商业环境，融洽和谐、轻松有序的办公环境，安全舒适、相互协作的生产环境等而实施的管理。良好的人文环境可以使人们焕发热情，提高工作效率，热爱生活，充满爱心，对社会进步有很大的促进作用。

第三节　物业安全管理

物业安全管理的目的就是要保证业主和使用人有一个安全舒适的工作和生活环境，尽力保证业主和使用人的人身和财产安全，以提高生活质量和工作效率。安全是物业安全管理的最基本的要求，也是物业安保人员要实现的首要工作目标。为了实现这一安全目标，就必须完善社会治理体系，健全共建共治共享的社会治理制度，提升社会治理效能，畅通和规范群众诉求表达、利益协调、权益保障通道，建设人人有责、人人尽责、人人享有的社会治理共同体。同时，要坚持全面依法治国，推进法治中国建设。物业服务企业的安保人员更应树立时刻积极防范的意识，不断提高风险防范能力，将辖区内的不安全因素消灭在萌芽状态。当物业辖区内发生危险情况时，安保人员要沉着冷静，及时配合当地公安部门做好治安管理工作。

一、物业安全管理的含义

物业安全管理是指物业服务企业采取各种措施，保证业主和物业使用人的人身、财产安全，维持正常生活和工作秩序的一种管理行为，是物业服务企业为防盗、防破坏、防流氓活动、防意外及人为突发事故而对所管理的物业进行的一系列管理活动。

二、物业安全管理的目的

物业安全管理的目的是保障物业服务企业所管理的物业区域内的财物不受损失，人身不受伤害，维护正常的工作和生活秩序，保证业主及物业使用人有一个安全舒适的生活环境，以提高生活质量和工作效率。

三、物业安全管理的基本内容

物业安全管理包括安保管理、消防管理和车辆管理三方面的内容。

（一）物业管理区域安保管理的主要内容

物业管理区域安保管理的主要内容如下：
① 人员出入管理；
② 巡逻安保管理；
③ 施工现场管理；
④ 安防系统的使用、维护和管理；
⑤ 配合政府相关部门开展社区管理。

（二）物业管理区域消防管理的主要内容

消防是预防火灾和扑救火灾的简称，是人类在同火灾作斗争的过程中，逐步形成和发展起来的一项专司防火和灭火、具有社会安全保障性质的工作。消防设备的管理主要是指对消防设备的保养与维护。

消防管理工作主要包括防火与灭火两个方面的内容。物业服务企业的消防管理工作重点是火灾的预防，并从人力、物力、技术等多方面做好随时灭火的充分准备。物业服务企业消防管理的主要内容如下：
① 建立高素质的消防队伍；
② 制定完善的消防制度；
③ 消防设备的配置与管理；
④ 进行消防宣传教育；
⑤ 紧急情况下的预案（应急预案）。

（三）物业管理区域车辆管理的主要内容

车辆是人们生活和工作的必要交通工具，随着社会的发展和人们生活水平的提高，车辆数量在迅速增加，因此必须进行车辆管理。车辆规范进出，合理停放，能够有效地避免区域内的交通安全隐患。

物业服务企业车辆管理的主要内容如下：
① 建立健全车辆管理队伍；
② 建立健全车辆管理制度；
③ 车辆出入管理；
④ 车辆停放管理。

第四节　物业企业档案资料管理

一、物业管理档案

（一）档案的概念

《中华人民共和国档案法》将档案的定义表述为：“过去和现在的机关、团体、企业事业单位和其他组织以及个人从事经济、政治、文化、社会、生态文明、军事、外事、科技等方面活动直接形成的对国家和社会具有保存价值的各种文字、图表、声像等不同形式的历史记录”。

档案是清晰、确定的原始记录。档案的形式多种多样，其文种形式可以是公文、合同、证书、书稿等；其载体形式可以是纸张、磁带、胶片、磁盘等；其信息记录形式可以是手写、印刷、录音、录像、摄影等；其信息表达形式可以是文字、图表、声像等。

（二）物业管理档案的概念

物业管理档案是指人们在物业的开发和管理活动中形成的，作为原始记录保存起来以备查考的文字、图像、声音以及其他各种方式和载体的文件资料的总称。物业管理档案可以为物业管理提供客观依据。

物业管理档案工作贯穿于物业服务的全过程，是物业管理服务中的基础工作。由于物业管理档案资料是对物业管理服务活动的原始记录，不是事后编写的，也不是任意收集的，更不是虚假造作的，而是物业管理活动的真迹，所以它具有重要的法律凭证作用，是做好各项物业管理服务工作的重要依据。

（三）物业管理档案的类型

按照物业管理的流程划分，物业管理档案通常分为物业承接查验期档案、物业入住期档案和物业日常管理期档案等。如果再进一步细化，还可以分为物业原始档案、业主（或物业使用人）档案、物业综合经营档案、物业服务企业内部管理档案、物业日常管理服务档案。

（四）物业管理档案包含的内容

1. 物业原始档案

物业原始档案资料包括物业权属资料（房产资料）、技术资料和接管验收文件资料。

物业权属资料（房产资料）主要包括房屋、设备及附属物清单及表格等。

技术资料主要包括地质勘察报告、平面图、竣工图、竣工验收证明书、工程决算书、图样会审记录、房屋及附属设施设备使用技术资料等。

接管验收文件资料主要包括验收合格凭证、接管文件及物业完好情况证明书等。

2. 业主（或物业使用人）档案

业主（或物业使用人）档案通常包括以下几部分：

① 楼宇交接书；

② 入住通知书；

③ 业主入住合约；

④ 业主家庭情况登记表；

⑤ 身份证明材料；

⑥ 业主装修申请表、各种线路改动图样等；

⑦ 业主、业主大会、业主委员会资料，主要包括业主大会、业主委员会筹备成立文件资料及成立后的运行文件资料等；

⑧ 业主维修资料及回访资料，主要包括业主报修记录、业主投诉处理记录、维修服务单、服务质量回访记录及业主意见调查统计表等。

3. 物业综合经营档案

物业综合经营档案通常包括以下两部分：

① 物业租赁资料，主要包括租赁合同、租赁审批资料、房屋安全鉴定资料、委托书、证明、公证书、分户图和报告等；

② 物业经营管理资料，主要包括企业经营发展文件、物业辖区管理文件及物业辖区建设文件等。

4. 物业服务企业内部管理档案

物业服务企业内部管理档案通常包括以下几部分：

① 物业行政管理资料，主要有国家政策性文件资料，组织机构设置文件资料，物业服务企业内部各种行政、事务等文件资料和各项规章制度等；

② 物业财务管理资料；

③ 物业人事劳资管理资料，主要包括人员设置、岗位轮换、晋升等资料，以及人事劳资文件、技术职称文件、教育培训文件等；

④ 物业服务企业和个人活动资料，主要包括奖杯、奖旗、证书及纪念品等；

⑤ 党群工作资料，主要包括党政工作计划、总结，工会和团支部有关文件，党支部会议文件等。

5. 物业日常管理服务档案

物业日常管理服务档案通常包括以下几部分：

① 物业管理相关的合同资料；

② 物业运行记录资料；

③ 物业维修养护记录资料；

④ 物业设施设备管理记录资料；

⑤ 秩序维护资料，主要包括车辆管理记录资料，门岗、日常巡逻检查、交接班、值班记录、查岗记录等资料，突发事件处理记录资料以及监控中心记录资料等；

⑥ 环境绿化保洁资料，主要包括保洁工作和检查记录、绿化工作和检查记录及消杀记录等资料；

⑦ 社区文化资料，主要包括文化活动计划、活动场所、录像、图片及台账等资料；

⑧ 客户服务资料，主要包括维修养护服务单统计资料、业主投诉和业主报修统计资料、物业费收缴统计资料、业主满意度调查、回访业主统计资料及客户类型统计资料等。

（五）物业管理档案资料的收集

1. 物业管理档案资料收集的要求

（1）资料收集要及时并不断更新

物业服务企业在接管物业和业主或使用人入住以后，应积极收集并建立物业管理档案，在随后的使用和管理过程中要不断更新，确保档案资料的时效性，以满足相关需求。

（2）资料收集力求完整

首先，从时间上要包括从规划设计到竣工验收的全部工程技术资料，以及物业管理过程中形成的各种文件资料；其次，从空间上要包括物业从建筑到环境、从地下到楼顶、从主体到配套以及各相关主体的资料。

（3）资料收集工作要规范化、制度化

物业服务企业应根据物业管理的相关要求，有组织、有计划地将分散的有保存和利用价值的文件资料集中到物业档案管理部门，实现档案的统一规范管理。

2. 物业管理档案资料收集的渠道

物业服务企业可以从物业管理参与者的各方面收集资料，主要包括以下几方面：

① 物业接管移交时，与房地产开发商及设计单位、施工单位积极合作，全面、准确地收集工程建设、工程技术及物业产权等各种原始技术资料；

② 业主入伙、装修阶段，从业主或使用人及物业管理的具体部门收集住户资料；

③ 日常管理时，从物业服务企业相关部门收集设备运行档案、房屋维修档案、业主或使用人投诉与回访记录及企业相关资料，并将档案收集工作制度化、规范化；

④ 通过政府主管部门获取相关信息资料。

3. 物业管理档案资料收集的内容

（1）物业承接查验期档案资料收集的内容

物业服务企业在对物业进行承接查验时开始收集与物业实体相关的各种资料。承接查验过程中，房地产开发商应按规定向物业服务企业移交全部的物业资料，包括从物业开发立项，进行规划设计、建筑设计到办理规划许可证、用地许可证、施工许可证以及施工管理、设备安装、竣工验收等各个环节的资料。承接查验以后，物业进行维修养护、更新改造时的资料也应及时收集归档。

承接查验时可以从房地产开发商处收集购买物业的业主资料。业主或租户入伙以后，物业服务企业应及时建立他们的详细资料，如业主或租户的姓名、家庭成员情况、工作单位、平时联系的电话或地址，以及收缴管理费情况，所属物业的装修、使用或维修养护情况等。

物业承接查验期档案收集的内容主要有权属资料、技术资料和验收资料，这一时期的资料主要由建设单位提供。

① 权属资料，一般包括项目批准文件、用地批准文件、建筑开工有关资料、丈量报告等；

② 技术资料，一般包括竣工图（竣工总平面图，单体建筑、结构、设备竣工图，配套设施、地下管网工程竣工图等）、地质勘察报告、工程合同、开竣工报告、公共设备使用说明书及调试报告、工程预决算清单、图纸会审记录、工程设计变更通知、技术核订单、质量事故处理记录、隐蔽工程验收记录、沉降观察记录及沉降观察点布置图、竣工验收证明、钢材及水泥等主要材料质保证书、新材料及构配件鉴定合格书、设备及洁具检验合格证书、砂浆及混凝土试块试压报告、供水管道试压报告、机电设备订购合同、设备开箱技术资料和试验记录与系统统调记录、设施设备的安装使用和维护保养等技术资料；

③ 验收资料，一般包括工程竣工验收证书、消防工程验收合格证、综合验收合格证、用电许可证及供电合同、用水审批表及供水合同、电梯使用合格证、物业质量保修文件和物业使用说明文件。

（2）物业入住期档案资料收集的内容

物业入住期档案收集的内容主要包括业主档案资料和相关档案资料，即物业业主（或物业使用人）的权属档案资料、个人信息资料等。

① 权属资料一般包括房屋产权证复印件、购房合同复印件等；

② 个人资料一般包括身份证和户口本复印件、联系方式等。

上述资料应准确无误并及时归档。

（3）物业日常管理期档案资料收集的内容

物业日常管理期档案收集的内容主要有物业运行记录档案，物业维修、更新、改造记录档案，物业服务记录档案和物业服务企业行政管理档案。

① 物业运行记录档案的收集范围包括建筑物运行记录和设施设备运行记录；

② 物业维修、更新、改造记录档案的收集范围包括建筑物维修维护记录和设施设备维修维护记录；

③ 物业服务记录档案的收集范围包括辖区内及共用设施设备清洁服务记录、业主装修管理服务记录、安全巡视记录、会所服务记录、增值服务记录、社区活动记录和投诉管理记录等；

④ 物业服务企业行政管理档案的收集范围包括公司的设立、变更申请、审批、登记以及终止，劳动工资、人事、法律事务、教育、培训方面的文件材料。

（六）物业管理档案资料的管理

物业管理档案资料的管理是指物业服务企业在物业管理活动中，对物业的原始记录和物业投入使用后，在管理过程中所形成的各类资料文件，以及物业管理区域内物业使用人的相关资料进行收集、整理与分类、鉴定、保管、利用，为更好地进行物业管理提供客观依据和参考资料。

物业管理档案资料的保管和使用应遵循下列规定：

① 定期对档案进行检查核对，以防损毁、丢失，做好保卫、保密工作；

② 随时收集资料、整理资料，按时归档保存；

③ 严格执行国家和公司有关规定，查看借阅档案必须经相关领导批准，并办理相关手续，不能随意查看和借阅档案资料，档案管理人员和查阅者不得私自增删、涂改、

泄露、销毁档案材料；

④ 依据物业管理档案规章制度，定期销毁过期和作废的档案资料，以防档案的混淆和堆积，但应有销毁资料清单备查。

《中华人民共和国档案法》第十九条规定，档案馆以及机关、团体、企业事业单位和其他组织的档案机构应当建立科学的管理制度，便于对档案的利用；按照国家有关规定配置适宜档案保存的库房和必要的设施、设备，确保档案的安全；采用先进技术，实现档案管理的现代化。第二十条规定，涉及国家秘密的档案的管理和利用，密级的变更和解密，应当依照有关保守国家秘密的法律、行政法规规定办理。第二十一条规定，鉴定档案保存价值的原则、保管期限的标准以及销毁档案的程序和办法，由国家档案主管部门制定。禁止篡改、损毁、伪造档案。禁止擅自销毁档案。

物业管理档案的建立和保管是物业服务的基础管理工作，应该有专用的档案室并由专业人员管理。即使没有专用的档案室，也要根据文件资料的性质由不同的业务部门妥善保管，以便随时查用。

（七）物业管理档案资料的使用

1. 物业管理档案资料原件的使用

物业管理档案资料使用人可以在档案室内阅览物业档案资料原件，一般不得带出档案室外，使用时有借阅记录。

2. 物业管理档案资料的外借方法

物业管理档案资料一般是孤本，原则上不得外借，特殊情况必须外借时，须履行一定的审批手续，并按期收回。当借出的档案资料归还时，必须认真清点，发现有毁损情况时，要及时处理，必要时向领导报告。

3. 物业管理档案资料的复印

物业管理档案资料管理人员有义务按照规定，为申请使用人提供相应的复印件。物业服务企业对物业进行维修养护和改造时，经常需要使用档案资料复印件。

4. 物业管理档案资料证明的制发

为证明某些事实在物业档案管理部门有无记载和如何记载，档案管理人员可根据使用人或使用部门的申请，摘抄真实、准确的有关物业档案资料的书面证明材料并加盖公章发出。

（八）物业管理档案的作用

1. 凭证作用

物业管理服务过程中形成的档案是物业管理服务活动中真实的原始记录，是真凭实据，具有凭证作用。

2. 参考作用

物业管理档案记录了从物业生成到目前的整个过程，所以，物业管理档案对人们考察过去的情况、探索管理规律、总结经验教训、研究物业管理技巧等，都具有重要的参考作用。

3. 指导作用

物业档案资料管理是现代物业管理水平的标志。物业管理档案不仅记录了物业服务过程，也记录了物业服务的发展状况，如办公软件、管理模式规范化的发展状况、安全防范的设备更新状况等，所以物业管理档案对物业企业发展具有指导作用。

4. 促进作用

业主和使用人的档案是开展物业活动的基础，物业服务企业可以通过这些档案全面地了解业主和使用人的需求及现状，从而更好地满足其需求，提供有效的服务，提高物业服务满意率，进而获得更好的收益。

（九）物业管理档案的特点

1. 局限性

在物业服务区域内的物业服务活动形成了物业管理档案资料，所以物业管理档案的形成领域具有局限性。

2. 动态性

物业管理档案资料具有动态性，所以在物业服务日常工作中应注意及时性、经常性、完备性的动态记录。

3. 基础性

物业档案资料管理是物业服务工作的基础工作。物业管理档案资料的整理做得越好，后期电脑化的信息处理工作就能越有效。

4. 保密性

业主和使用人的档案资料会涉及个人隐私，为此要注意保密，不能随意公开和泄露。

5. 规范性

物业档案管理工作与其他档案管理工作一样，要求做到规范化、科学化、经常化。

二、人事档案

企业人事档案是企业人事管理活动中形成的，以个人为单位组合起来以备考察的文字材料。人事档案是我国人事管理制度的一项重要特色，它是个人身份、学历、资历等方面的证据，与个人工资待遇、社会劳动保障、组织关系紧密挂钩，具有法律效用，是记载人生轨迹的重要依据。

人事档案的属性是：以个人为立卷单位；组织上在了解人、使用人的过程中形成并经组织认可的；是个人经历、思想品德、业务能力等情况的真实记录和一个人本来面貌的客观反映；手续完备，具有使用价值和保存价值；由各级组织、人力资源管理部门统一保管。

人事档案是企业员工信息的重要载体，历史、全面、真实地记载和反映着员工的个人经历、能力和德才的综合表现。

（一）人事档案的概念

所谓人事档案，是指在人事工作中形成的记述和反映个人经历、学识水平、工作表现以及德才等方面的情况，并按一定规则要求加以整理，集中保管，以备查考的文件材料。

人事档案是记录一个人主要经历、政治面貌、品德作风等个人情况的文件材料，起着凭证、依据和参考的作用，在个人转正定级、申报职称、办理养老保险以及开具考研等相关证明时，都需要使用档案。

（二）人事档案包含的内容

人事档案一般包含以下十项基本内容：

① 履历材料，如简历表、员工登记表、干部履历表等；

② 自传材料，如姓名、年龄、主要经历、直系亲属和主要社会关系、社会工作等；

③ 鉴定、考核、考察材料，如年度鉴定表、各种考核表、考察报告、考察材料、民主评议综合材料等；

④ 学历、学位、培训、技能、技术职务材料，如毕业生登记表、各级毕业证书、学历证明、培训证书、技能证书等的复印件材料；

⑤ 政审材料，如单位政审的证明材料、政治表现鉴定、有关人员对该同志的证明材料、该同志的社会关系调查等；

⑥ 党团材料，如党员登记表，民主评议登记表，入团、入党申请书等；

⑦ 奖励材料；

⑧ 违纪处分材料；

⑨ 工资级别、待遇、录用、聘用、任免、调动、辞职、辞退、罢免、转业、出国、离退休等材料（如各类任免审批表，调动手续的有关表格），派遣证、协议、劳动合同或聘用合同、辞职申请表等，工资级别登记表、兵役方面登记表、审批表等；

⑩ 其他供组织参考的材料，如有残疾的体检表等。

（三）人事档案的特点

人事档案一般具有以下六个方面的特点。

（1）全面性

人事档案收存员工的履历、自传、鉴定（考评）、奖励、处分、任免、工资待遇、

出国、退休及政治历史、入党入团情况等方面的资料，因此，它记录着员工个人的所有信息，概括地反映员工个人全貌。

（2）现实性

由于员工仍在工作，其人事档案则成为人力资源管理部门正确使用人才、优化配置人才及合理解决工资待遇等问题的一个重要依据。人事档案直接为现实企业工作服务。

（3）真实性

人事档案必须做到整体内容完整齐全，个体材料客观真实，只有这样才能更好地为现实工作服务。

（4）流动性

在企业工作中必须坚持“档随人走”，在员工调离后的一周以内，必须将其人事档案转往新的企业部门。

（5）动态性

人事档案立卷后，随着时间的流逝，其内容也在不断变化。因此，人事档案必须注意做好新材料的收集补充和随时更新。

（6）机密性

人事档案的内容涉及诸多个人信息，任何人不得泄露和私自保存人事档案材料，即使是处于档案管理机构的个人也不能查阅自己的人事档案。

（四）人事档案的建立与管理

1. 立档

员工人事档案自员工到岗之日建立，必须每人一份，按部门归类。物业员工人事档案是物业服务企业为每个员工建立的内部人事档案。

2. 归档

新形成的档案材料应及时分类归档。

① 员工在入职前，需要到物业行政部门送交个人履历材料、近期免冠照片、身份证复印件、学历学位证书复印件、职业技能证书复印件及能证明其工作能力和奖惩状况的相关材料，由物业行政部门专人负责将这些材料和求职申请表归档保存；

② 员工试用期满，经考核合格后，再由人事专员将劳动合同（物业服务公司与员工签订的）及相关薪酬福利归档并统一保管；

③ 员工在转正后的工资级别、教育培训、绩效考核、晋升、奖惩等工作资料应及时归档并统一保管；

④ 员工离职，办理相关手续后，物业行政部门应由专人将离职人员的档案妥善存放或及时送出。

3. 检查核对

定期对档案进行检查核对，以防损毁、丢失，做好保卫保密工作。

4. 转递

在因工作调动等原因需要转递档案时，大致程序如下：取出应转走的档案；在档案底账上注销；填写《转递人事档案材料的通知单》；按发文要求包装、密封；通过机要交通转递或派专人送取。在转递中应遵循保密原则，不能交本人自带。另外，收档单位在收到档案，核对无误后，应在回执上签字盖章并及时回复。

5. 管理

① 员工在单位工作期间，单位应为每一名员工建立个人档案，并将个人档案材料的内容摘要同时输入“计算机人事管理系统”中。

② 调入的人事档案原则上保持原卷册的封装，统一编号保管，需拆封的人事档案，要经主管领导批准。

③ 人事档案管理应严格执行国家和单位有关规定，查阅员工人事档案必须经相关领导批准，并办理相关手续。

④ 人事档案不得私自增删、涂改、抽取或伪造，不得擅自泄露、处理或销毁。整理、补充人事档案时，要坚持两人在场并核查登记的原则。按规定需剔除的档案材料，要进行登记，并经主管领导审批后进行。

⑤ 人事档案在档案室中设专柜保管。人事档案柜的钥匙由专人保管。人事档案柜打开期间，人事业务主管必须始终在场。

（五）人事档案的使用

1. 查阅

① 除人力资源管理部工作人员外，其他部门人员原则上不允许查阅人事档案。

② 凡需查阅人事档案者，均需填写人事档案借阅申请表，经主管人事领导审批后，到档案室查阅。

③ 内部查阅。单位内部人员查阅人事档案时，只提供人事档案借阅申请表中注明的经领导批准的材料。查阅期间，人事档案管理人员必须在场，而且需要在视频监控下查阅，以确保人事档案的安全。

④ 外部查阅。外来单位查阅人事档案时，要由两名中共党员干部持党组织介绍信，并填写人事档案借阅申请表，经主管人事领导审批后，在人力资源管理部主管领导和人事档案管理人员陪同下查阅申请表中审批过的相关资料。

⑤ 所有人事档案的查阅、借出、出具证明材料等事项，人事档案主管部门都必须予以登记。

2. 借出

人事档案一般不准外借，特殊情况需借出使用的，需经企业主管人事领导批准并履行借出手续。第一，借档单位（部门）写出借档报告，借档单位（部门）盖章，负责人

签字。第二，人事档案管理部门对其进行审核、批准并进行借档登记，将借档的时间，材料名称、份数、理由等填清楚，并由借档人员签字。第三，归还后，及时在外借登记上注销。借出的时间不宜过长，到期未还时应及时催还并确保原样返还。

借档单位必须妥善保管、注意保密、按时返还。如发生丢失、损坏，依法追究责任。

3. 出具证明材料

要求出具材料的原因一般是入党、入团、提升、招工、出国等。单位、部门或个人需要由人事档案管理部门出具证明材料时，需履行以下手续：第一，由相关单位（部门）开具介绍信，说明要求出具证明材料的理由，并加盖公章；第二，人事档案管理部门按照有关规定，结合使用者的要求，提供证明材料；第三，证明材料由人事档案管理部门有关领导审阅，加盖公章，然后登记、发出。

（六）人事档案的功能

人事档案的功能如下：

① 证明个人原有身份需要个人档案；
② 参加公务人员招聘考试，需档案确定身份；
③ 办理工作调动时需要个人档案；
④ 晋升专业职称时需要个人档案作为参考依据；
⑤ 出国政审和公证时，需要查阅个人档案；
⑥ 办理个人退休手续时，需要查看个人档案记录。

本章小结

本章主要介绍房屋维修养护管理、设备管理、环境管理、安全管理及档案管理的概念及内容。物业管理档案可以为物业管理服务工作提供客观依据。物业档案管理工作贯穿于物业服务的全过程，是物业管理服务中的基础工作。

知识训练

一、填空题

1. ________是在已有房屋的基础上进行的，是对房屋的构建、部分项目进行养护维修，局部的更新或修复。

2. ________是指物业服务企业按照一定的科学管理程序和制度及一定的维修技术管理要求对企业所经营管理的房产进行日常维护修缮的技术管理。

3. 我国城市房屋的常用设备主要是由房屋建筑卫生设备、房屋建筑________和智能化技术设备系统组成的。

4. ________是指物业服务企业采取各种措施，保证业主和物业使用人的人身财产安全，维持正常生活和工作秩序的一种管理行为。

5. ________是指人们在物业的开发和管理活动中形成的，作为原始记录保存起来以备查考的文字、图像、声音以及其他各种方式和载体的文件资料的总称。

6. ________是指在人事工作中形成的记述和反映个人经历、学识水平、工作表现以及德才等方面情况，并按一定规则要求加以整理，集中保管，以备查考的文件材料。

7. ________是指附属于房屋建筑，为用户提供生活和工作服务的各类设施设备的总称，是房屋建筑的有机组成部分，是发挥物业功能和实现物业价值的物质基础和必要条件。

8. ________是物业服务企业根据物业管理总体目标，对物业中的设施设备通过保养、维修等手段，保障物业设施设备可靠、安全、经济地运行，延长设备的使用寿命，以创造出最大的经济效益、社会效益和环境效益的技术管理和经济管理活动。

二、选择题

1. 房屋维修养护管理的基本内容包括（　　）。

A. 房屋维修养护计划管理　　B. 房屋维修养护技术管理

C. 房屋维修养护质量管理　　D. 房屋维修养护档案资料管理

2. 物业管理区域车辆管理的主要工作内容包括（　　）。

A. 建立健全车辆管理制度　　B. 车辆出入管理

C. 车辆停放管理　　D. 车辆维修管理

3. 房屋维修养护所需要的档案资料不包括（　　）。

A. 房屋新建工程的竣工图及有关房屋原始资料

B. 现有房屋及附属设备的技术资料

C. 房屋竣工验收合格证

D. 房屋维修的技术档案资料

4. 物业服务企业的消防管理工作重点是对火灾的（　　），并从人力、物力、技术等多方面做好随时灭火的充分准备。

A. 预防　　B. 扑灭　　C. 认知　　D. 分析

5. 物业环境管理的基本工作内容包括（　　）。

A. 环境卫生管理　　B. 环境绿化管理

C. 卫生虫害防治　　D. 违章搭建的清理

三、判断题

1. 导致房屋损坏的原因很多，一般可分为自然损坏和人为损坏两大类。（　　）

2. 环境清洁卫生管理是指物业服务公司对辖区有计划、有程序、有标准且按指定的时间和地点由专业保洁人员进行日常清洁服务的专业管理工作。（　　）

3. 不同类型、不同档次的物业对楼宇公共部位清洁管理的质量要求是相同的。（　　）

4. 物业安全管理的目的是保障物业服务企业所管理的物业区域内的财物不受损失、人身不受伤害，维护正常的工作和生活秩序。 （ ）

5. 消防是扑救火灾的简称，是具有社会安全保障性质的工作。 （ ）

6. 消防设备的管理主要是指对消防设备的保养与维护。 （ ）

7. 物业档案管理工作贯穿于物业管理的全过程，是物业管理中的基础工作。 （ ）

8. 物业档案资料具有重要的法律凭证作用，是做好物业财务工作的重要依据。 （ ）

9. 按照物业管理的流程划分，物业管理档案通常分为物业承接查验期档案、物业入住期档案和物业日常管理期档案等。 （ ）

10. 消防工作主要包括防火与灭火两个方面的内容。 （ ）

四、简答题

1. 简述房屋维修养护管理、物业环境管理、物业安全管理、物业管理档案及物业设施设备管理的概念。

2. 简述房屋维修养护管理、物业环境管理、物业安全管理及物业设备管理的基本内容。

第五章 各种类型物业的管理与服务

学习目标

知识目标

1. 掌握住宅小区的含义、特点及构成。
2. 掌握住宅小区、公寓、别墅物业管理与服务的特点和内容。
3. 掌握商业、工业区、写字楼及其他类型物业管理与服务的特点和内容。

技能目标

1. 能够在实习和毕业后的工作中做好基本的物业管理与服务工作。
2. 具有较强的团队意识和协作能力。
3. 具有有效沟通和管理的能力。

思政育人目标

1. 树立正确的世界观、价值观和人生观，塑造良好的品格。
2. 具有诚实守信的职业道德。

案例导学

社区管理与物业服务有何关系

小王住在一个老小区，以前这个小区基本上由街道办（居委会）管理，前段时间推行物业服务，说是要由物业服务企业来负责。小王对此较为疑惑，难道街道办管理与物业服务企业管理有什么不同吗？

【案例评析】

社区管理是指为适应市场经济体制改革和社会体制转型，以街道办为主协调和组织各种团体，通过专门化分工和发动居民广泛开展互助活动，对一定地域内的居民的社会生活进行社会化、综合性的管理。

街道办管理属于社区管理，物业服务企业管理和街道办管理既有区别，又有联系。

社区管理与物业服务企业管理的区别如下。

① 两者的管理主体不同：一个是物业服务企业，一个是街道办下的行政管理。

② 两者的管理核心不同：物业服务企业主要管理房屋、设备、设施、场地等；社区管理是以人的居住为核心，包括物业服务，当然还有婚姻家庭、邻里关系、就业、计划生育等。

③ 两者的管理性质不同：物业服务是有偿服务，社区管理是行政管理和互助管理。

社区管理与物业服务企业管理的联系：

① 物业服务是社区管理的组成部分，是社区管理的子系统；

② 物业服务和社区管理相互影响、相互作用。

随着社会的进步、科技的发展，现代物业类型日益丰富，按其房屋建筑的产权性质、使用功能、建筑高度及结构类型等不同可以有多种分类。常见的物业类型有居住型物业、写字楼物业、商业物业和工业物业。除了上述几种类型以外的物业通常称为其他类型物业。

人们经常接触的其他类型物业主要包括文化类物业、体育类物业、卫生类物业、娱乐类物业、传媒类物业、餐饮类物业、交通类物业及宗教类物业等。文化类物业包括学校、图书馆、博物馆、档案馆、文化馆、青少年活动中心（青年宫、少年宫）、展览中心、古建筑等；体育类物业包括体育场馆、健身房、武术馆、游泳馆、乒乓球馆、保龄球馆、网球场、高尔夫球场等；卫生类物业包括医院、卫生所、疗养院、养老院、药检所、防疫站等；娱乐类物业包括影剧院、歌舞厅、游乐场、公园、度假村等；传媒类物业包括广播电台、电视台、电视塔、音像影视制作基地等；餐饮类物业包括宾馆酒店、酒楼、饭店、咖啡屋、茶吧、酒吧、水吧、啤酒屋等；交通类物业包括车站、码头、机场、停车场、隧道、桥梁等；宗教类物业包括寺庙、教堂、宗祠等。

在各种规模的城市中，住宅一般是数量最多的物业类型，在大城市中，写字楼物业、商业物业和工业区物业也较为常见。相比之下，其他各种类型的物业数量要少得多，而且有些类型的物业是与住宅、写字楼配套而建的。本章主要介绍居住型物业、商业物业、写字楼物业及工业区物业的管理与服务知识。

第一节 居住型物业的管理与服务

居住型物业主要包括多层住宅、高层住宅、公寓、别墅和综合性住宅小区等，其中尤以住宅小区这种形式为多。这种具备了人们起居功能和各种配套设施，可供人们正常居住的房屋被称为居住型物业。所谓居住型物业即住宅物业，现代居住型物业日益呈现统一规划、配套设施完善、集中成片、建筑风格多样、环境优美、生活便利等特点。

一、住宅小区的物业管理与服务

（一）住宅小区的概念

住宅小区一般称小区，通常是指按照城市统一规划进行综合开发和建设、达到一定规模、基础设施配套齐全、相对封闭独立、能满足居民正常物质文化生活需求的生活区域。

（二）住宅小区的特点

住宅小区的特点很多，主要特点通常有以下几个方面。

1. 统一规划建设、配套设施齐全

城市新建的住宅小区都是经过政府有关部门多次商讨、规划建设而成的，现代城市规划和建设要求住宅小区向集中化、规模化、综合化、智能化的方向发展。在小区建设时，要考虑物业建筑的整体布局、外观的协调、合理的通风、采光、绿化、楼房高低及疏密配置。此外，还要考虑文化生活服务设施及市政基础设施的配套，统筹安排，统一规划和建设。因此，现在的住宅小区通常规划建设合理，配套设施齐全，居住舒适、安全、美观、便利。

2. 建筑形式多样化、个性化

小区建设要体现现代城市美和民族与地方的特色，物业建筑无论是外观还是色彩，以及内部装修都丰富多彩、风格各异，从整体到局部都具有鲜明的特色。

3. 人口密度较高、人口结构复杂

由于高层和超高层商品楼房的兴建，形成了住宅小区内人口密度高、人口结构复杂的特点。例如，天津远洋城住宅小区有 144 幢住宅楼、11249 套住房，总建筑面积是 180 多万平方米，其中住宅建筑有 120 万平方米，常住人口有 5 万人左右。住宅小区的居民无论从国籍和年龄，还是从文化程度和经济角度等方面划分，都是比较复杂的。比较复杂的人口高密度、相对封闭独立地长时间生活在一个较小的区域内，必然形成相对独特

的社区文化。

4. 房屋产权多元化

住宅商品化使产权结构发生了重大变化。小区的物业产权可以是国家所有、集体所有、个人所有、外资所有或混合所有等，由此形成了房屋产权多元化的格局。

5. 公用设施社会化、系统化

与住宅房屋产权多元化相对立存在的是住宅小区公用设施的社会化，尽管住宅房屋产权归不同所有者所有，但这种所有权只限于住宅小区内房屋的专有部分，而不包括公有部分。例如，小区内的绿地、公用设施等仍然归公有，形成了公有的社会化格局。

系统化是指小区的地上建筑与地下设施组成一个不可分割的整体，供电、供水、供暖、排水、供气、通信等各种管道和设施形成了一个庞大而复杂的网络体系。

（三）住宅小区的功能

1. 居住功能

居住功能是住宅小区最基本的功能，住宅作为人类基本的生活必需品，为人们提供栖息睡眠的场所。

2. 服务功能

住宅小区的配套设施及有关机构应能为居住者提供多方面、多层次的优质服务，如幼儿园、学校、商场、菜市场、餐厅、银行、快递站及超市等。

3. 城市功能

住宅小区的发展是城市发展的重要组成部分，小区的绿化和环保是构成城市绿化和环保最重要的组成部分；小区文化与文明是城市文化与文明的具体体现。

4. 社会功能

居民是小区的主体，小区内设有商业服务和各类社会团体等，形成了一个为居民服务，相互影响、相互制约的社会网络，实现居民的社会活动，充分体现了住宅小区的社会功能。

5. 市场功能

住宅小区的规划建设和管理都是市场经济条件下的经营管理活动，如小区房屋租售、买卖、有偿服务，契约化的经营管理等都体现了市场化的运作功能。

（四）住宅小区物业管理的概念与特点

1. 住宅小区物业管理的概念

住宅小区物业管理是指住宅小区业主通过选聘物业服务企业，由业主和物业服务企业按照物业服务合同约定，对房屋及配套的设施设备和相关场地进行维修、养护、管理，维护物业管理区域内的环境卫生和秩序的活动。

2. 住宅小区物业管理服务的特点

业主购买房子大多是用于居住，业主对住宅小区的要求便是温馨舒适且能在紧张的工作之后放松下来。但由于住宅小区内居住着不同年龄、不同职业的家庭，不同的生活习惯、爱好、文化程度、道德水准、经济收入水平等决定了他们对居住环境要求和居住行为的差异，因此，住宅小区物业管理服务比较复杂且具有其自身的特点。主要特点有以下几个方面。

（1）社会性

住宅小区是人们生活、居住的地方，是整个社会的一个组成部分，对它的管理必然具有很强的社会性。

（2）统一性

住宅小区内部的各个组成部分形成一个整体，小区产权多元化，因此，需要由一个物业服务企业对小区内的保洁、绿化、安全保卫、进出小区的车辆、公共设施维修养护及业主的房屋整修等进行统一管理。

（3）综合性

住宅小区房屋及设施设备多种多样，业主和物业使用人情况复杂，物业管理涉及面广。因此，物业管理工作综合性强。

（4）复杂性

住宅小区管理的复杂性主要体现在以下方面：居民的构成复杂，对物业管理服务内容和标准要求不一；房屋产权具有多元化的特点，使得管理难度增大；在住宅小区的物业管理实施过程中经常涉及市政管理、水电气暖供应、公安、街道办事处等多个部门和单位，需要协调关系，明确职责；由于居民的收入水平和物业管理消费意识差别较大，目前住宅小区物业管理服务费用收缴工作相当复杂。

（5）追求艺术性

随着中国经济建设的蓬勃发展和人民生活水平的不断提高，居住在小区内的人们需要一个环境幽雅、整洁美观且别具特色的休息和学习的良好环境，物业服务企业应注意从艺术的角度对环境加以美化管理。

（五）住宅小区物业管理服务的内容

住宅小区物业管理是指在小区范围内，以住宅房屋及配套的设施设备和场地为对象，以为业主和物业使用人提供全方位服务为核心的一系列管理服务活动的总称。

住宅小区物业管理服务的主要内容如下：

① 房屋及共用设施设备维修养护管理；

② 环境卫生与绿化管理；

③ 公共安全管理；

④ 消防管理；

⑤ 车辆道路管理服务；

⑥ 物业服务费用的收取；

⑦ 物业装饰装修管理服务；

⑧ 物业档案资料管理；

⑨ 综合经营管理与服务（通常包括衣食、居住、购物、娱乐、托管、代接送小孩、看护老人及代雇保姆等诸多方面的服务）；

⑩ 住宅小区居民的管理和服务。

住宅小区管理和服务的对象首先就是住宅小区的居民，住宅小区物业管理和服务的重点是服务业主，全心全意为业主做好服务工作。对于居民的管理，只是约束他们在小区居住时的不合理行为，而不是限制他们的人身自由，即为了住宅小区的公共秩序及小区全体居民的利益，每一位居民都应该积极主动遵守管理规约、邻里公约等有利于住宅小区居民的一系列合理的管理制度和规定。

二、公寓的物业管理与服务

（一）公寓的含义

公寓一般指具有分层住宅形态，各有室号及专门出入，成为各个独立单位的物业。公寓大多装修精致，厅室齐备，配有常用家具和常用电器，而且配套设施完善。公寓有普通公寓和高级公寓之分，如青年公寓、学生公寓等属于普通公寓，酒店式公寓等属于高级公寓。这里主要介绍高级公寓。

（二）高级公寓的特点

1. 既具有封闭性又具有共处性

高级公寓的每个单元都是独立封闭的，功能完善，而这独立封闭的每个单元又处于一幢楼宇之中，多户业主或住户共处一楼，又具有共处性。

2. 业主和住户具有多国际性

高级公寓的业主和租户一般为白领阶层和富裕人士，其中外籍人士也不少，还有港澳台人士。例如，上海古北小区建了十多幢高级公寓，其中入住户涉及多个国家和地区。

3. 建筑档次高且硬件设施齐全

我国目前新建的高级公寓，一般是按规定在“统一规划，综合开发”的原则下进行开发建设的，其建筑档次与其他商务物业基本相同。在设计上讲究质量，适用性强，而且硬件配备较齐全，如除了配备水、电、暖、煤气、通信、电视天线外，还供应热水，有的还设有中央空调，层次再高一点的还配有家电、家具和厨具等。

（三）高级公寓物业管理服务的特点

1. 管理要求严格，服务层次高，对服务品质要求高

入住高级公寓的客户多为商务人士，他们的工作和事务繁忙，其家政事务往往需要专业人员处理。高级公寓客户对居住条件和环境要求比较高，所以对物业管理服务的要求也较高，特别是对保安、保洁和服务等方面的要求更高。

2. 客户相对稳定，服务对象复杂，服务时间长

高级公寓一般采用出租或出售两种经营方式，其业主和使用人相对较稳定，流动性比较小，但公寓服务时间长，一般为 24 小时，因为公寓人员进出多，从早到晚都有进出，物业服务企业要不间断地提供管理服务。公寓服务时间长还与服务对象复杂有关。公寓的服务对象既有公务繁忙的商务人士，也有居家主妇、老人、孩子、雇佣的保姆和厨师及司机等。

3. 管理服务的市场化程度高

公寓的客户市场观念比较强，对优质优价服务方式容易接受，因此，市场化经营管理模式在公寓物业管理服务过程中容易得到认可和推进。

（四）高级公寓物业管理服务的内容

① 内部清洁卫生服务，如换床单、吸尘等；
② 公共区域清洁卫生服务，如电梯厅、楼道等；
③ 保安消防服务；
④ 公寓工程维修养护服务；
⑤ 公寓社区俱乐部服务；
⑥ 市场租赁服务，如汽车租赁等；
⑦ 医疗及救护服务；
⑧ 家政服务，如看管小孩，接送儿童入园、入学等。

（五）高级公寓物业管理服务的要求

1. 房屋及设施设备维修保养要及时到位

公寓管理要求对房屋和设施设备要定期检修，按时养护，对业主的报修要及时处理，确保电梯、空调、水泵等均处在最佳运转状态。

2. 配套设施要完善

公寓要求市政、生活服务和文化娱乐等各种配套设施越齐全越好，如超市、购物商

场、社区金融、理发店、餐饮店、健身休闲场所、幼儿园、中小学等应有尽有。

3. 增值服务项目齐全

公寓的个性化服务范围比较广，物业服务企业应尽量满足各种不同层次用户的需求。增值服务的常见项目有案场服务、工程服务、顾问咨询、空间运营、房屋经纪、电商服务、社区金融、家政服务、养老服务、医疗康复等。

4. 安全管理措施得当、突发事件处理有预案

高级公寓业主经济条件大多比较好，是犯罪分子重点作案的目标，所以对安保工作要求高，要尽量确保公寓业主的各种安全。

三、别墅的物业管理与服务

（一）别墅的含义

所谓别墅一般是指带有庭院的两至三层的独立居室和住宅。别墅可以分为独立式和连体式两种类型。独立式别墅四面临空，有庭院相围；连体式别墅则是有一面与相邻的别墅连接，其他三面临空。从用途上讲，除了有居住别墅外，还有供短期避暑、游乐、娱乐、休闲用的经营性别墅，这类别墅一般与自然景观相结合，依山傍水，环境宜人。这里讲的主要是居住别墅。

（二）别墅的特点

1. 建筑风格独特

别墅一般都是地上两至三层，地下一至两层为多见，建筑面积多为200～400平方米。别墅具有自己完整的厅室体系和设备、设施及场地体系，不与其他建筑物发生直接的关系。

2. 环境优美

别墅的生态环境比较好，一般周围多有优美的绿化地带，空气流畅，阳光充足，绿树成荫，有山有水，舒适宜人。

（三）别墅物业管理服务的特点

由于别墅的建筑、装饰以及环境上的一些特点，再加上入住的业主一般经济条件比较优越，因而其物业管理服务工作具有以下特点。

1. 物业服务要求高

由于别墅通常是高标准的建筑并配有精良的设备设施，要求有高水平、高素质的物业管理人员来管理，以使物业能得到良好的维修养护，同时要求保证环境清洁优美、安全舒适、服务热情周到，从而达到保值甚至增值的目的。

2. 个性化服务多

由于入住别墅的业主一般是比较富裕的国内外企业家或者高级管理人员，他们的工作比较繁忙，因此，别墅区除了常规的高水平物业管理服务以外，还需要物业服务企业提供更多的个性化特约服务。

（四）别墅物业管理服务的内容和要求

1. 别墅的基础管理

别墅的物业管理与服务不但要求项目齐全，而且要求高标准、高技能服务，要尽量做到绿化设计科学、配套设施齐全、清扫保洁彻底及时、区域内秩序良好、安全系数高。为此，必须做到以下几点。

（1）特别重视消防管理工作

高度预防物业火灾发生，最大限度地减少火灾的损失。

（2）人防与技防有机结合

利用先进的智能化设施对别墅区的周围进行 24 小时监控；实行封闭式管理，24 小时全面巡逻；对来访客人，一定要在电话里征得住户的同意后，才允许其进入。要采取一切有效措施，确保住户的人身和财产安全。

（3）加强车辆交通管理

别墅区内要设置明显的交通标志，实行车辆的限速行驶及禁止鸣笛。同时，别墅区内的车辆严禁乱停乱放，实行人车分流，保持道路通畅，确保人身安全。

2. 别墅的综合经营管理与服务

综合经营管理与服务的具体内容通常包括顾问咨询、工程服务、房屋经纪、电商服务、社区金融、医疗康复、休闲购物、健身娱乐及家政服务等诸多方面的服务。

别墅的住房，一般对休闲、健身、娱乐等设施也有较高的要求，物业服务企业应当结合实际情况，合理选定服务设施的项目、经营的方式与规模及收费的标准等，妥善处理经营与服务的关系。为了方便住户的工作和生活，物业服务企业要在保证设备设施安全良好运行、卫生保洁达标、礼貌服务的前提下，尽量满足业主的各种需求。

第二节　商业物业的管理与服务

一、商业物业的含义

所谓商业物业是指建设规划中必须用于商业性质的房地产，其直接的功能就是为消费者提供购物场所。它是城市整体规划建筑中的重要组成部分。

商业物业包括各类商场、购物中心、购物广场及各种专业性的市场等。商业物业是为适应商品经济发展而兴建起来的一种新型商业化物业。现代化的商业场所是人们休闲

娱乐、购物消费的理想地点。近年来，在现代城市建设中，市级商业建筑有向综合型变化的趋势，如遍及全国各地的万达广场，除保持传统商业街的特色外，还设有自助食堂、电影院、游乐场、美容院、游泳池和展览厅等活动场馆，是具有多种功能的综合性商业、休闲娱乐、服务和社交活动的中心。

二、商业物业的特点

1. 建筑结构新颖、建筑规模大

现代商业建筑多为建筑规模大、楼层空间高的楼宇。为了吸引顾客，外观设计注重个性化，力求特色鲜明；内部装修优美、别致。

2. 商业楼宇功能全、形式多样

现代商业物业向功能多样化方向发展，许多大型商业场所配置了餐饮、娱乐、购物、休闲等多功能设施，尽可能为顾客提供一切便利。

3. 商业楼宇的商品多、客流量大

商业场所的显著特征是人流和车流量大、人员复杂、商品多样、商铺众多、空间大、设备多等。此外，大面积停车场也是购物大厦必不可少的配套项目，而且要求停车场智能化、信息化（有电子屏幕显示停车位的多少和具体空余位置等）。

三、商业物业管理服务的内容

（一）商业场所的日常管理

商业场所日常管理的内容主要如下：

① 房屋及附属设施、设备的维修与养护管理；

② 安保管理；

③ 消防管理；

④ 车辆管理；

⑤ 环境保洁与绿化管理；

⑥ 装修管理。

（二）商业楼宇形象管理及广告管理

商业楼宇的形象管理包括外部形象管理和内部形象管理两个方面。在广告管理方面，要执行《中华人民共和国广告法》的有关规定，统一规划，以保持格调一致、特色鲜明、整洁有序。

（三）承租者的管理

商业物业租赁管理的核心内容是制定租赁策略和租赁方案，其目的是实现物业收益的最大化。

租赁管理不仅仅是确定租金，与承租人签订租约，还要实现与承租人续约和提高物业及物业服务企业美誉度的目标。在租赁期间内，与承租人进行充分的交流沟通、保持良好的关系、建立起承租人对物业服务企业的高忠诚度是非常重要的。如果承租人对租赁房屋的性能、物业服务品质、周边环境及交通状况等感觉良好，房屋出租率就高；如果感觉不好，出租率就低。现有承租人发自内心的推荐宣传是最佳的广告，所以承租人的满意度与房屋出租率成正比，承租人的高满意度对应的一定是房屋的高出租率。

在选择商业物业的租户时，物业服务企业要对许多因素进行权衡。除了考虑租户所提供的商品与服务的质量及其对消费者所承担的责任外，还要对其信誉和财务状况进行分析和了解，看其是否具有支付租金的能力及抗风险能力，并充分了解其需求，以便租赁双方顺利合作。

（四）租赁及合同管理

大型商场中有一大部分是采用柜台出租和层面出租的，负责租赁经营的物业服务企业要以优质的服务来进行租赁业务管理，物业服务企业的经营管理部门要加强各类合同、契约的起草、协调、实施和存档工作。

四、商业物业管理服务的特点

商业物业管理服务的特点如下。

1. 需要确保商业场所的安全

商业场所的客流量大，人员构成比较复杂，且进出随意，所以必须做好安全保护工作，尤其对易燃易爆商品更需加强安全管理。

2. 需要确保商业场所环境的优美、整洁和有序

随着社会的发展和人们生活水平的不断提高，人们购物时除了需要购买到合适的物品以外，还喜欢在一个温馨便捷的环境中购物，因此，商业场所要做到保洁到位、绿化优美、广告管理规范、咨询管理服务周到热情。

3. 需要确保设备、设施安全可靠

商业场所尤其是豪华型商业楼宇，其设备、设施必须配置齐全、先进，安全可靠，避免出现突然停电、电梯停运、刷卡故障等现象，应确保设备运行状态优良。

4. 停车场管理规范

随着家用车辆的快速普及，商业场所车流量不断增大，需要加强车辆通行和停放管理，做到行车通畅有序，停放安全，避免遭受无法停车或车辆剐蹭的困扰，从而使消费更便利。

第三节　写字楼物业的管理与服务

一、写字楼的含义

写字楼是指政府机构的行政管理人员和企事业单位的职员办理行政事务和从事商务活动的楼房。

写字楼是为商务、办公活动提供空间的建筑，主要由作为办公空间的办公室部分和公用部分（如电梯、楼梯、卫生间、饮水间、走廊等）构成，包括企业自用写字楼、出租写字楼和自用出租复合型写字楼三种类型。政府办公楼虽然具有写字楼的功能，但在其使用性和公共性方面，与一般写字楼有所区别。

我国尚无统一的写字楼分类标准，专业人员主要依照其所处的位置、楼宇设计装修状况和收益能力等进行分类。国外通常将写字楼分为甲、乙、丙三个等级。

二、写字楼的类型

（一）按建筑面积划分

写字楼按建筑面积划分，可分为以下四种：

① 小型写字楼：建筑面积一般在 1 万平方米以下；

② 中型写字楼：建筑面积一般在 1 万～3 万平方米；

③ 大型写字楼：建筑面积一般在 3 万～10 万平方米；

④ 超大型写字楼：建筑面积一般在 10 万平方米以上。

（二）按使用功能划分

写字楼按使用功能划分，可分为以下三种：

① 单纯型写字楼：基本上只有办公一种功能；

② 商住型写字楼：具有办公和居住两种功能；

③ 综合型写字楼：以办公为主，同时具备其他多种功能，如有公寓、商场、展厅、餐厅、保龄球场、健身房等多种用房的综合性楼宇。

（三）按现代化程度划分

写字楼按现代化程度划分，可分为以下两种。

① 非智能型写字楼：指一般写字楼。

② 智能型写字楼：指具备高度自动化功能的大楼，通常包括通信自动化、办公自动化、建筑设备自动化、大楼管理自动化等功能。

（四）按国际惯例划分

写字楼按国际惯例划分，可分为以下三种。

1. 甲级写字楼

甲级写字楼是指具有优越的地理位置和交通环境，建筑物的物理状况优良，建筑质量达到或超过有关建筑条例或规范的要求，其收益能力与新建成的写字楼相当，有完善的物业服务，包括24小时的设备维修与保安服务。

2. 乙级写字楼

乙级写字楼是指具有良好的地理位置，建筑物的物理状况良好，建筑质量达到有关建筑条例或规范的要求；但建筑物的功能并不是最先进的，有自然磨损存在，收益能力低于新落成的同类建筑物。

3. 丙级写字楼

丙级写字楼是指物业已使用年限较长，建筑物在某些方面不能满足新的建筑条例或规范的要求；建筑物存在较明显的物理磨损和功能陈旧，但仍能满足低收入承租人的需求，因租金较低，尚可保持合理的出租率。

写字楼的分类在很大程度上依赖于专业人员的主观判断。人们很容易区别甲级写字楼和丙级写字楼，但如果要区别甲级写字楼和乙级写字楼就比较困难。对写字楼分类一般要考虑如下12个因素：所处的位置、交通方便性、声望或形象、建筑形式、大堂、电梯、走廊、室内空间布置、为租户提供的服务、建筑设备系统、物业管理水平和租户类型。

三、写字楼的特点

1. 单体建筑规模大、机构和人员集中

写字楼多为高层建筑，楼体高、层数多、建筑面积大，办公单位集中，往往能会集数百家国内外大小机构，容纳上万人在其中办公，人口密度较大。

2. 使用时间集中、人员流动性大

写字楼使用时间一般比较集中，多在上午8点以后、下午6点以前。上班时间，人来人往，川流不息；下班后人去楼空，非常安静。

3. 外观装饰标准高、内部空间分割灵活

为吸引有实力的机构进驻办公，满足其体现身份、高效办公的要求，写字楼选用的建筑材料一般都较为高档、先进，对外观装饰、大堂装修和灯光布置等都有较高的要求，强调有独特的线条、格局和色彩。

4. 设备系统先进、智能化水平高

与住宅相比，写字楼内部一般都配备有更为先进的设施设备，如中央空调、高速电梯、监控设备、现代通信手段等，写字楼的设备、设施是物业服务的重点对象。根据使用功能，写字楼的设备可分为以下八大系统：

① 电气设备系统；
② 通信系统；
③ 空调系统；
④ 供暖系统；
⑤ 运载系统；
⑥ 给排水系统；
⑦ 消防系统；
⑧ 监控系统。

5. 功能齐全、设施完备

现代写字楼有服务前台、大小会议室、小型酒吧、车库等。综合型写字楼还有餐厅、商场、商务中心、银行、快递站、休闲健身场所等配套服务场设施，能为客户的工作和生活提供很多方便，满足他们高效办公的需要。

6. 地理位置优越、交通便利

写字楼多位于城市中心的繁华地段，与公共设施和商业设施相邻，有多种便利的交通条件（公共汽车、地铁、高速公路等）供来往人员选择，有足够的停车位供使用。

四、写字楼的物业管理服务方式

1. 委托服务型物业管理

委托服务型物业管理是业主或投资者将建成的写字楼委托给专业物业服务企业进行管理，物业服务企业只拥有物业的经营管理权，不拥有其产权。

2. 自主经营型物业管理

自主经营型物业管理是业主或投资者将建成的写字楼交由属下的物业管理机构进行管理和出租经营，通过收取租金收回投资。物业管理机构不仅拥有写字楼的经营管理权，而且拥有其产权；其职能不仅是维护性管理，更为主要的是对所管物业进行出租经营，以获取长效、稳定的利润；其经营职责不只是将写字楼简单地租出去，还要根据市场的需要和变化对所管物业的某些方面适时进行更新改造，以获取更高的利润。

五、写字楼的物业管理服务的内容

（一）租售营销服务

写字楼是收益性物业，多用于出租或出售。因此，物业服务企业必须做好租售营销服务。主要工作包括写字楼租售营销的市场调研和营销计划的制定、写字楼营销广告的设计和宣传、写字楼办公空间的分割、与买主和租户的沟通谈判、合同的签订以及和有关部门的沟通协调等。

（二）设施设备维修养护管理

写字楼的设施设备比较先进复杂，对维修技能的要求比较高，管理的主要任务是时刻保证写字楼的通信系统、供水供电系统、空调系统、排水和电梯及停车场等设施设备的正常运行。为此，必须按时检修，及时维修养护，确保各系统完好。

（三）安全管理服务

写字楼人员复杂，车辆进出频繁，流动性大，安保工作十分重要。安全管理服务主要有中央监控、门卫及巡逻、消防服务、车辆进出与停车秩序维护等。

写字楼电气设备较多，装修时尚，火灾隐患大，在消防管理上必须做到预防为主，防消结合，认真做好消防宣传工作，完善消防设备系统，制定突发事件应急预案，以便能将危险损失控制在最低限度。

（四）环境管理

环境管理包括环境保洁与绿化、美化服务，写字楼的保洁、绿化、美化管理是写字楼物业服务日常工作的重要内容之一。写字楼单位多、人员复杂，清洁卫生工作量大而且要求比较高，为此，物业服务企业要制定严格的清洁卫生责任制，保持好公共场所的清洁卫生，做好绿化、美化服务，让环境更温馨、更舒适。

（五）写字楼的前台服务

写字楼的前台服务是物业管理日常工作的重要内容，主要包括接待写字楼的内外客人，并帮助他们解决各种需求问题，写字楼的前台服务项目主要包括以下内容：

① 咨询、引导和留言服务；
② 物品寄存服务；
③ 行李搬运、寄送服务；
④ 出租车预约服务；
⑤ 全国及世界各地酒店预订服务；
⑥ 会议、文娱活动安排及组织服务；
⑦ 花卉代购、递送服务；
⑧ 洗衣、送衣服务；
⑨ 接待和处理客户投诉问题；
⑩ 其他各种委托代办服务。

（六）写字楼商务中心的服务

写字楼商务中心的服务项目应根据客户的需要进行设置，通常包括以下内容：

① 各类文件的处理、打印服务；
② 电话、传真、电信、互联网服务；
③ 邮件、邮包、快递等邮政服务；

④ 商务咨询、商务信息查询服务；
⑤ 商务会谈、会议安排服务；
⑥ 计算机、录像、投影仪等设备的租赁服务；
⑦ 临时办公室租用服务；
⑧ 翻译服务；
⑨ 文件、名片等印刷服务；
⑩ 客户外出期间保管、代转传真、信件等。

第四节　工业区物业的管理与服务

一、工业区简介

1. 工业区的概念

工业区是按照政府统一规划、建设达到一定规模、基础设施配套齐全、适合生产企业单位集中开展生产经营活动的区域。

2. 现代工业类物业的构成及现代工业厂区的特点

现代工业类物业主要包括工业大厦（办公楼）、工业厂区、特种工业建筑、生活用房、服务设施以及配套的公共设施和相关场地，如变电站、污水处理站、停车场、道路、绿化带等。工业厂区是指供生产企业、科研单位安置生产设备与实验设备，进行生产活动或科学试验的场所。工业厂区主要由工业厂房和各种原材料库房、成品库房组成。

现代工业厂区大多规划完整、建筑安全实用、机器设备系统先进、生产规范（多是流水线作业），强调水、电、原料供应顺畅，货物起卸运输方便，废料、废水、废气处理彻底，排运便利，厂区清洁优美。

二、工业区的类型

工业区是工业项目集中的地方，根据工业项目对环境的影响不同可以分为无污染工业区、轻污染工业区、一般工业区和特殊工业区。

1. 无污染工业区

进入园区的工业项目对空气、水等不产生污染，亦无气味，无噪声污染。

2. 轻污染工业区

进入园区的工业项目不使用大量有毒、有害物质，不产生废水、废渣，不产生噪声污染，无燃煤、燃油的锅炉等设施。

3. 一般工业区

进入园区的工业项目必须设置防治污染设施。

4. 特殊工业区

进入园区的工业项目因大量使用有毒有害的化学品，必须设置完善的防治污染设施。

根据生产企业所经营工业项目的类别，又可以将工业区分为高科技工业区、化学工业区、汽车工业区等。

三、工业区物业管理服务的含义

工业区物业管理服务包括工业厂房与仓库等房屋建筑的管理，以及厂房、仓库以外工业区地界桩、建筑红线以内的给排水系统、围墙、道路、绿化带等共用设施及场地的管理。工业区的物业管理服务是一项难度较大的管理工作，如厂房储存易燃货物与材料，易造成火灾；笨重的机器和存量过多的货物，其重量往往超出楼面结构的负荷；机器开动时会造成震荡，损耗严重，且噪声污染严重；固定资产比重大，维修、养护费用高等。

四、工业区物业管理服务的内容

（一）共用部位的维护管理

工业区内的通用厂房和仓库等应根据工业区管理公约的规定使用，各企业都必须遵守以下规定。

1. 禁止在厂区内堆放有害物品

厂房和仓库不允许用作生活居住，除经公安部门批准同意设立专用库房外，禁止在厂内堆放易燃、易爆、有腐蚀性的危险品和有害物品。

2. 不可对建筑的主体结构造成损害

各企业、车间应按照楼层的承受负荷要求放置设备和货物，若有违规造成损坏，管理者有权要求其恢复原状，由此造成的损失由责任企业负责。

3. 不能随意占用公共区域

在工业区的管理公约中明确规定，任何企业不能以任何形式私自占用通用厂房和仓库的公共区域，要确保发生特殊情况时货物和人员能够顺利疏散，确保安全生产。

（二）设施设备维修养护管理

1. 工业区内各种地下管线的管理

工业区内的公共地下管线包括电力管线、热力管线（蒸汽管线、热水管线）、自来

水管线、燃气管线、雨水管线、生活污水管线、生产废水（废液）管线等，这些管线是工业生产的重要保障，物业服务企业必须密切配合相关市政部门，定期对这些公共地下管线进行检查、测试及维护，并在这些管线所经过的上方设置明显的标识，以防被损坏，确保这些管线的正常使用。

2. 工业区内公共道路的管理

工业区内的公共道路是运输的重要通道，物业服务企业应定期对道路的路面进行检查维护，排除一切通行障碍，确保工业区内车辆的顺利通行。

3. 工业区内各种公共标识的管理

维护工业区内各种公共标识的准确性和完好性是物业服务企业的主要工作之一。工业区内各种公共标识为进入工业区内的车辆和人员提供了导向的便利，同时也为人们提供了警示。物业服务企业必须定期地对这些公共标识进行检查、维护，及时修复或根据需求及时更换标识，以便持续为使用人提供导向便利。

4. 工业区内公共照明设施的管理

工业区内照明设施的好坏，既关乎工业区内工人的工作便利与否，也关乎安全防范工作的难易，所以，物业服务企业应定时、定期地对工业区内的照明设施进行检查并及时做好维修养护，保证工业区内照明设施的正常使用。

（三）安全管理

工业区的安全管理包括安全保卫服务、消防管理和车辆管理等方面。

1. 安全保卫服务

工业区内地域广，建筑物类型繁多，人员、车辆繁杂，生活区同生产区混杂，物业服务企业必须根据工业区的具体情况，配备相应的安保人员，在合适的位置安装报警装置和监控装置，采取合理的安保方式，确保工业区内人身和财产的安全。

2. 消防管理

工业区的消防管理依然是遵守“预防为主，防消结合”的原则，要求消防工作在思想上要把预防火灾放在首位。由于工业厂房及仓库可能存放有易燃、易爆、有毒货物和材料，更容易造成火灾或事故的发生，因此工业区的消防安全管理工作更加重要且艰巨。为此，要求工业区的消防工作必须做到：建立严格的消防制度，配备完好的消防设备，建立规范的值班制度，制定突发事件应急处理预案，从人力、物力、财力、技术等方面做好火灾的预防，确保物业的安全使用，保护生命和财产的安全。

3. 车辆管理

物业服务企业要在物业服务区域内建立健全车辆管理制度，合理设置智能停车场，并设专人对车辆进行统一管理，确保车辆完好无损和通行顺畅。

（四）环境保洁和绿化管理

工业区内的绿化能够净化空气、防尘、防噪声，并美化人们的工作、生活环境。做好环境卫生工作，会使员工心情舒畅。工业区保洁绿化除了正常的保洁绿化以外，还有其独特的任务。例如，对污染比较重的区域，要加大清洁清扫次数，并做好安全防护，对精密无尘区域（车间）的保洁要采取更换干净衣帽、戴好干净手套等保洁措施。为确保文明生产和绿化环境，无论购买或租赁厂房和仓库面积多少，均不得占用公共园林绿地。公共绿地包括工业厂区、生活区域及文化活动场所的绿地。

五、工业区物业管理服务的特点

1. 具有严格的管理制度

工业厂房由生产车间组成，是用来生产产品的建筑物，直接关系到产品的质量，仓库是用来储存和保管成品和原材料的建筑物，关系到产品的完损和安全，因此，物业服务企业必须制定严格的管理制度，如各种厂房、库房的使用管理规定，产品和原材料的出厂、入库管理制度等。同时，需要建立严格的监督检查机制，保证各项规章制度的有效实施。

2. 务必做好安全防范管理

由于生产需要，工业区内的厂房和仓库经常会存放一些易燃易爆的材料，为了厂区和工人的安全，首先必须做好危险品的管理工作，定期进行检查，消除隐患；其次是防盗、防破坏。工业产品丢失或损坏，将会给企业的生产带来很大的影响，使生产无法顺利进行。因此，对各种产品和材料的存放要采取严格的管理措施，防患于未然。

3. 确保工业区内道路通畅

工业区内的交通是否畅通，关系到原材料是否能够顺利运达生产岗位，同时关系到生产出的产品能否及时地运出，因此，工业区内的货物存放和装卸必须在指定的区域范围内进行，不得妨碍工业区内的交通。

工业区内合理与良好的绿化，可以为工作、生活在工业区内的人们提供一个优美的环境，能够使人心情舒畅，减少工伤事故的发生。现代化的工业园区应结合生产过程的特点选择种植一些能够消除异味和吸收废气的绿色植物，力争将其建成生态化或花园式的工业园区。

4. 确保重点设备维护到位

工业区内水电的正常供应是保证工业区内生产工作正常进行的前提，工业生产离不开水电的供应，所以，物业服务企业要对水电供应设备进行有计划的检修保养，保证其良好运行。

通畅的电信网络是生产和销售信息传递的有效工具，各种管网为工业区生产提供着能源和废物排放途径，电梯是工业厂房和仓库建筑物内的垂直运输工具，为了不妨碍生产的有序进行，必须按时养护工业区的设备设施，出现故障及时抢修，确保生产顺利进行。

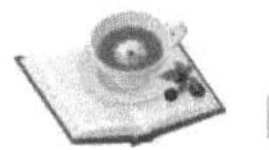

本章小结

本章主要介绍物业的常见类型，并对各种类型的物业如住宅小区物业、商业物业、写字楼物业、工业物业及其他类型物业管理服务的含义、基本内容、服务特点进行了阐述和说明，目的是为业主提供令人满意的物业管理服务，使物业获得最佳的安全保障和保值升值能力，同时提升物业服务企业的核心竞争力。

知识训练

一、填空题

1. ________是住宅小区业主通过选聘物业服务企业，由业主和物业服务企业按照物业服务合同约定，对房屋及配套设施设备和相关场地进行维修、养护、管理，维护物业管理区域内的环境卫生和秩序的活动。

2. ________一般指具有分层住宅形态，各有室号及专门出入，成为各个独立单位的物业。

3 ________是指政府机构的行政管理人员和企事业单位的职员办理行政事务和从事商务活动的楼房。

4. ________是指按照政府统一规划、建设达到一定规模、基础设施配套齐全、适合生产企业单位集中开展生产经营活动的区域。

5. ________物业管理服务包括工业厂房与仓库等房屋建筑的管理，以及厂房、仓库以外工业区地界桩、建筑红线以内的给排水系统、围墙、道路、绿化带等共用设施及场地的管理。

二、选择题

1. 居住型物业主要包括多层住宅、高层住宅、公寓、别墅和综合性住宅小区等，其中尤以（　　）形式为多。

A. 高层住宅　　B. 综合性住宅小区
C. 多层住宅　　D. 公寓

2.（　　）通常是指按照城市统一规划进行综合开发和建设、达到一定规模、基础设施配套齐全、相对封闭独立、能满足居民正常物质文化生活需求的生活区域。

A. 小区　　B. 综合小区　　C. 住宅小区　　D. 别墅

3．与住宅小区房屋所有权多元化相对应的是住宅小区共用设施的（　　）。

A．多样化　　B．私有化　　C．社会化　　D．系统化

4．使住宅小区固定资产保值增值是众多房屋产权人关注的焦点，也成为衡量住宅小区（　　）的一项重要指标。

A．增加财政收入　　B．深化住房制度改革

C．赢得经济效益　　D．物业服务水平高低

5．住宅小区物业管理服务的内容主要包括（　　）和小区内绿化、卫生、安保和车辆停放等管理。

A．房屋建筑及其配套设备设施维修养护

B．住户室内环境美化

C．自产自用设备设施养护

D．对环卫部门的指导

6．写字楼设备管理应做到设备运行正常，实行（　　）小时值班制度。

A．8　　B．10　　C．12　　D．24

7．物业服务企业在业主和使用人对写字楼进行二次装修时应将（　　）告知业主和使用人，以确保楼宇结构和附属设施、设备不受破坏。

A．在入住手册上　　B．禁止行为和注意事项

C．通过通告　　D．合同条款

8．（　　）在客户迁出过程中，与经营部负责现场监督管理工作。

A．工程部　　B．保安部　　C．客服部　　D．财务部

9．写字楼承租户的选择，考虑的主要原则是租户经营业务的类型及声誉、财务状况、所需（　　）大小。

A．房屋　　B．面积　　C．空间　　D．接待室

10．租用写字间的客户迁入写字楼时，一般由物业服务企业的（　　）向企业内部各部门发工作单和客户迁入通知。

A．经营部　　B．财务部　　C．工程部　　D．保洁部

三、判断题

1. 住宅小区的物业产权可以是国家所有、集体所有、个人所有、外资所有或混合所有等，由此形成了房屋产权多元化的格局。（　　）

2. 现代城市规划和建设要求住宅小区向集中化、规模化、综合化、智能化的方向发展。（　　）

3. 尽管住宅房屋产权归不同所有者所有，但这种所有权只限于住宅小区内房屋的专有部分，而不包括公有部分。（　　）

4. 居住功能是住宅小区最基本的功能。（　　）

5. 住宅小区的居住环境包括自然环境和人文环境两部分。（　　）

6. 高级公寓物业管理服务的对象较为复杂。（　　）

7. 别墅区除了常规的高水平物业管理服务以外，需要物业服务企业提供更多的个性

化特约服务。（　　）

8. 所谓商业物业是指建设规划中必须用于商业性质的房地产。（　　）

9. 商业物业包括各类商场、购物中心、购物广场及各种专业性的市场等。（　　）

10. 写字楼是政府机构的行政管理人员和企事业单位的职员办理行政事务和从事商务活动的楼房。（　　）

四、简答题

1. 简述住宅小区、公寓及别墅物业管理服务的基本内容。
2. 简述写字楼的物业管理服务的内容和特点。
3. 简述商业物业管理服务的内容和特点。
4. 简述工业区物业管理服务的内容。

第六章 物业管理服务策划

学习目标

知识目标

1. 掌握物业管理招投标的概念、主体及程序。
2. 掌握物业管理招标的基本内容。
3. 掌握物业管理方案的基本内容。
4. 熟悉物业管理投标书的构成、编写要求及注意事项。
5. 掌握物业服务合同的概念和类型。
6. 熟悉物业服务合同的内容。

技能目标

1. 能够熟知物业管理招投标的基本内容和程序，协助专业人士编写招投标文件。
2. 能够读懂物业服务合同，并具有评价物业服务合同优劣的能力。

思政育人目标

1. 树立正确的道德观、法治观、审美观和劳动观，塑造良好的品格。
2. 具有家国情怀，具有民族自信和文化自信。

案例导学

业主委员会招标成虚设 中标物业索要管理权

A 物业服务企业中了标却不能入场管理，为此一直感到头痛，于是，A 物业服务企业将某大厦业主委员会、开发商、B 物业服务企业一同告上了法庭。

庭审中，作为被告的某大厦业主委员会满腹委屈。他们辩称，业主委员会于 2019 年 4 月经住宅小区管理办公室批复依法成立。2020 年下半年开始，B 物业服务企业曾向该大厦业主委员会表示希望退出大厦服务，但业主委员会没有同意。B 物业服务企业在未经业主委员会同意的情况下，单方将物业管理服务转给了 C 物业服务企业经营，业主委员会代表全体业主曾向 B 物业服务企业和 C 物业服务企业明确表示过反对，但没有结果。

于是，2020 年 11 月，该大厦经公开招标、投标和评标，A 物业服务企业中标并依法签订物业服务合同。B、C 物业服务企业均未参加投标。2021 年 4 月，业主委员会正式向 B 物业服务企业送达交接通知，而其却置之不理，致使中了标的 A 物业服务企业不能依法参与该大厦物业服务。

法院判决：C 物业服务企业即刻撤离，由 A 物业服务企业接管，由此造成的损失由被告赔偿。

【案例评析】

根据《物业管理条例》有关规定，在业主委员会成立前，由该住宅小区的开发建设单位负责物业管理，并可选择物业服务企业进行前期物业管理。业主大会成立后，应由业主大会决定物业服务企业的续聘或解聘。

本案被告物业服务企业作为受开发建设单位委托对某大厦进行物业管理的企业，在大厦业主大会成立后，其是否继续对大厦进行物业管理，应由该大厦业主大会决定。

A 物业服务企业依法定程序中标后，被告 B 物业服务企业的前期物业服务委托合同应自然终止。现在 A 物业服务企业要求履行其与该大厦业主委员会签订的物业服务委托合同的请求正当。该大厦业主委员会与 A 物业服务企业之间的物业服务委托合同生效后，A 物业服务企业即可进行物业管理服务。

招标投标，简称为招投标，是指招标人发布招标公告或发出投标邀请书，邀请不特定或一定数量的投标人参加投标并按照规定程序从中选择交易对象的一种市场交易行为。招标人是依法提出招标项目、进行招标的法人或者其他组织。

招投标是在市场经济条件下进行工程建设、货物买卖、财产出租、中介服务等经济活动的一种竞争形式和交易方式，是引入竞争机制订立合同（契约）的一种法律形式。

从物业管理招投标的整个交易过程来看，它包括两个基本的环节，即招标和投标。招标是招标人以一定的方式邀请不特定或一定数量的自然人、法人或其他组织投标；投标是投标人响应招标人的要求参加投标竞争。

第一节 物业管理招标

一、物业管理招标的概念

物业管理招标是指由物业的建设单位、业主委员会或物业产权人根据物业管理服务内容，制定符合其管理服务要求的招标文件，发布招标公告或发出投标邀请书，由不特定或一定数量的物业服务企业或专业管理公司参与竞投，从中选择最符合条件的竞投者，并与之订立物业服务合同的一种交易行为。

二、物业管理招标的主体

物业管理招标的主体一般是物业的建设单位、业主委员会、物业产权人（政府机关或物业产权部门）。

在业主、业主大会选聘物业服务企业之前的前期物业管理活动中，由物业建设单位负责物业管理服务的招标组织工作；业主大会已经成立的，由业主大会负责实施物业管理的招标组织工作。

一些重点基础设施或大型公用设施的物业（如机场、码头、地铁、医院、学校、步行街、政府办公楼等），其产权人多为政府的国有资产管理部门，此类型物业的招标必须经国有资产管理部门或相关产权部门的批准，一般由产权人或管理使用单位、政府采购中心等作为招标人组织招标。

三、物业管理招标的方式

物业管理招标的方式有公开招标、邀请招标和议标三种。

（一）公开招标

公开招标是指招标人以招标公告的方式邀请不特定的法人或者其他组织投标。

公开招标也称无限竞争性招标。在公开招标中，招标人不得以不合理的条件限制或者排斥潜在投标人，不得对潜在投标人实行歧视待遇。

在公开招标中，招标人首先应依法发布招标公告。招标公告应当载明招标人的名称和地址，招标项目的性质、数量、实施地点和时间以及获取招标文件的办法等事项。一般来说，我国大型公共物业管理都采用公开招标方式。

公开招标是国际上最常见的招标方式，其优点是充分体现了招标的公平、公正、合理原则；招标人选择范围较大，可在众多的投标人中选择报价合理、资信良好、服务质量较高的中标对象。缺点是由于竞标的对象较多，如果资格预审把关不严容易导致鱼目混珠的现象发生；由于竞标的对象较多，也造成工作量相对较大，耗时长，成本相对比较高。

（二）邀请招标

邀请招标是指招标人以投标邀请书的方式邀请特定的法人或者其他组织投标。邀请招标也称作有限竞争性招标或选择性招标。国务院确定的国家重点物业项目和地方人民政府确定的地方重点物业项目不适宜公开招标的，经国务院发展改革委员会或者省、自治区、直辖市人民政府批准，可以进行邀请招标。

采用邀请招标方式的，招标人应当向三个以上符合条件要求、资信良好的特定对象发出投标邀请书。投标邀请书应当载明招标人的名称和地址，招标项目的性质、数量、实施地点和时间以及获取招标文件的办法等事项。

采用邀请招标方式的招标人应当慎重选择参选的对象，严把资格预审关。

邀请招标的主要特点是招标人不使用公开的招标公告方式，投标人是特定的，投标人的数量是有限的。

（三）议标

议标是指建设单位或业主不必公开发布招标公告，而是选择有能力承担物业管理服务的企业，邀请其投标，然后通过平等协商，最终达成协议的招标方式。议标实质上可以看作是更小范围的邀请招标，议标又称谈判招标或协商招标。

议标最大的特点在于招标人与投标人之间可就各种事项相互协商，直到达成一致。议标的优点是既可以节省时间和招标成本，又可以获取有竞争力的标价。议标的缺点是容易产生不合理竞争，难以获取有竞争力的标价。

目前，议标在我国中小规模的物业管理招标项目中比较常见。一般对于较大型或较复杂的物业招标项目，不适宜采用议标方式；投标人少于三个或者住宅规模较小的，经物业所在地的区、县人民政府房地产行政主管部门批准，可以采用协议方式选聘具有相应资质的物业服务企业。

（四）三种招标方式的特点

1. 公开招标

公开招标是邀请不特定的法人或其他组织投标，这种方式最常见。

优点：最大限度地体现招标公平、公正、合理的原则；最系统、最完整、规范性最好。

缺点：招标时间长，招标成本高。

2. 邀请招标

邀请招标是直接邀请几个单位（至少三个）投标的招标方式，其特点是以投标邀请书的方式邀请特定的法人或其他组织投标。主要适用于标的规模较小的物业管理项目。

优点：节省招标时间，降低招标成本。

缺点：可选择范围缩小，易产生不合理的竞争，易造成舞弊、歧视现象等。

3. 议标

议标是不公开发布招标公告，而择其认为有能力承担或能获取该项业务的，邀请其投标，平等协商，达成协议。目前在我国中小规模的物业管理招标项目中较为常见。

优点：既节省了时间和招标成本，又可以获取有竞争力的标价。

缺点：容易产生不合理的竞争。

四、物业管理招标的内容

（一）早期介入和前期物业管理阶段的招标内容

早期介入阶段主要是指物业开发设计、施工建设、竣工验收阶段，前期物业管理阶段是指从入住到业主大会聘请物业服务企业承担日常管理前的阶段。在早期介入和前期物业管理阶段要求提供相应物业管理服务的主要招标内容如下：

① 对物业的规划设计提出专业性的合理化建议；
② 对物业设施配备的合理性及建筑材料的选用提供可靠建议；
③ 对物业的建筑设计、施工是否符合后期物业管理服务的要求提供专业性建议；
④ 设计物业管理模式，制订员工培训计划；
⑤ 建立信息化服务系统，制订现代化物业服务方案；
⑥ 参与物业的竣工验收，并提出有效的整改意见；
⑦ 办理移交接管，对业主入住、装修实施管理和服务；
⑧ 对经营性物业进行经营策划，制订有效的租赁方案。

（二）常规物业管理招标的内容

常规物业管理招标要求提供的相关物业服务的主要内容如下：

① 建立项目管理机构、日常运作机制和管理规章制度等；
② 房屋及共用设施设备维修养护管理；
③ 清洁卫生与环境绿化养护管理；
④ 安全保卫管理；
⑤ 消防管理；
⑥ 车辆秩序管理；
⑦ 客户关系和便民服务管理；
⑧ 财务管理；
⑨ 物业的租赁经营管理；
⑩ 社区文化建设。

五、物业管理招标的条件与程序

（一）物业管理招标的条件

1. 招标主体条件

招标人为建设单位的，必须符合相应的法律法规规定的条件；招标人为业主委员会

的，须经业主大会授权，同时应将招标投标的过程和结果及时向业主公开；招标项目为重点基础设施或公用事业物业的，招标人必须经相关产权部门批准、授权。

有能力组织和实施招标活动的招标人，可以自行组织实施招标活动，也可以委托招标代理机构办理招标事宜。

2. 招标项目条件

《前期物业管理招标投标管理暂行办法》第三条规定，住宅及同一物业管理区域内非住宅的建设单位，应当通过招投标的方式选聘具有相应资质的物业管理企业；投标人少于三个或者住宅规模较小的，经物业所在地的区、县人民政府房地产行政主管部门批准，可以采用协议方式选聘具有相应资质的物业管理企业。

（二）物业管理招标的程序

1. 成立招标领导小组

招标人在政府房地产行政主管部门的指导、监督下，成立招标领导小组，确定招标方式、内容、招标条件和投标企业的范围，做好风险预测和防范。

2. 制定标底

在正式招标前，招标人必须对招标项目制定出一个标底。所谓标底是指招标人为准备招标的内容计算出的一个合理的基本价格。标底是作为招标人审核报价、评标和确定中标人的重要依据。标底是绝密资料，招标单位不能向任何人泄露。

3. 编制招标文件

物业管理招标文件是物业管理招标人向投标人提供的指导投标工作的规范性文件，招标文件又叫标书，是投标单位编制投标书、进行投标，招标单位评标、定标，双方签订物业服务合同的共同基础。

招标人应当根据招标项目的特点和需要编制招标文件。招标文件应当包括招标项目的基本情况、技术要求、对投标人资格审查的标准、投标报价要求和评标标准等所有实质性要求和条件以及拟签订合同的主要条款。招标人应当根据物业管理项目的特点和需要，在招标前完成招标文件的编制。

招标文件应包括以下内容：

① 招标人及招标项目简介，包括招标人名称、地址、联系方式、项目基本情况、物业管理用房的配备情况等；

② 物业管理服务内容及要求，包括服务内容、服务要求等；

③ 对投标人及投标书的要求，包括投标人的资格、投标书的格式、主要内容等；

④ 评标标准和评标办法；

⑤ 招标活动方案，包括招标组织机构、开标时间和地点等；

⑥ 物业服务合同的签订说明；

⑦ 其他事项说明及法律法规规定的其他内容。

招标人应当在发布招标公告或者发出投标邀请书的 10 日前，提交有关材料到物业项目所在地的县级以上地方人民政府房地产行政主管部门备案。需要提交的材料如下：

① 与物业管理有关的物业项目开发建设的政府批件；

② 招标公告或者招标邀请书；

③ 招标文件；

④ 法律法规规定的其他材料。

投标有效期应当在招标文件中载明。招标人根据招标项目的具体情况，可以组织潜在投标人踏勘项目现场。

4. 公布招标公告或发出投标邀请书

采取公开招标方式的，应当通过公共媒介发布招标公告，并同时在中国物业管理协会网上发布免费招标公告。

采取邀请招标方式的，应当向三个以上物业服务企业发出投标邀请书。

5. 投标申请人的资格预审

实行投标资格预审的项目，招标人应当在招标公告或者投标邀请书中载明资格预审的条件和获取资格预审文件的办法，资格预审文件一般应当包括资格预审申请书格式、申请人须知，以及需要投标申请人提供的企业资质文件、业绩、技术装备、财务状况和拟派出的项目负责人与主要管理人员的简历、业绩等证明材料。

当资格预审合格的投标申请人过多时，可以由招标人从中选择不少于五家资格预审合格的投标申请人。

6. 发放招标文件

招标人应当按照招标公告或投标邀请书规定的时间、地点发放招标文件，也可以通过网络下载的方式进行，除不可抗力的因素外，在招标人或招标代理机构发布招标公告或投标邀请书后不得随意终止招标。

7. 接收投标文件

招标人必须按照招标文件规定的时间和地点接收投标文件，投标文件必须按时密封送达。投标文件递交后，在投标截止期限前，投标人可以通过正式函件的形式调整报价并做补充说明。

招标人收到投标文件后，应当签收保存，不得开启。招标人不得向他人透露已获取招标文件的潜在投标人的名称、数量以及可能影响公平竞争的有关招投标的其他情况。招标人设有标底的，标底必须保密。自招标文件开始发出之日起至投标人提交投标文件截止之日止，最短不得少于 20 日。

8. 成立评标委员会

招标人或招标代理机构负责组建评标委员会。评标委员会由招标人代表和物业管理

方面的专家组成，成员为五人以上单数，其中招标人代表以外的物业管理方面的专家不得少于成员总数三分之二。评标委员会的专家成员应当由招标人从房地产行政主管部门建立的专家名册中采取随机抽取的方式确定。与投标人有利害关系的人员不得进入相关项目的评标委员会。

评标委员会成员的名单在开标前应严格保密。评标委员会成员必须做到客观、公正地履行职责。

9. 开标、评标和中标

（1）开标

开标是指招标单位在预先规定的时间里，将各投标单位的投标文件正式启封揭晓。开标可分为公开开标和秘密开标两种，通常一些大型项目的招标采用公开开标的方式，但在特殊情况下也可采用秘密开标的方式。

开标时间通常在招标文件中有正式规定，一般安排在投标人递交标书的截止日之后。

开标由招标人主持，邀请所有投标人参加。开标应当按照下列规定进行：

由投标人或者其推选的代表检查投标文件的密封情况，也可以由招标人委托的公证机构进行检查并公证。经确认无误后，由工作人员当众拆封，宣读投标人名称、投标价格和投标文件的其他主要内容。

招标人在招标文件要求提交投标文件的截止时间前收到的所有投标文件，开标时都应当当众予以拆封。开标过程应当由专人记录，并由招标人存档备查。存档记录内容包括开标日期、开标地点、会议主持人、出席会议的工作人员名单、到场的投标公司代表和各有关部门代表名单、收到的投标书总份数、收到投标书的日期及报价等。

（2）评标

评标是指在评标委员会的组织下，由招标委员会选择标价较低、资信条件较好的投标公司进入合同签订谈判的过程。

评标由招标人依法组建的评标委员会负责。除了现场答辩部分外，评标应当在保密的情况下进行。

评标委员会应当按照招标文件确定的评标标准和方法，对投标文件进行评审和比较，阐明评标委员会对各投标文件的评审和比较意见，并对评标结果签字确认。完成评标后，评标委员会应向招标人提出书面评标报告，推荐不超过三名有排序的合格中标候选人。

（3）中标

中标人确定后，招标人应当向中标人发出中标通知书，对于未中标公司也应通知他们，告知其未中标。招标人应当自确定中标人之日起 15 日内，向物业项目所在地的县级以上地方人民政府房地产行政主管部门备案。备案资料应当包括开标评标过程、确定中标人的方式及理由、评标委员会的评标报告、中标人的投标文件等资料。委托代理招标的，还应当附招标代理委托合同。

定标后中标公司提交履约保函，收回投标保函。然后，中标公司就应该积极准备提供投标文件中承诺的服务，成立物业管理专案小组，派人员进物业现场。

10. 合同签订

招标人和中标人应当自中标通知书发出之日起30日内，按照招标文件和中标人的投标文件订立书面合同；招标人和中标人不得再行订立背离合同实质性内容的其他协议。招标人无正当理由不与中标人签订合同，给中标人造成损失的，招标人应当给予赔偿。

第二节　物业管理投标

一、物业管理投标的概念

物业管理投标，是指投标人在接到物业管理招标通知后，根据招标文件的要求编制投标文件，参与投标竞争的行为。

二、物业管理投标的主体

物业管理投标的主体一般是指符合招标条件的物业服务企业或专业管理公司。

专业管理公司通常是指具备一定资质、能承接物业管理专项服务的专业化企业，如电梯安装与维修专业公司、保洁服务公司、保安服务公司、园林绿化公司、楼宇设备专业公司等。

三、物业管理投标的程序

（一）获取招标信息

投标人获取招标信息的一般渠道如下：

① 从公共媒介上采集公开招标信息；

② 来自招标人的邀请。

（二）项目评估与风险预测

在获取招标信息后，投标人应首先组织经营管理专业技术人员和财务管理人员等对招标物业进行项目评估，对中标概率和存在的风险进行预测，以便确定是否承揽该项目。

（三）投标报名，接受招标人的资格预审

根据招标人在招标公告或者投标邀请书中载明的资格预审条件和获取资格预审文件的办法，报名参加投标并接受招标人的资格预审。

（四）获取招标文件

资格预审合格并确定参加投标后，到指定地点购买或领取招标文件。投标人对招标文件有疑问需要澄清的，应当以书面形式向招标人提出。

（五）踏勘物业现场

在踏勘物业现场的过程中，招标人会就投标公司代表提出的问题作出口头回答，但这种口头答复不具备法律效力，只有在投标人以书面形式提出问题并由招标人作出书面答复时，才会产生法律约束力。

踏勘物业现场的重点有以下几个方面。

1. 物业服务企业早期介入时的主要考察对象

此时应对消防安全设备、自动化设备、安全监控设备、通信设备、工程土建构造及内外安装的合理性等进行认真查看，发现问题及时做好记录，告知开发商。了解物业建筑及安装施工进度情况。

2. 已经竣工物业的主要考察对象

已经竣工物业的主要考察对象如下：

① 工程项目施工是否符合合同规定与设计图纸要求；
② 技术是否达到规定的质量标准；
③ 竣工工程是否达到窗明、地净、水通、电亮及采暖、通风设备是否运转正常；
④ 设备调试、试运转是否达到设计要求；
⑤ 外在质量是否没有明显问题；
⑥ 周围公用设施完好情况如何。

3. 旧有物业的主要考察对象

此时主要考察物业当前使用情况及陈旧、老化程度，物业配套设施设备及其分布情况，内部公共使用区域及通道分布情况，物业管理用房情况，园林绿化及环境标识情况，周边道路交通及停车场情况等。

4. 业主情况

业主情况主要包括客户定位、共同服务需求与特殊服务需求、收入层次及对物业服务费用的承受能力、客户的文化素养和沟通渠道等。

5. 环境因素

环境因素是指自然地理环境和人文环境。

（六）确定物业服务模式和测算工作量

通常物业服务企业可以根据招标文件的要求，以及根据投标接管物业的不同使用性质、服务项目和标准等来制定相应的物业服务模式和具体方法，详细列出完成所有物业服务项目的具体工作量。

（七）确定投标报价

投标人在确定投标报价前，首先要做到以下几点：

① 明确领会了招标文件中的各项服务要求、经济条件；

② 掌握了物业现场的基础信息；

③ 计算或复核过服务工作量；

④ 了解接管期间的费用支出、收入或其他资金来源；

⑤ 拥有分析所需的适合当地条件的经验数据。

然后，根据相关财务知识计算出投标的最低报价。

（八）编制投标文件（投标书）

投标文件又称投标书，是物业服务企业参与投标竞争以及将来管理物业的总体构想，也是招标单位评标、定标的重要依据。投标人应当按照招标文件的内容和要求编制投标文件，投标文件应当对招标文件提出的实质性要求和条件作出响应。投标文件应当包括投标函、投标报价、物业管理方案及招标文件要求提供的其他材料等。

物业管理方案的基本内容主要包括招标物业项目的整体设想与构思、管理方式与运作程序、组织架构与人员配置、管理制度的制定、档案的建立与管理、早期介入及前期物业管理服务内容、常规物业管理服务综述、费用测算与成本控制、管理指标与管理措施、物资装备与工作计划等。

（九）封送投标文件

投标文件编制完成后，投标人即可派专人或通过邮寄方式将密封投标文件按时交给招标人。按惯例，投标人应将所有投标文件按照招标文件的要求，准备正本一份，副本若干份，标书的正本和副本都应分别密封包装，封订后打上正本、副本的印记，并注明投标文件的编号、物业名称、在某日某时之前不得启封等。

（十）参加开标会

投标人在接到开标通知后，应在规定的时间到达开标地点参加开标会议和现场答辩，接受评标委员会的审核。

（十一）签订合同，总结投标

投标人在收到中标通知书后，应在规定的时间内及时与招标人签订物业服务合同。合同签订完成后，要对投标活动进行分析总结，结算投标有关费用，对招标投标资料进行整理、归档。

四、物业管理投标文件的编制

（一）投标文件的构成

投标人必须严格按照招标文件的要求编制投标文件。投标文件一般由封面、序言、

目录、正文及附件构成。

1. 投标文件的封面

投标文件的封面一般要填写招标单位名称，物业服务项目或本投标文件的名称（标题），投标单位的名称、负责人的姓名，以及投标文件投送的日期等内容。

2. 投标文件的序言

投标文件的序言是投标企业对自身情况和即将接管的物业进行的简练介绍。一般包括投标人简介、对投标物业的认识、拟采取的管理模式和方法、拟提供的服务项目和改进工作的设想等。

3. 投标文件的目录

由于大型物业管理投标文件的内容和字数比较多，所以可借助投标文件的目录将投标文件的主要内容、投标意图和经验等突显出来，这样有利于招标单位审阅和评定。

4. 投标文件的正文

投标人应针对招标单位在招标文件中提出的所有问题并结合投标物业自身的管理特点，编制投标文件的正文（又称物业管理方案）。投标文件的正文一般包括以下内容：

① 拟采用的物业管理方式和方法，如物业服务企业内部的机构设置情况与运行机制、物业服务企业管理工作的流程与控制方式等；

② 物业服务企业所提供管理服务的内容及功能，如详细介绍各个阶段具体的管理服务项目，准备提供服务的形式、费用和期限等；

③ 管理人员的配备与培训，如拟配备人员的专业、数量、职称，人员培训的目标、计划、制度、方式等；

④ 物资装备计划，如管理用品、器具与工具计划，员工住宿与管理用房计划等；

⑤ 物业服务财务管理方案，如物业区内各功能区域的管理费用标准、管理费用的测算依据、物业管理经费的收支预算表等；

⑥ 物业服务规章制度，如人事制度、设备物资管理制度、职工岗位责任制等内部管理制度，业主公约、住户手册等外部管理制度，以及接管验收制度、维修保养制度、车辆交通管理制度等一些具体制度；

⑦ 各项管理指标的要求，如物业服务企业将要达到招标文件中某些指标的标准、水平，如何实现这些指标的设想等；

⑧ 其他项目，应详细列出投标人能够提供的有偿服务和无偿服务的项目；

⑨ 社区文化活动的开展，如组织社区文化活动的计划与主要内容等；

⑩ 物业整治方案，如新建物业的垃圾清理、道路清扫、环境绿化等，原有物业的拆除违章建筑、维修路面等；

⑪ 物业服务水平的改进与创新设想；

⑫ 具体项目及费用；

⑬ 违约承诺。

5. 投标文件的附件

投标文件的附件是对投标文件正文的补充，一般包括以下内容：

① 参加本项目物业管理的主要负责人以及工程技术人员的简历；
② 财务管理费用预算方案的测算过程与依据；
③ 物业服务企业的营业执照和资质等级证书（复印件）；
④ 企业获奖证明（复印件）；
⑤ 企业无行贿记录证明；
⑥ 与本次投标相关人员的社会保险证明；
⑦ 其他有益于中标的文件、材料、说明等。

（二）编制投标文件的基本要求

① 使用国家统一的行业标准计量单位，避免在定标和履约中出现混乱；
② 使用统一的货币，国内物业管理投标文件规定使用的货币为人民币，而国际投标中所使用货币则应按招标文件的规定执行；
③ 使用国家统一颁布的行业标准与规范；
④ 使用准确的表述方式；
⑤ 确保资料的真实性。

（三）编制投标文件的注意事项

① 确保填写无遗漏、无空缺，投标文件中的每一处空白都要填写，若有空缺，则被认为放弃意见，重要数据未填写，可能被作为废标处理；
② 不可任意修改填写内容，投标人所递交的全部文件均应由投标方法人代表或委托代理人签字，若填写中有错误而不得不修改，则应由投标方负责人在修改处签字；
③ 计算数字必须准确无误；
④ 不得改变投标文件的格式；
⑤ 填写方式应规范；
⑥ 报价应合理，《中华人民共和国招标投标法》第三十三条规定，投标人不得以低于成本的报价竞标，也不得以他人名义投标或者以其他方式弄虚作假，骗取中标；
⑦ 做好投标文件的保密措施，确保公平竞争；
⑧ 包装整洁美观。

第三节 物业服务合同与前期物业服务合同

一、物业服务合同的概念

合同是平等主体的自然人、法人、其他组织之间设立、变更、终止民事权利义务关系的协议。

《民法典》第九百三十七条对物业服务合同的定义是：物业服务合同是物业服务人在物业服务区域内，为业主提供建筑物及其附属设施的维修养护、环境卫生和相关秩序的管理维护等物业服务，业主支付物业费的合同。物业服务人包括物业服务企业和其他管理人。

物业服务合同是确立业主和物业服务企业在物业管理活动中的权利与义务的法律依据。在物业服务活动中，物业服务合同的地位非常重要，只有签订了物业服务合同，才能将各方享有的权利和承担的义务确定下来。物业服务企业通过履行物业服务合同取得经营收益，业主通过履行付费义务得到合同约定的物业服务。

二、物业服务合同的类型

根据不同物业管理阶段和不同的签约主体，物业管理实践中存在两种物业服务合同。《物业管理条例》对这两种合同有明确规定，将业主、业主大会选聘物业服务企业之前，建设单位与物业服务企业所签订的合同，称为前期物业服务合同，将业主委员会与业主大会选聘的物业服务企业所签订的合同称为物业服务合同。

三、前期物业服务合同

（一）前期物业服务合同的概念

前期物业服务合同，是指物业建设单位与物业服务企业就前期物业管理阶段双方的权利义务所达成的协议。

前期物业服务合同是物业服务企业被授权开展物业管理服务的依据。《物业管理条例》第二十一条规定："在业主、业主大会选聘物业服务企业之前，建设单位选聘物业服务企业的，应当签订书面的前期物业服务合同。"第二十五条规定："建设单位与物业买受人签订的买卖合同应当包含前期物业服务合同约定的内容。"前期物业服务合同的当事人不仅涉及建设单位与物业服务企业，也涉及业主。

在实践中，物业的销售及业主入住是一个持续的过程。这个阶段要求经专有部分占建筑物总面积过半数的业主且占总人数过半数的业主同意并形成业主大会选聘物业服务企业的决定是不现实的，而这个阶段的物业管理服务又是必需的，所以，为了避免在业主大会选聘物业服务企业之前出现物业管理的空档，应明确前期物业管理服务的责任主体，规范前期物业管理活动。《物业管理条例》明确地将前期物业管理的权利义务与责任赋予了建设单位及建设单位选聘的物业服务企业。

（二）前期物业服务合同的特征

前期物业服务合同在物业服务实践活动中发挥着重要的作用，是物业从建设到管理顺利衔接的关键环节。前期物业服务合同具有以下特征。

1. 前期物业服务合同具有过渡性

前期物业服务合同的期限，存在于业主、业主大会选聘之前的过渡时间内。实践中，前期物业服务的期限是不确定的。但是，一旦业主大会成立或者全体业主选聘了物业服务企业，业主与物业服务企业签订的合同发生效力，就意味着前期物业管理阶段结束，进入了通常情况下的物业管理阶段。

2. 前期物业服务合同由建设单位和物业服务企业签订

通常情况下，物业服务合同的签订主体是业主和物业服务企业，而前期物业服务合同签订的主体是建设单位和物业服务企业。这是因为首次业主大会尚未召开，业主还不能形成统一意志来决定选聘物业服务企业，而此时已有实施物业管理的现实必要。为了维护正常的物业秩序，保护业主现实的合法权益，《物业管理条例》规定，建设单位选聘物业服务企业的，应当与物业服务企业签订前期物业服务合同。

3. 前期物业服务合同是要式合同

要式合同，是指法律要求必须具备一定形式的合同。《物业管理条例》第二十一条规定：在业主、业主大会选聘物业服务企业之前，建设单位选聘物业服务企业的，应当签订书面的前期物业服务合同。对合同形式作书面要求的目的，首先是发生纠纷时有据可查，其次是便于明确合同主体的责权利，防止建设单位和物业服务企业侵害业主权益的情况发生。

4. 前期物业服务合同主要通过招投标方式签订

《物业管理条例》第二十四条规定，国家提倡建设单位按照房地产开发与物业管理相分离的原则，通过招投标的方式选聘物业服务企业。除投标人少于 3 人或者规模较小的以外，住宅小区物业的建设单位，应当通过招投标方式选聘物业服务企业。

（三）前期物业服务合同的时效

《物业管理条例》第二十六条规定：“前期物业服务合同可以约定期限；但是，期限未满、业主委员会与物业服务企业签订的物业服务合同生效的，前期物业服务合同终止。”由建设单位与物业服务企业签订的前期物业服务合同，具有过渡的性质，仅仅是在业主不具备自行选聘物业服务企业条件下的权宜措施，因此在业主自行选聘物业服务企业条件具备后，必须保护业主选聘物业服务企业的自主权。据此，前期物业服务合同的时效有以下两种情况：

① 前期物业管理的截止时间为前期物业服务合同规定的合同终止时间，即前期物业服务合同已经到期（届满），原物业服务企业决定不再对物业进行继续管理，或者业主另行选聘物业服务企业并依法签订物业服务合同。

② 前期物业管理的截止时间为新的物业服务合同的生效时间，即前期物业服务合同尚未到期，但业主委员会另行选聘物业服务企业并合法签订物业服务合同，也可以是前期物业服务合同已经到期，但业主委员会尚未成立，或尚未与任何物业服务企业签约，前期物业服务企业决定继续对物业进行管理。

（四）前期物业服务合同的主要内容

前期物业服务合同的内容就是通过合同条款所反映的建设单位与物业服务企业之间的权利义务关系。前期物业服务合同的主要内容如下。

1. 合同的当事人

前期物业服务合同的当事人就是建设单位与物业服务企业，其中，建设单位和物业服务企业一般都是法人组织。

2. 物业基本情况

物业基本情况包括物业名称、物业类型、坐落位置、建筑面积等。

3. 服务内容与质量

服务内容主要包括物业共用部位、共用设施设备的运行、维修、养护和管理，物业共用部位和相关场地环境管理，车辆停放管理，公共秩序维护、安全防范的协助管理，物业装饰装修管理服务，物业档案管理及双方约定的其他管理服务内容等前期物业管理服务约定应达到的质量标准。

4. 服务费用

服务费用主要内容包括物业服务费用的收取标准、收费约定的方式（包干制或酬金制）；物业服务费用开支项目；物业服务费用的交纳；酬金制条件下，酬金计提方式、服务资金收支情况的公布及其争议的处理等。

5. 物业的经营与管理

物业的经营与管理的主要内容包括停车场和会所的收费标准、管理方式、收入分配办法，物业其他共用部位、共用设施设备的经营管理。

6. 承接查验和使用维护

承接查验和使用维护的主要内容包括承接查验和使用维护中双方责任、义务的约定。

7. 专项维修资金

专项维修资金的主要内容包括这部分资金的缴存、使用、续筹和管理。

8. 违约责任

违约责任主要包括违约责任的约定和处理，免责条款的约定。

9. 其他事项

其他事项主要包括合同履行期限、合同生效条件、合同争议处理、物业管理用房、物业管理相关资料归属以及双方认为需要约定的其他事项等。

（五）签订前期物业服务合同应注意的事项

1. 物业的承接查验

物业共用部位、共用设施设备的承接查验是前期物业服务活动的重要环节，前期物业服务合同应当对物业共用部位、共用设施设备的承接查验内容、标准、责任等作出明确的约定。对业主自有物业专有部分的承接查验则属于业主与建设单位之间的问题，无须在合同中约定。

2. 物业服务的费用

前期物业服务合同涉及的费用种类多，情况复杂，支付主体及责任容易混淆，易造成矛盾，必须在合同中予以列明。例如，应当由建设单位支付的费用不能转嫁给业主；对于由业主支付的费用部分，则应当符合国家法律法规的要求，并应当在物业销售前予以明示或约定。

3. 前期物业服务合同的解除或终止

前期物业服务合同的履行受业主入住状况及房屋工程质量等各种因素影响，合同的期限具有不确定性，当此类因素致使前期物业服务合同无法全面履行时，物业服务企业可以通过提前解除合同或要求补偿的方式规避风险。因此，有必要在前期物业服务合同中对解除合同的条件作出明确约定。

四、物业服务合同

（一）物业服务合同的主要内容

物业服务合同的内容一般包括服务事项、服务质量、服务费用的标准和收取办法、维修资金的使用、服务用房的管理和使用、服务期限、服务交接等条款。

物业服务企业公开作出的有利于业主的服务承诺，为物业服务合同的组成部分。

物业服务合同应当采用书面形式。一般而言，物业服务合同应当具备的主要内容如下。

1. 本合同当事人

① 委托方，通常简称甲方，如×××业主大会；

② 受委托方，通常简称乙方，如×××物业服务公司。

2. 物业管理区域的基本情况

物业管理区域的基本情况通常是指物业名称、物业用途、坐落、四至、占地面积、总建筑面积。

3. 物业管理事项

物业服务合同双方当事人一般应该约定下列物业管理事项：

① 物业共用部位、共用设备设施的维修、养护和管理，包括房屋的使用、维修、养护、消防、机电设备、路灯、自行车棚、园林绿化养护和管理等；

② 物业管理区域内的公共环境卫生管理；

③ 物业管理区域内的车辆停放及交通秩序管理；

④ 物业管理区域内的安全防范服务；

⑥ 物业档案、资料保管。

总之，物业管理区域内涉及公共关系的管理事项均应纳入物业服务合同，委托物业服务企业统一负责，防止各业主产生纷争。

4. 服务质量

与普通委托合同相比，服务质量是物业服务合同的一个特殊内容。普通委托合同强调以处理事务为目的，并不以事务完成为必要，但物业服务合同则要求物业服务企业必须保质保量完成业主委托的管理事务，应当明确物业管理事项应当达到的目标。这不仅能明确物业服务企业的责任，而且可以增加其努力工作的动力。如果物业服务企业处理了相关委托事务，但未达到约定目标，将承担违约责任。

5. 服务费用

物业服务企业向业主或者物业使用人收取的服务费用，是物业服务企业对物业管理区域内的房屋建筑和共用设施设备、绿化、卫生、交通、治安和环境容貌等项目开展日常维护、修缮、整治服务及提供其他服务的费用。物业管理的收费情况比较复杂，不同的管理事项有不同的收费标准。有的收费项目国家有明确规定，如季节性的供暖费等；有的收费项目需要由物业服务企业与业主洽谈协商决定，如清洁卫生费等。上述费用，凡能明确的，都应当在合同中予以明确约定。

6. 双方的权利义务

业主作为物业服务合同的委托方，具有一般委托合同中的权利义务，如事务处理请求权和报酬给付义务。业主最根本的权利是获得物业服务。此外，在物业服务合同中，业主处于弱势，为维护众多业主的利益，作为全体业主代表的业主委员会被法律赋予监督物业服务企业的管理活动的权利，是委托方在合同中当然拥有的权利。

7. 专项维修资金的管理与使用

根据相关的法律规定，对专项维修资金的筹集、使用和管理要明确约定，以明确双方的权利和义务。

8. 物业管理用房

物业管理用房的产权属于业主。物业管理用房的建筑面积、位置和物业服务企业使用物业管理用房的方式等，应当在合同中约定。

9. 合同期限

合同期限即合同生效和终止的日期。

10. 违约责任

合同双方应约定一方不履行合同义务或者履行合同义务不符合约定而应当承担的民事责任。违约责任以支付违约金和赔偿损失为主要承担方式。

11. 其他事项（附则）

除此之外，合同双方还可以在合同中约定其他未尽事宜，如风险责任的承担，合同附件的效力，合同的变更、补充、索赔及争议解决方式等。

（二）物业服务合同的签订

1. 物业服务合同的成立

物业服务合同的成立，是指合同双方当事人就合同的主要条款达成一致，且通过采用书面的形式订立，双方当事人一经签字或盖章，合同即成立。

2. 物业服务合同的生效

物业服务合同通常在成立时即生效。如果合同附生效条件，则在该条件成立时生效。

3. 签订物业服务合同应注意的事项

（1）明确业主、业主委员会的权利义务

除了《物业管理条例》规定的业主、业主委员会应有的权利义务之外，业主、业主委员会的其他一些权利义务，也应在服务合同里明确约定。例如，业主、业主委员会有权对物业服务企业的服务质量，按照合同规定的程序提出意见并要求限期整改。同时，业主、业主委员会应承担相应的义务，包括督促业主按时交纳物业费，积极配合物业服务企业工作，尊重物业服务企业专业化的管理方式和措施等。

（2）明确物业服务企业的权利和义务

本着权利和义务对等的原则，在赋予物业服务企业管理小区日常事务的权利的同时，也要明确物业服务企业所承担的义务与责任，并且尽可能予以细化。

（3）对违约责任的约定

履行合同中，如果有一方违约，则应当赔偿另外一方的损失。损失的计算及赔偿标准应该按照《民法典》的规定进行具体表述。对不可抗力，如地震、战争等造成的损失应该免于赔偿。要在服务合同里明确双方违反约定应承担的责任，约定的责任要具有实用性和可操作性。

（4）对免责条款的约定

在物业服务合同约定中，订立合同各方应本着公平合理、互谅互让的原则，根据物业的具体情况设立免责条款，明确免责的事项和内容。例如，在物业服务合同中应当明确约定物业服务费用不包含业主与物业使用人的人身保险、财产保管等费用，排除物业服务企业对业主及物业使用人的人身、财产安全保护、保管等义务，以免产生歧义，引发纠纷。

（5）物业服务合同的主要条款宜细不宜粗

物业管理服务及相关活动规范是合同签订的主要目的。在签订物业服务合同时，要特别注意以下主要条款：

① 项目，即应逐项写清管理服务项目，如房屋建筑共用部位的维修、养护和管理，共用设施设备的维修、养护、运行和管理，公共秩序和环境卫生管理等。

② 内容，即各项目所包含的具体内容越详细越好。例如，房屋建筑共用部位的维修、养护和管理项目内容应包括楼盖、屋顶、外墙面、承重结构，环境卫生管理应覆盖的部分，安全防范的实施办法等。

③ 标准，即各项目具体内容的管理服务质量标准，如垃圾清运的频率（是一天一次还是两天一次），环境卫生的清洁标准，安全防范具体标准（门卫职责、是否设立巡逻岗），等等。此外，还要注意在明确质量标准时要少用或不用带有模糊概念的词语。例如，要避免采用“整洁”等用词，因为在合同的执行过程中很难对是否整洁作出准确判断。

④ 费用，即在前述的管理服务内容与质量标准下应收取的相应费用。物业管理服务是分档次的，不同档次收取的费用是有较大差异的。在明确了解了项目、内容和标准后，费用的确定往往是双方争论和讨论的焦点。在确定合理的费用时，要经过详细的内容测算和横向比较。

（6）合同的签订既要实事求是，又要留有余地

物业的开发建设是一个过程，有时还需要分期实施。在订立合同尤其是签订前期物业服务合同时应充分考虑这一点，既要实事求是，又要留有余地。例如，对于“24 小时热水供应”的服务承诺，在最初个别业主入住时，一般无法提供，因此在合同中应给予说明，并给出该项服务提供的条件与时机以及承诺在未提供该项服务时应适当减免物业管理服务费用。又如，当分期规划建造一个住宅区时，在首期的合同中就不应把小区全部建成后才能够提供的服务项目列入其中。

（7）明确违约责任的界定及争议的解决方式

在物业管理实践中，难免会产生各种各样的问题。这些问题既可能发生在物业服务企业与业主之间，也可能发生在各业主之间；既可能有违法的问题，也可能有违约、违规以及道德和认识水平不足的问题。显然，对于不同性质、不同层面的问题、矛盾与纠纷，要通过不同的途径、采取不同的处理方式来解决。

一般情况下，有争议的物业服务合同应该通过友好协商解决。如果协商不成，则可

依照合同中约定的仲裁条款要求仲裁委员会仲裁，或者向人民法院提起诉讼。

五、前期物业服务合同与物业服务合同的区别

前期物业服务合同与物业服务合同的主要区别有以下几个方面。

（一）订立合同的当事人（主体）不同

前期物业服务合同的当事人是建设单位与物业服务企业，前期物业服务合同的委托方是建设单位；物业服务合同的当事人是业主（或业主委员会）与物业服务企业，物业服务合同的委托方是受业主大会委托的业主委员会或业主。

（二）两种合同的履行期限不同

《物业管理条例》对前期物业服务合同的期限作出特别的规定：前期物业服务合同可以约定期限；但是，期限未满、业主委员会与物业服务企业签订的物业服务合同生效的，前期物业服务合同终止。物业服务合同的期限，法律法规并无特别规定，由双方当事人协商确定。

（三）两种合同的内容不同

前期物业服务合同的内容具有特殊性，除常规日常物业服务内容外，还应针对物业服务企业的早期介入、物业共用部位、共用设施设备的承接查验、开发建设遗留问题的解决、保修责任以及入住管理服务等内容作出规定；物业服务合同则主要对物业管理区域内的房屋及附属设施设备的维修、养护、管理以及环境卫生和公共秩序的维护活动等作出约定。

（四）两种合同的存在阶段不同

前期物业服务合同仅存在于前期物业管理阶段，此时尚未成立业主大会且业主入住人数较少；物业服务合同存在于建筑物生命周期的绝大多数时间。

（五）签订时间不同

前期物业服务合同是在开发商出售住宅前签订的，物业服务合同一般是在业主委员会成立后签订的。

知识链接

《民法典》第三编　第二十四章　物业服务合同

第九百三十七条　物业服务合同是物业服务人在物业服务区域内，为业主提供建筑物及其附属设施的维修养护、环境卫生和相关秩序的管理维护等物业服务，业主支付物业费的合同。

物业服务人包括物业服务企业和其他管理人。

第九百三十八条　物业服务合同的内容一般包括服务事项、服务质量、服务费用的标准和收取办法、维修资金的使用、服务用房的管理和使用、服务期限、服务交接等条款。

物业服务人公开作出的有利于业主的服务承诺，为物业服务合同的组成部分。

物业服务合同应当采用书面形式。

第九百三十九条　建设单位依法与物业服务人订立的前期物业服务合同，以及业主委员会与业主大会依法选聘的物业服务人订立的物业服务合同，对业主具有法律约束力。

第九百四十条　建设单位依法与物业服务人订立的前期物业服务合同约定的服务期限届满前，业主委员会或者业主与新物业服务人订立的物业服务合同生效的，前期物业服务合同终止。

第九百四十一条　物业服务人将物业服务区域内的部分专项服务事项委托给专业性服务组织或者其他第三人的，应当就该部分专项服务事项向业主负责。

物业服务人不得将其应当提供的全部物业服务转委托给第三人，或者将全部物业服务支解后分别转委托给第三人。

第九百四十二条　物业服务人应当按照约定和物业的使用性质，妥善维修、养护、清洁、绿化和经营管理物业服务区域内的业主共有部分，维护物业服务区域内的基本秩序，采取合理措施保护业主的人身、财产安全。

对物业服务区域内违反有关治安、环保、消防等法律法规的行为，物业服务人应当及时采取合理措施制止、向有关行政主管部门报告并协助处理。

第九百四十三条　物业服务人应当定期将服务的事项、负责人员、质量要求、收费项目、收费标准、履行情况，以及维修资金使用情况、业主共有部分的经营与收益情况等以合理方式向业主公开并向业主大会、业主委员会报告。

第九百四十四条　业主应当按照约定向物业服务人支付物业费。物业服务人已经按照约定和有关规定提供服务的，业主不得以未接受或者无需接受相关物业服务为由拒绝支付物业费。

业主违反约定逾期不支付物业费的，物业服务人可以催告其在合理期限内支付；合理期限届满仍不支付的，物业服务人可以提起诉讼或者申请仲裁。

物业服务人不得采取停止供电、供水、供热、供燃气等方式催交物业费。

第九百四十五条　业主装饰装修房屋的，应当事先告知物业服务人，遵守物业服务人提示的合理注意事项，并配合其进行必要的现场检查。

业主转让、出租物业专有部分、设立居住权或者依法改变共有部分用途的，应当及时将相关情况告知物业服务人。

第九百四十六条　业主依照法定程序共同决定解聘物业服务人的，可以解除物业服务合同。决定解聘的，应当提前六十日书面通知物业服务人，但是合同对通知期限另有约定的除外。

依据前款规定解除合同造成物业服务人损失的，除不可归责于业主的事由外，业主应当赔偿损失。

第九百四十七条　物业服务期限届满前，业主依法共同决定续聘的，应当与原物业服务人在合同期限届满前续订物业服务合同。

物业服务期限届满前，物业服务人不同意续聘的，应当在合同期限届满前九十日书面通知业主或者业主委员会，但是合同对通知期限另有约定的除外。

第九百四十八条　物业服务期限届满后，业主没有依法作出续聘或者另聘物业服务人的决定，物业服务人继续提供物业服务的，原物业服务合同继续有效，但是服务期限为不定期。

当事人可以随时解除不定期物业服务合同，但是应当提前六十日书面通知对方。

第九百四十九条　物业服务合同终止的，原物业服务人应当在约定期限或者合理期限内退出物业服务区域，将物业服务用房、相关设施、物业服务所必需的相关资料等交还给业主委员会、决定自行管理的业主或者其指定的人，配合新物业服务人做好交接工作，并如实告知物业的使用和管理状况。

原物业服务人违反前款规定的，不得请求业主支付物业服务合同终止后的物业费；造成业主损失的，应当赔偿损失。

第九百五十条　物业服务合同终止后，在业主或者业主大会选聘的新物业服务人或者决定自行管理的业主接管之前，原物业服务人应当继续处理物业服务事项，并可以请求业主支付该期间的物业费。

本章小结

本章主要介绍物业管理招投标的概念、主体、程序及招标方式，物业服务合同的概念、类型以及前期物业服务合同和物业服务合同应该包含的内容。

《民法典》规定，物业服务合同是物业服务人在物业服务区域内，为业主提供建筑物及其附属设施的维修养护、环境卫生和相关秩序的管理维护等物业服务，业主支付物业费的合同。物业服务人包括物业服务企业和其他管理人。物业服务合同应当采用书面形式。

知识训练

一、填空题

1. 物业服务人公开作出的有利于业主的服务承诺，为________的组成部分。

2. ________是指招标人以招标公告的方式邀请不特定的法人或者其他组织投标。

3. ________是指投标人在接到物业管理招标通知后，根据招标文件的要求编制投标文件，参与投标竞争的行为。

4. ________是指招标人以投标邀请书的方式邀请特定的法人或者其他组织投标。

5. ________是物业服务人在物业服务区域内，为业主提供建筑物及其附属设施的维修养护、环境卫生和相关秩序的管理维护等物业服务，业主支付物业费的合同。

6. ________是确立业主和物业服务企业在物业管理活动中的权利和义务的法律依据。

7. 业主装饰装修房屋的，应当事先告知________。

8. 当事人可以随时解除不定期物业服务合同，但是应当提前________日书面通知对方。

9. 物业服务人包括物业服务企业和其他________。

10. 物业服务合同应当采用________形式。

二、选择题

1. 根据不同物业管理阶段和不同的签约主体，物业管理实践中存在（　　）种类型的物业服务合同。

A. 1　　B. 2　　C. 3　　D. 4

2. 设立招标机构有两种途径：一是招标人自行组织成立的招标机构；二是（　　）。

A. 招标人委托招标代理机构　　B. 招标人雇用专业招标人员

C. 招标人委托专项招标机构　　D. 招标人设立专门招标机构

3. （　　）是指物业管理招标人向投标人提供的指导投标工作的规范性文件，是投标单位编制标书，招标单位评标、定标、签订物业服务合同的共同基础。

A. 物业管理投标文件　　B. 物业管理招标文件

C. 物业管理招标公告　　D. 物业管理投标须知

4.《物业管理条例》规定，住宅物业的招投标，投标人少于（　　）个或者住宅规模较小的，经依法批准，可以采用协议方式选聘物业服务企业。

A. 3　　B. 4　　C. 5　　D. 2

5. 前期物业管理的招标人是（　　）。

A. 房地产管理部门　　B. 业主委员会

C. 建设单位　　D. 招标代理结构

6. 招标人在公共媒体上发布招标公告的招标方式是（　　）招标。

A. 公开　　B. 邀请　　C. 代理　　D. 协议

7. 采用邀请招标方式的，招标人应当向（　　）个以上符合条件要求、资信良好的特定对象发出投标邀请书。

A. 2　　B. 4　　C. 5　　D. 3

8. 前期物业服务合同主要通过（　　）招投标方式签订。

A. 招投标　　B. 邀请　　C. 招标　　D. 协议

9. 业主依照法定程序共同决定解聘物业服务人的，可以解除物业服务合同。决定解聘的，应当提前（　　）日书面通知物业服务人，但是合同对通知期限另有约定的除外。

A. 60　　B. 30　　C. 10　　D. 15

10. 物业服务期限届满前，物业服务人不同意续聘的，应当在合同期限届满前（　　）

日书面通知业主或者业主委员会，但是合同对通知期限另有约定的除外。

A. 60　　B. 30　　C. 10　　D. 90

三、判断题

1. 物业服务合同可以约定期限，但是期限未满、业主委员会与物业服务企业签订的物业服务合同生效的，前期物业服务合同终止。（　）

2. 建设单位依法与物业服务人订立的前期物业服务合同约定的服务期限届满前，业主委员会或者业主与新物业服务人订立的物业服务合同生效的，前期物业服务合同终止。（　）

3. 对物业服务区域内违反有关治安、环保、消防等法律法规的行为，物业服务人应当及时采取合理措施制止，向有关行政主管部门报告并协助处理。（　）

4. 物业服务人可以将其应当提供的全部物业服务转委托给第三人，或者将全部物业服务支解后分别转委托给第三人。（　）

5. 物业服务人可以采取停止供电、供水、供热、供燃气等方式催交物业费。（　）

6. 公开招标也称无限竞争性招标。（　）

7. 在公开招标中，招标人不得以不合理的条件限制或者排斥潜在投标人，不得对潜在投标人实行歧视待遇。（　）

8. 物业管理投标的主体一般是指符合招标条件的物业服务企业或专业管理公司。（　）

9. 将业主或业主大会与物业服务企业所签订的合同称为物业服务合同。（　）

10. 将建设单位与物业服务企业所签订的合同，称为前期物业服务合同。（　）

四、简答题

1. 什么是物业管理招标和投标？
2. 物业管理招投标的主体有哪些？
3. 物业管理招标的内容包括哪些？
4. 简述物业管理招标和投标的程序。
5. 简述物业服务合同的概念和类型。
6. 简述物业服务合同应包含的内容。

第七章
物业风险管理

学习目标

知识目标

1. 熟悉物业风险的含义、特点和类型。
2. 掌握物业保险的含义、常见类型和目的。
3. 掌握物业管理过程中物业保险的基本内容。
4. 掌握常见突发事件应急处理预案。

技能目标

1. 具有分析、判断和预见物业管理风险的能力。
2. 能够通过购买物业保险的方式规避或降低物业管理风险。
3. 能够正确面对常见突发事件。

思政育人目标

1. 具有规则意识、安全意识和环境意识。
2. 具有良好的服务意识和爱岗敬业精神。

案例导学

住户被抢，物业服务公司是否担责？

某小区业主钟先生的女儿一人在家时，3 名歹徒从楼梯间的窗户翻进厨房，进入室内，将其双手、双脚捆起来，并用菜刀威胁她，抢走价值 2 万多元的现金和首饰。据调查，钟先生家厨房的窗户与楼梯间的窗户仅有 1 米左右的距离。钟先生称，出事时，属于公用面积的楼梯间窗户并没有安防盗窗，歹徒也正是利用这一点从楼梯间翻入他家实施抢劫的。钟先生买房时，物业服务企业承诺“提供封闭式防盗系统和 24 小时固定岗哨，定时保安巡逻”。事发后，钟先生找到此小区的物业服务企业讨说法。物业服务企业认为自身没有责任，但表示可以免去钟先生一年的物业管理费。

住户被抢，物业服务企业有责任吗？为什么？

【案例评析】

物业服务企业提供物业管理服务的主要依据就是物业服务合同，如果物业服务企业没有严格按照物业服务合同约定提供物业管理服务，没有依据物业服务合同做好安全保护，就要适度承担业主被盗的赔偿责任。也就是说，只要小区的保安做到了尽职尽责，只要合同上没有与财产、人身安全保障相关的条款，物业服务企业就不应该承担责任，否则就应当承担相应的责任。

第一节　物业风险概述

一、风险

（一）风险的含义

风险是指发生某种不利事件或损失的各种可能性的总和。它具有负面性、不确定性和可测性等特征。

（二）风险成本

风险成本是指人们在处理风险过程中所付出的代价或遭受的损失，一般包括以下内容：
① 防范、分散或转移风险所发生的费用；
② 风险所带来的直接损失及善后处理费用；
③ 风险的社会成本等。

二、物业风险

（一）物业风险的含义

物业风险是指物业在特定客观条件下、特定期间内，发生某种损失的不确定性或可

能造成损害的差异程度。

（二）物业风险的特点

物业风险的一般特点如下：

① 风险损失发生频率的不确定性；
② 风险导致损失程度的不确定性；
③ 风险损失发生时间的不确定性；
④ 风险发生空间上的不确定性。

（三）物业风险的类型

1. 财产风险

财产风险是指特定的风险对业主的不动产、动产所造成的直接和间接的损害结果。不动产是指建筑物及其附属结构，动产则包括建筑物内的各类设备与器材。这两类财产都可能因遭受火灾、地震、爆炸等的侵袭而导致损失。

2. 人身风险

人身风险涉及物业服务企业员工的养老、疾病、丧失劳动能力以及死亡家属的保障问题。物业管理有关工作人员在就职期间罹患各种疾病，必然会带来额外费用的增加或获取收入能力的减弱，物业服务企业作为聘用企业理应提供相应的保险保障。同样，退休养老补充性保障也是聘用职工企业应该承担的重要责任之一。

3. 责任风险

物业责任风险主要包括雇主责任风险和公众责任风险两种。雇主责任风险又称劳工风险，主要是雇员在受雇过程中，遭受意外而导致受伤、死亡或者与业务有关的职业性疾病所致伤残或死亡；公众责任风险又称普通责任风险，主要是各种团体及个人在固定场所从事生产、经营等活动以致日常生活中由于意外事故而造成他人人身伤害或财产损失。

第二节 物业风险管控

一、物业风险管理的含义和控制方法

1. 物业风险管理的含义

物业风险管理主要是指物业服务企业利用各种自然资源和技术手段对各种导致人们利益损失的风险事件加以防范、控制以致消除的全部过程。

物业管理过程中，风险管理的主要目标就是以最低的人力、财力、时间等成本，预防和控制物业管理中的各种风险或降低其损失，使物业获得最佳的安全保障和保值增值

能力，使物业服务企业增强生存竞争能力，进而提供更优质的物业管理服务。

2. 物业风险管理的常用控制方法

物业风险管理的常用控制方法如下：

① 确立风险管理目标；

② 识别和评估风险；

③ 积极采取有效的防范措施。

二、物业保险

1. 物业保险的含义

物业保险从属于保险范畴，是指以物业和相关财产为标的，以及围绕物业经营和管理所涉及的各类风险的补偿和给付制度。

2. 物业保险常见类型

物业保险常见类型如下：

① 物业建造方面的保险，包括建筑工程险、安装工程险以及一些附加险和扩展责任险种；

② 物业住宅质量方面的保证保险；

③ 物业租售过程中的保险，包括建筑物产权保险、住房信贷保险等；

④ 物业日常经营管理过程中所涉及的保险，包括财产基本险、财产综合险、住房保险、机器设备保险、商务盗窃保险、与物业有关的汽车保险和车库责任险、公众责任险、雇主责任险，以及物业管理人员意外伤害保险、人身保险、养老保险、健康保险、员工忠诚保险等。

3. 物业保险的目的

购买物业保险的目的是分散、转移可能发生的巨大的经济损失，以及在意外发生后，减轻物业管理者处理索赔方面的负担，使其可专心处理意外的善后工作。

4. 物业保险合同

保险关系的确立是以保险合同的形式体现的。保险合同的订立意味着保险双方建立了权利与义务的对价关系，这种保险关系的实质是一种民事法律关系。

三、物业管理过程中的保险

1. 建造过程中的物业保险

（1）建筑工程保险

一般情况下，房产所有权人、房产投资人出面投保建筑工程保险能涵盖工程的全过程，并能兼顾各方利益，是最为恰当的。

（2）安装工程保险

安装工程保险是针对超负荷、超电压、碰线、电弧、走电、短路、大气放电以及电器引起的财产损失和安装技术不善所引起的事故损失承担责任。在安装操作期间可能会因为意外事故而造成物质损失和第三者人身损害赔偿责任，这些风险是可以通过安装工程保险得以转嫁的。

2. 租售过程中的物业保险

（1）物业产权证书保险

物业租售过程中，物业的产权会发生变更。受让人为了保障自身合法权益可向保险公司投保物业产权证书保险。这类保险的保障内容是对财产所有人因产权证明文件上的法律缺陷而遭受的经济损失提供保险保障。

（2）房屋产权的全面保险

房屋产权全面保险不仅提供包括产权登记、防止法律文件伪造和缺陷方面的保护，而且提供包括对物业产权的丈量、尚未登记的留置权、地役权，以及有关产权侵占等方面的检查保护。

（3）个人住房保险和抵押住房保险

我国的个人住房保险规定的投保标的限于被保险人合法拥有的产权住房，以及在销售合同中列明的房屋附属设施和其他室内财产。我国的抵押住房保险承保标的只承保毛坯房建筑框架。

3. 物业日常管理中所涉及的财产险种

通常，在物业管理中经常会遭遇一些风险，可以通过选择适当的保险险种转嫁风险。

（1）财产保险基本险

我国现行财产保险基本险承保的保险标的范围是：凡是属于被保险人所有或与他人共有而由被保险人负责的财产、由被保险人经营或替他人保管的财产，以及其他具有法律上承认的与被保险人有经济利害关系的财产都可作为投保标的。

（2）财产保险综合险

财产保险综合险是在财产保险基本险的基础上，扩展了保险保障的责任范围，以便更好地满足被保险人的需求。

（3）火灾保险

国际保险界常规火灾保险承保的范围，一般包括动产和不动产，即住宅、商店、工厂、仓库、医院、娱乐场所等建筑物，也可包括附属于投保建筑物的固定设备，以及建筑物内的家具、衣着、书籍、商品、货物、机器、原料及成品等。

4. 物业及设备财产方面可附加的保险险种

（1）破坏性地震保险

我国财产标的地震方面的保障险采取附加险的方式，在投保财产基本险和综合险的基础上都可附加破坏性地震保险。

（2）水暖管爆裂保险

水暖管爆裂保险通常也被作为附加险承保。在财产保险基本险和综合险的保障基础上都可以根据被保险人的需要选择该附加险。被保险人自有的水暖管因火灾、爆炸、雷击、飞行物及其他空中运行物体坠落、高压、碰撞、严寒、高温造成水暖管爆炸，致使水暖管本身损失以及其他保险财产遭受损害、侵蚀、腐蚀的损失，均属保险人承担责任，但如果因水暖管年久失修、腐蚀变质以及没有采取必要的防护措施而导致的损失，或在水暖管处于安装、检修、试水、试压阶段而发生的损失不属于保险责任范围。

（3）盗抢保险

盗抢保险主要保障建筑物内企业或个人所拥有的财产，此种保障通常采用附加险的形式。盗抢保险保障的是保单所载明的放置场所内，由于遭受外来的、有明显的盗抢痕迹，并经公安部门证明确系盗抢行为所致的财产丢失、毁损或污损的直接损失。

（4）煤气保险

现代建筑物内都设置有煤气或天然气供气设备，有的还安装有燃气热水器，这无疑能提高居住人的生活质量，有积极的社会意义。然而，由此也会产生煤气中毒或煤气爆炸侵害的风险。对此需要根据实际情况投保煤气保险，为需要转嫁这类风险的用户提供保险保障。

第三节　突发事件应急预案

一、突发事件的常见类型

1. 自然灾害

自然灾害主要包括台风、暴雨等气象灾害，以及火山、地震、泥石流等地质灾害。

2. 事故灾害

事故灾害主要包括小区里发生的重大安全事故（如交通事故），以及影响小区正常管理与服务的其他事故（如环境污染）。

3. 公共卫生事故

公共卫生事故主要包括突发的可能造成社会公众健康损害的重大传染病等疫情、群体性不明原因疾病、重大食物中毒，以及其他影响公共健康的事件。

4. 突发社会安全事件

突发社会安全事件主要包括重大刑事案件、袭击事件、经济安全事件以及群体性事件。

二、物业常见突发事件应急预案

在物业管理服务过程中，经常会面临的突发事件通常有火警，偷盗、抢劫等，气体燃料泄漏，打架斗殴，危险物品，电梯故障，高空坠物，交通意外，浸水漏水，噪声侵扰，电力故障，刑事案件，台风袭击，人员伤亡，停车场车辆损坏，群体性聚会，卫生防疫事件等。以下介绍常见突发事件的应急预案。

（一）火灾事故应急预案

① 确认和了解起火位置、范围和程度。

② 立即就近取用灭火器材迅速灭火。

③ 若火情比较严重，应在组织人员控制火势的同时迅速拨打 119 报警。

④ 清理通道，准备迎接消防车入场。

⑤ 立即组织现场人员疏散，在不危及人身安全的情况下抢救物资。

⑥ 组织义务消防队，在保证安全的前提下接近火场，用适当的消防器材控制火势。

⑦ 及时封锁现场，待消防人员到达后，积极配合其工作。

⑧ 进行事故总结评估，以便提高企业应对突发事件的应急处理能力。

⑨ 值班人员务必做好现场记录，安保主管应将详情记录在“日常管理手册”中，并向物业经理提交书面报告。

（二）偷盗、抢劫等事件应急预案

① 物业安保人员在执勤过程中如果遇到或接到公开使用暴力或其他手段（如打、砸、抢、偷等）强行索取或毁坏业主财物以及威胁业主人身安全等行为的通报后，要切实履行安保人员的职责，随机应变，设法控制犯罪嫌疑人，必要时，立即通过通信设备呼叫求援。

② 受调遣的保安人员在听到求援信号后，应立即赶到现场，并由监控中心或保安员通知路岗封锁出口，及时向上级汇报。

③ 如果犯罪嫌疑人已经逃跑且无法追上，要看清人数、衣着、体貌特征、所用交通工具等，及时报告物业服务企业相关主管部门。如果是重大案件，要立即报警。

④ 有案发现场的（如偷盗、抢劫现场），要保护好现场（如犯罪嫌疑人留下的一切手印、脚印、烟头等），不得擅自破坏案发现场，不得让无关人员进入现场，安保人员在公安机关人员未勘查现场或现场勘查完毕之前，不能离开。

⑤ 记录事主所提供的线索、被抢（盗）物品及其价值，询问事主是否有任何线索、怀疑对象等。

⑥ 犯罪嫌疑人流窜作案，无固定现场的，对犯罪嫌疑人遗留下的各种物品，如作案工具等，应戴手套或用其他工具拾取，然后放进塑料袋内妥善保存并交公安机关处理，不能将安保人员或其他人员的指纹等痕迹留在物品上。

⑦ 现场若有事主或其他人员受伤，应设法尽快将其送医院救治并报告公安机关。

⑧ 值班人员务必做好现场记录，安保主管应将详情记录在“日常管理手册”中，并向物业经理提交书面报告。

（三）燃气泄漏应急预案

① 当发生易燃气体泄漏时，应立即通知燃气公司。

② 安保人员抵达现场后，要谨慎行事，设立现场警戒线，严禁烟火，不可使用任何电器（包括门铃、电话、风扇等）和敲击金属，避免产生火花。

③ 立即打开所有门窗，关闭燃气阀门。

④ 情况严重时，应及时疏散人员。

⑤ 如果发现有受伤或不适者，应立即将其抬离现场，送往安全地带等待医疗部门救护或直接将中毒、受伤者送往医院抢救，并尽可能同时采取正确的急救措施。

⑥ 燃气公司人员到达现场后，物业服务企业应协助其彻底检查，消除隐患。

⑦ 进行事故总结评估，以便提高企业应对突发事件的应急处理能力。

⑧ 值班人员务必做好现场记录，安保主管应将详情记录在“日常管理手册”中，并向物业经理提交书面报告。

（四）打架斗殴事件应急预案

① 安保人员在执勤中接到监控中心通知或举报电话或发现争吵、斗殴等事件时，应及时制止。

② 如果安保人员未能顺利制止，应迅速报告主管领导、物业经理，由物业服务企业领导出面调解。

③ 如果事态严重，应立即拨打 110 报警，同时留存好现场照片和录像等资料，并尽量控制现场，避免事态扩大。

④ 在制止争吵、斗殴的过程中，如果发现有人员受伤，应立即派人将其送往医院或拨打 120 予以救治。

⑤ 在公安人员抵达现场后，应积极配合其开展工作，留存相关资料。

⑥ 值班人员务必做好现场记录，安保主管应将详情记录在“日常管理手册”中，并向物业经理提交书面报告。

（五）危险物品的应急预案

① 安保人员发现或接到各类可疑物品时，要立即向主管领导和物业经理报告，并留守现场，阻止其他人接触可疑物品。

② 主管领导立即组织其他安保人员赶到现场，向有关人员了解情况。若确认可疑物品为危险物品，应立即对附近区域的人员进行疏散，并设置临时警戒线，防止无关人员进入。

③ 立即向公安机关报案，并向上级领导报告。

④ 对附近区域进行全面搜寻，以消除隐患。

⑤ 待公安人员到达现场后，协助公安人员消除危险隐患，并进行调查。

⑥ 如果危险已经发生，安保人员要立即赶到现场协助抢救，运送伤员，稳定人员情绪，保护好现场和安置、疏散人员。

⑦ 值班人员务必做好现场记录，安保主管应将详情记录在“日常管理手册”中，并向物业经理提交书面报告。

（六）电梯困人的应急预案

① 当监控中心值班员接到电梯报警信号后，应立即将监控摄像画面切换至报警的相应电梯进行观察并实施实时录像，同时用电梯对讲装置与电梯内的被困人员联系，确认被困人员所在的具体位置（电梯号和楼层数）。

② 确认电梯内的人员被困后，如果是在工作时间，中控值班员应立即通知工程部电梯维修人员和客服部相关人员；如果是在非工作时间，应立刻通知电梯维保维修工和行政值班人员，告诉其电梯所在楼层和电梯号以及被困人员情况，并记录通知时间。

③ 上述人员接到中控值班员的通知后，应立即赶往被困电梯机房或电梯所在楼层进行营救。若被困者内有小孩、老人、孕妇或人多供氧不足，要及时请求消防部门协助。

④ 中控值班员和客服部人员应与电梯内被困人员时刻保持联系，了解被困人员情况，进行必要的安抚，并及时通报营救进程。

⑤ 救出被困者后，由客服部负责向被困人员致歉，如果有伤者则及时联系救助，并请被困者提供姓名、地址、联系电话及到本物业的原因。如果被困者不合作或自行离去，也须记录实际情况。

⑥ 记录事件从开始到结束的时间及详细情形，包括维修人员、消防员、警员、救护人员到达和离去的时间，消防车、警车及救护车的牌照号码以及被困者救出和伤员离开的时间，并查询伤员被送往哪家医院就医。向物业经理汇报经过，由客服部完成被困人员解救报告。

（七）高空坠物的应急预案

① 高空坠物是一项严重的违法行为，当管理人员接获该类投诉时，应立即派人赶赴现场进行调查，确定危害情况，保护好现场。

② 拍照、收集一切相关资料留存备用，设法寻找违法者。

③ 如果没有人员受伤，后果不严重，就及时与受害人和责任人沟通协调并妥善处理。

④ 如果高空坠物造成人员受伤，管理人员应做好以下几点：

- 呼叫救护车，通知公安机关；
- 协助照顾受伤者；
- 设法寻找违法者或证人；
- 保护好现场，等待公安人员到场。

⑤ 进行事故总结评估，并确保在恰当位置张贴“请勿高空抛物”的标志，加大宣传力度，以便使业主自觉遵守社会公德。

⑥ 值班人员务必做好现场记录，安保主管应将详情记录在“日常管理手册”中，并向物业经理提交书面报告。

（八）交通事故的应急预案

1. 无人受伤的交通事故应急预案

① 安保人员维持秩序，使现场交通顺畅。

② 安保人员做好事件记录，若有需要，可对现场进行拍照或录像等。

③ 若有可能危及他人安全，安保人员应封锁事故范围。

④ 若有需要，应通知物业维修人员到场进行维修。

⑤ 若有需要，应张贴警告标志。

⑥ 安保主管应将详情记录在“日常管理手册”中，并向物业经理提交书面报告。

2. 有人受伤的交通事故应急预案

① 在物业管理区域内发生交通意外事故，安保主管应迅速到场处理。

② 记录事件并拍照、录像。在允许的情况下，安保人员应将受伤者移离危险位置。

③ 立即将伤者送往医院或拨打 110 报警或 120 急救，并协助有关部门尽快处理。

④ 安排专门人员疏导交通，尽可能使事故不影响其他车辆的正常通行。

⑤ 事后应对管理区内交通路面情况进行严格检查，进一步完善相关交通标志，避免事故再次发生。

⑥ 值班人员务必做好现场记录，安保主管应将详情记录在“日常管理手册”中，并向物业经理提交书面报告。

（九）水管爆裂（漏水）的应急预案

① 检查漏水的准确位置及所属水质（自来水、污水、中水等），并设法制止漏水，如关闭阀门等。若不能制止应立即通知工程部人员、上级主管及中央控制中心，寻求支援。

② 若漏水可能影响配电室、电梯等，通知相关部门立即采取紧急措施。

③ 对现场拍照，作为存档及申报保险理赔证明。

④ 通知清洁部清理现场积水，检查受影响范围，通知受影响业主。

⑤ 日常巡逻时应留意渠道内是否有淤泥、石块或塑料袋等杂物，随时清理干净，以免堵塞。

⑥ 如果物业管理区域内曾发生过水浸事件，则必须在平常准备足够的沙包，以防水管爆裂及雨季水浸。

（十）噪声侵扰应急预案

① 接到噪声侵扰的投诉或信息后，应立即派人前往现场察看。

② 必要时通过技术手段或设备，确定噪声是否超标。

③ 判断噪声侵扰的来源，针对不同噪声源，采取对应的解决措施。

④ 及时与受噪声影响的业主做好沟通、解释工作。

⑤ 值班人员务必做好现场记录，安保主管应将详情记录在“日常管理手册”中，并向物业经理提交书面报告。

（十一）电力故障应急预案

① 如果预先接到有关部门确切的停电信息，应立即通过有效方式（广播、张贴通知、微信群等）传递给业主，并安排相应的电工人员值班。

② 如果是突发性供电线路故障，在管物业区域紧急停电，有关人员应立即赶到现场，检查并确认故障源，立即组织抢修或通知相关部门，有备用供电线路或自备发电设备的，应立即切换供电线路。

③ 当发生故障停电时，应立即派人检查，确认电梯内是否有人，做好应急处理并施救。同时立即通知用户，加强消防和安全防范管理，采取有效措施，尽可能确保业主的人身和财产安全。

④ 在恢复供电后，应检查在管区域内所有电梯、消防系统、安防系统的运作情况，确保设备正常运行。

⑤ 值班人员务必做好现场记录，安保主管应将详情记录在“日常管理手册”中，并向物业经理提交书面报告。

（十二）刑事案件应急预案

① 物业服务单位或控制中心接到案件报告后，应立即派有关人员赶赴现场。

② 若证实发生罪案，要立即拨打 110 报警，留人并控制现场，直到警方人员到达。

③ 禁止任何人在警方人员到达前触动现场任何物品。

④ 若有需要，关闭出入口，劝阻住户及访客暂停出入，防止疑犯乘机逃跑。

⑤ 积极协助警方维护现场秩序和调查取证等工作。

⑥ 值班人员务必做好现场记录，安保主管应将详情记录在“日常管理手册”中，并向物业经理提交书面报告。

（十三）台风袭击应急预案

① 在公告栏张贴台风警报。

② 检查和提醒业主注意关闭门窗。

③ 检查天台和外墙广告设施等，防止坠落伤人，避免损失。

④ 检查排水管道是否通畅，防止堵塞。

⑤ 物业区域内若有维修棚架、设施等，应通知施工方采取必要的防护和加固措施。

⑥ 有关人员值班待命，并做好应对准备。

⑦ 台风过后要及时检查和清点损失情况，采取相应措施进行修复。

⑧ 值班人员务必做好现场记录，安保主管应将详情记录在“日常管理手册”中，并向物业经理提交书面报告。

（十四）人身意外伤亡应急预案

① 在物业管理区域内发生人员伤亡时，应立即派有关人员到现场，查明情况并立即拨打 110 报警。

② 派人保护好现场，若伤情严重，应立即将伤员送往医院或打 120 急救电话，严禁随意搬动伤员，防止伤情加重。

③ 拍照或录像，做好记录，留下目击者，等待警方到来。

④ 积极协助警方维护现场秩序和调查取证等工作。

⑤ 值班人员务必做好现场记录，安保主管应将详情记录在“日常管理手册”中，并向物业经理提交书面报告。

（十五）停车场车辆损坏应急预案

① 如果发现停车场有车辆损坏，当班安保主管应迅速赶到停车场。

② 马上联系车主，并派专人在现场等候车主到来。

③ 对现场进行拍照，同时查看停车场监控录像及值班记录，确认事实，做好相关记录，并上报保险公司。

④ 协助有关部门尽快予以处理。

⑤ 值班人员务必做好现场记录，安保主管应将详情记录在“日常管理手册”中，并向物业经理提交书面报告。

（十六）群体性聚会应急预案

① 当发现小区内发生群体性聚会时，应立即拨打 110 报警，同时向上级报告。

② 在抵达现场后，要谨慎行事，避免激发事态。

③ 留人守候和控制现场，直到警方人员到达。

④ 保护小区现场设备设施，有关人员值班待命，并做好应对准备。

⑤ 协助警方处理现场。

⑥ 事后向业主做好解释工作。

⑦ 值班人员务必做好现场记录，安保主管应将详情记录在“日常管理手册”中，并向物业经理提交书面报告。

（十七）卫生防疫事件应急预案

① 工作原则，以人为本，生命至上，服从组织安排。

② 工作目标，熟知《中华人民共和国传染病防治法》和《突发公共卫生事件应急条例》的有关规定，及时发现疫情，快速处置疫情，做好安全防范服务工作。

③ 加强小区出入口的管理，有疫情发生时只开放有人看管的一至两个大门，关闭所有小门和隐形门，并且加强巡逻。

④ 加强出入口人员查验，严格按照当地疫情防控指挥部的要求做好安全检查工作。

⑤ 安排物业服务人员下沉一线，在做好个人防护的同时，需要物业工作人员积极配合社区进行健康检测。

⑥ 当本小区内发生卫生疫情时，应立即上报政府相关部门，等待政府部门到来。

⑦ 若有需要，关闭出入口，劝阻住户及访客暂停出入。

⑧ 若发现有症状严重者，应立即拨打 120 急救电话。

⑨ 不要随便传播，以免造成恐慌。

⑩ 配合卫生防疫部门做好消毒隔离工作。

⑪ 配合政府部门做好小区现场秩序维护工作。

⑫ 做好居民生活保障工作，对疫情期间有特殊情况需要帮助的居民要给予应有的

关照。

⑬ 值班人员务必做好现场记录，安保主管应将详情记录在“日常管理手册”中，并向物业经理提交书面报告。

本章小结

本章主要讲述物业风险的含义和类型，物业保险的含义、目的和常见类型及常见突发事件应急处理预案。在物业服务的过程中，物业服务企业应利用自然资源和技术手段对各种可能导致业主利益损失的风险事件加以防范和控制，争取以最少的人力、财力、时间等成本，预防和控制物业管理中的各种风险或降低其损失。同时，物业服务企业应不断增强竞争力，为业主提供令人满意的物业管理服务，使物业获得最佳的安全保障和保值升值能力。

知识训练

一、填空题

1. ________是指物业在特定客观条件下、特定期间内，发生某种损失的不确定性或可能造成损害的差异程度。

2. ________主要是指物业服务企业利用各种自然资源和技术手段对各种导致人们利益损失的风险事件加以防范、控制以致消除的全部过程。

3. 在物业管理过程中，________的主要目标就是以最低的人力、财力、时间等成本，预防和控制物业管理中的各种风险或降低其损失。

4. ________从属于保险范畴，是指以物业和相关财产为标的，以及围绕物业经营和管理所涉及的各类风险的补偿和给付制度。

5. 物业风险管理的常用控制方法有确立风险管理目标、识别和评估风险以及________。

二、选择题

1. 自然灾害主要包括台风、暴雨、火山、泥石流和（　　）等。

A. 地震　　B. 袭击事件　　C. 交通事故　　D. 重大传染病

2. 住宅小区内的事故灾害主要包括小区里发生的重大（　　），以及影响小区正常管理与服务的环境污染事故等。

A. 刑事案件　　B. 袭击事件　　C. 交通事故　　D. 重大传染病

3. 高空坠物是一项严重的（　　）行为，很容易造成人员伤亡。

A. 违规　　B. 违法　　C. 违约　　D. 违纪

4.（　　）主要是指物业服务企业利用各种自然资源和技术手段对各种导致人们利益损失的风险事件加以防范、控制以致消除的全部过程。

A. 物业风险管理　B. 物业保险　C. 物业风险　D. 物业保险管理

三、判断题

1. 购买物业保险的目的是分散、转移可能发生的巨大的经济损失。（　　）
2. 保险关系的确立是以保险合同的形式体现的。（　　）
3. 物业责任风险主要有雇主责任风险和公众责任风险两种。（　　）
4. 雇主责任风险又称劳工风险。（　　）
5. 公众责任风险又称普通责任风险。（　　）

四、简答题

1. 简述物业风险的含义、特点和类型。
2. 简述物业保险的含义、目的和常见类型。
3. 物业管理过程中的保险内容有哪些？

第八章 物业服务企业多种经营

学习目标

知识目标

1. 了解物业服务企业多种经营的方式。
2. 掌握多种经营项目开展及运营管理的意义。
3. 掌握社区商业服务、物业租赁服务、居家养老服务以及家政服务项目的经营。

技能目标

1. 能将所学的基本理论知识应用到实际工作中，并能提出合理化建议。
2. 具有良好的人际沟通协调能力。

思政育人目标

1. 具有良好的思维习惯和创新意识。
2. 具有积极进取的精神和持续学习的能力，时刻保持与社会发展同步。

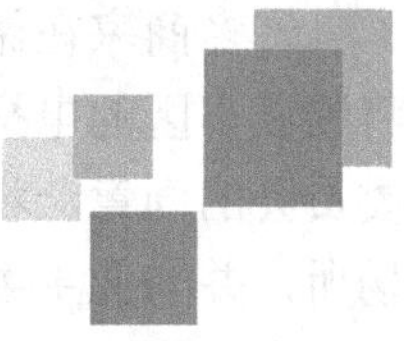

案例导学

10 平方米杂货店年收入 12 万余元

深圳某普通住宅小区，建筑面积 10 万平方米左右，住户 100 多户。就是在这样一个小区内，有位潮州人开了一个不足 10 平方米的小杂货店，卖些日用百货。小店的生意看似并不红火，但每月收入 1 万多元，年收入达 12 万余元。

【案例评析】

从本案例可以看出社区商业的潜力之大，如果能够充分利用其进行多种经营管理，对物业服务企业来说确实是一项比较明智的选择。物业服务企业对此享有得天独厚的条件：首先，物业服务企业对住宅小区的各种情况非常熟悉，如住户数量、收入层次、群体结构及消费习惯等；其次，物业服务企业具有人力资源优势和场所优势，在和业主协调一致后可以利用园区内空闲的物业管理用房进行多种经营，这样既可以为业主提供生活便利，也可以补贴物业服务企业的收入。为此，在园区内合理开展社区商业是一项互惠互利的经营活动。

住宅小区（物业项目）作为业主的集中居住场所，从理论上来说，是一个需求非常集中的天然市场。物业服务企业要想成为具有巨大经营潜力的企业，必须盘活业主的需求资源。经营思路要打破原来紧紧围绕小区物业转的传统做法，改为围绕人的需求转的做法，即采取人本管理。实际上，业主和使用人的需求就是物业服务企业可经营的项目。

物业服务企业可以经营的项目很多，通常有以下几种。

（1）开展家政服务

很多小区的业主需要家庭保洁、照顾老人和看护小孩等，他们往往请家政公司的小时工上门服务，但是，业主请家政公司的人上门服务，无论是对业主，还是对小区管理和安全都很不利。家政公司的人上门，业主家里必须有人，而家政公司的人员进入小区，物业服务企业也保证不了安全。因此，物业服务企业可根据业主的这一要求，提供有偿的家政服务，这样既能保证业主的人身和财产安全，又能为物业服务企业创造利润。

（2）为业主接收快递、照看宠物、帮助喂鱼、浇花等

现在，人们的生活，讲究凡事图个方便，而物业服务企业开展上述业务，能很好地迎合业主，既能满足业主的需要，又可以获取中介服务费，同时还有利于协调业主与物业服务企业的关系。

（3）开办园区广告业务

许多商家在做宣传时，绝不仅仅只关注网络、报刊及电视电台等新闻媒体，也将物业小区的电梯、大门等公共场所列为其选择目标。物业服务企业可以经过业主委员会的同意，将电梯、小区院内显眼处用作商家张贴、悬挂广告宣传画和招牌的场所，并与业主委员会协调一致将其不菲的收入用来服务于业主，这样的结果一定是皆大欢喜。

（4）开办房屋中介业务

房屋出租、出售是很多业主的共同需求，不过往往是业主想出租、出售房屋而不能很快找到租户和买主，而租房者、买方也常常因为一时找不到房主而发愁。物业服务企业可以为业主房屋出租、出售提供中介服务，这样既能方便业主，又能方便租户和购房人，如果收费合理、服务周到，应该是一项三方都满意的多赢局面。

第一节 物业服务企业多种经营的类型与实施

随着社会的进步和经济的增长，物业服务企业所处的环境发生了巨大的变化，传统的管理服务已经不能使物业服务企业长久地保持竞争力。积极开发多种经营模式，发挥自身优势，创造更多盈利点，更好地为业主提供现代化的管理与服务，成为所有物业服务企业的共识。

物业常规管理与服务的利润虽然是有限的，但其边际利润则是不可估量的。目前，很多物业服务企业在积极开展多种经营业务。创新盈利模式，增加经营收入，已成为物业服务企业发展壮大的重要任务。

做好物业管理多种经营，要以做好物业管理常规经营为前提。对小区房屋和配套设备设施进行维修、保养，对道路和场地进行管理、维护，对业主的报修响应及时、措施得当，小区环境安全有序、整洁美观，当这些基础管理服务到位之后，物业服务企业才能赢得业主的信任和支持，为开展多种经营打下基础。

一、开展多种经营项目的背景

（一）内部因素

当今社会，人力和物力的价格都在上升，使得物业服务企业的经营环境变得更加严峻，利润逐渐减少，导致本身就是微利行业的物业服务企业变得举步维艰。传统服务项目成本的上升也会使服务质量下降，以至于使业主产生不满的情绪，导致物业服务费收缴困难，造成恶性循环。同时，物价的上涨也会造成物业服务企业日常维护成本的增加和日常开销的增加，造成保本经营或赔本经营，使物业服务企业处于困顿的局面，所以开发多种经营势在必行。

（二）外部因素

随着互联网时代的到来，人们对互联网的依赖日益提升，如果物业服务企业继续保持原有的服务方式将会被社会所淘汰。现在人们的需求在悄然发生改变，从最初的物质需求变成了更高层次的精神需求，人们需要的是更加快速、便捷的生活服务以及安全、高效的生活保障。这也需要物业服务企业在原有经营模式的基础上开发多种经营，紧密跟随互联网发展的步伐，使企业保持竞争力。

经济增长伴随着收入水平的上升，高收入群体增加，其需求也在日益提升，随之而来的就是对物业服务企业要求的提高，所以，物业服务企业还应针对高收入群体提供特约服务等多种经营以满足其需求。

二、物业服务企业多种经营的类型

（一）按经营模式分类

按照经营的模式，物业服务企业开展多种经营可分为三种，即依托物业服务企业本身开展多种经营、围绕业主的衣食住行开展多种经营、借助移动互联网平台开展社区 O2O（online-to-offline，将线下的商务机会与互联网结合，让互联网成为线下交易的平台）业务。

1. 依托物业服务企业本身开展多种经营

这种经营是对物业管理主业的辅助和补充。由于物业服务企业在先天条件上占有很大的优势，又存在巨大的市场需求，所以一旦经营得当，会得到很好的回报。例如，针对业主提供的有偿服务，如家政服务和汽车美容服务等，以及针对物业管理行业和其他相关需求的专业化服务，如专业清洁服务和机电设备维保服务。房地产行业首先可以分为房地产开发经营业和房地产服务业，房地产服务业又进一步细分为物业管理业和房地产中介服务业，房地产中介服务业又进一步细分为房地产估价、房地产经纪和房地产咨询。所谓的向行业纵深发展，就是物业服务企业在做好传统物业管理工作的同时，开展诸如房地产业中的相关业务，如万科物业、龙湖物业的租售中心，就是开展房地产经纪业务。此外，还有商业房地产中的租售代理、房地产投资咨询、项目开发咨询、房地产开发前期设计顾问、物业服务顾问、资产管理等业务，以及对公共场所或其他场所的经营，如户外广告、屋顶天线、公共场地的出租等。

2. 围绕业主的衣食住行开展多种经营

物业服务企业可以把自身定位为社区服务综合集成商，围绕业主的衣食住行开展一站式服务。具体来说，可以概括为一站式满足业主的衣、食、住、行、娱、育、护、购需求。

衣，是指围绕业主的服装鞋帽开展的服务项目，如衣物洗涤上门取送、洗衣、改衣、皮草翻新、知名服装鞋帽的代购等业务。

食，是指围绕餐饮业开展的多种经营项目，如物业公司寻找兼职厨师合作，为业主提供上门宴请厨艺服务，这样业主可以在家中招待客人，在满足在私密环境中招待客人的同时，享受到的却是饭店的味道，关键是价格比饭店还实惠。除了上门宴请厨艺服务，还有以万科物业社区餐饮服务为代表的“第五食堂”、以绿城物业为代表的业主营养早餐配送等。

住，是围绕业主的房子开展的多种经营项目，如新入伙房屋的装饰装修、旧房的二

次翻新、空气质量的检测治理、民宿业务等。

行，是围绕业主的交通开展的业务，如城乡接合地区的社区巴士、自助洗车业务、汽车美容中心、电瓶车充电、租车业务等。

娱，是指围绕业主开展的娱乐活动，如亲子游、户外采摘、夏季啤酒节、歌王争霸赛、棋王争霸赛、真人CS对抗赛等。

育，是针对与教育、培训有关的业务，如根据未成年人的不同成长阶段，开展的智力开发、兴趣班等业务，在别墅项目中开展的私人健身教练、私人游泳教练、私人高尔夫球教练等业务。

护，是针对管理区域内的特殊人群开展的业务，如针对小区老年人、残疾人开展的护理、护工等业务。

购，是物业公司作为直接供应商，针对业主开展的社区团购、有机蔬菜配送、饮用水配送等业务。

3. 借助移动互联网平台开展社区O2O业务

自2014年国内第一家物业服务企业（彩生活）上市以来，国内掀起了物业服务企业借助资本转型升级的热潮。在这上市的背后，物业服务企业看准的盈利模式是社区经济。在社区经济模式里，可以把业主看作是互联网平台的粉丝，只要有了粉丝，物业服务企业便可以通过平台实现线上线下相结合，砍掉中间供应商，将产品供应给业主，业主在平台上下单，物业服务企业工作人员将产品负责送至业主家中，真正解决最后一公里的问题。

在物业服务企业使用的互联网平台中，最常见的有两种：一种是基于微信公众平台进行二次开发，另一种是单独开发手机应用APP。两种平台相比较而言，第一种平台的优点是开发维护成本比较低，缺点是受限于微信的功能，操作不当容易被微信视为违规操作或封号；第二种平台的优点是能够按照企业的思路自由开发，没有任何限制，缺点是开发维护成本比较高。

有了平台之后，物业服务企业的盈利模式就多元化了，收入可以是平台的流量收入、广告收入、平台分成、入会费、商家入驻费等。

（二）按经营项目内容分类

按照经营项目的内容，物业服务企业开展多种经营可分为四种，即社区商业服务项目的经营、物业租赁服务项目的经营、居家养老服务项目的经营、家政服务项目的经营。

1. 社区商业服务项目的经营

社区商业是指以地域内和周边居民为主要服务对象的商业形态，如邻里商业街区、社区购物中心及邻里购物中心等。社区商业形态是城市商业的基础，它的服务人口一般在5万人以下，服务半径一般在2千米以内。这一商业属性也决定了社区商业的总规模一般应控制在3万平方米以内，商业业态的设置也有较强的针对性。

2. 物业租赁服务项目的经营

物业租赁管理是物业服务企业重要的业务内容。物业服务企业应尽力增加物业出租率，提高物业服务质量，增加其美誉度，而且物业管理者的知名度也可吸引客户，使越来越多的业主或投资者愿意将物业交给物业服务企业进行租赁管理。

3. 居家养老服务项目的经营

物业服务企业服务于每个小区，对居住环境和人员更熟悉，对小区设备有一定的管理和使用权，并有安全、清洁、维护等专业服务团队，能为养老服务提供良好的条件，如果积极参与社区居家养老服务，必然会取得事半功倍的效果。物业服务企业作为小区的管家，离居家老人生活最近，并且有自己的服务队伍，居家养老服务优势明显。

物业服务企业参与养老服务，能在很大程度上解决一些子女工作忙，没有时间照顾老人，或子女不在身边，不能经常关注老人的生活问题。物业服务企业为老年人提供快捷方便的服务，可让业主慢慢改变对传统物业的看法，逐渐接受物业服务企业作为自己的生活管家。物业服务企业参与养老服务可以改善业主与物业服务企业的关系，促进物业工作的开展，提高物业服务质量，从而促进整个社区的和谐稳定发展。

4. 家政服务项目的经营

从服务的内容上看，烹调、洗涤、操持家务、照料老人、看护婴儿、看护病人、护理孕产妇、制作家庭餐、家务管理、家庭教育、家庭休闲娱乐等都属于家政服务项目的内容。物业服务企业应把握行业竞争下的产业升级机会，扩展服务领域，延伸服务范围，以适应社区居民的生活需求和发展壮大企业。

三、多种经营项目的运营实施

（一）准备阶段

1. 组建专业运营团队

物业多种经营项目与物业的传统服务项目有所不同，可能会是一个全新的领域，在管理方式和运营模式上会有很多的不同，因此，需要组建专业的运营团队。在专业团队的组建上，从团队负责人到团队成员，都要进行严格考察，确保团队成员在懂得物业多种项目经营的基础上，还要具备开拓进取、勇于创新的精神。

2. 开展运营管理培训

物业多种经营项目对物业服务企业而言是一个新的领域，在运营管理上与物业传统服务业务有很多不同之处。要想将物业多种经营项目开展好，就要进行有针对性的运营管理培训。通过培训帮助物业服务企业建立具有运营管理能力的团队，同时让团队的共同目标、共同标准和协同效应最大化，这样能够帮助物业服务企业突破运营瓶颈。

3. 完善组织架构

组织架构是流程运转、部门设置及职能规划等最基本的结构依据，适宜、高效的组织架构能够高效地释放组织的能量，使组织更好地发挥协同效应，达到“1+1>2”的运营状态，使物业多种经营项目和物业传统服务业务齐头发展。

4. 完善考核机制

建立健全完善的考核机制，能够帮助物业服务企业提升经营管理的整体水平。完善的考核机制的建立要结合实际情况，分类分级建立统一规范的岗位绩效考核标准，明确考核内容，规范操作流程，实施按绩分配，充分调动全体员工的工作积极性、能动性，从而促进物业多种经营项目的整体运营效果。

5. 制定运营目标

物业服务企业开展多种经营不但要有运营管理目标，还需要制定运营战略目标，这两个目标制定的基础都是人。首先，要确定员工有充分的工作执行能力，工作执行能力决定企业战略目标能够完成和实现的程度；其次，要根据企业的现状和未来发展方向，将战略目标划分为短期、中期、长期三个层级的目标，并将这些目标进行细化后下分给各部门。有了目标的指引，物业多种经营项目的开展才会更有目的性。

（二）起步阶段

1. 了解市场需求

为了防止“饥不择食”、盲目扩张，在增加新的经营项目之前，一定要深入了解市场的需求，进行充分的可行性分析和研究，对各种风险因素进行认真的评估并制订可行的实施方案，这样才能促进物业服务企业的健康发展。盲目开展多种经营致使企业亏损的案例近几年在行业内并不鲜见，这提醒物业服务企业在开展多种经营时要保持清醒的头脑。

2. 接触潜在客户

在开展市场需求调研的过程中，要不断识别潜在客户，并与潜在客户建立接触。在与潜在客户接触的过程中，一方面，能够帮助物业服务企业将潜在客户转变成真正的客户，为将来多种经营项目的开展奠定基础；另一方面，潜在客户所表达出的需求对于物业服务企业开展多种经营业务更具有参考意义。

3. 分析经营方案策略

做好市场需求调研和市场分析之后，物业服务企业要做好市场细分，选择符合自己经营能力的目标市场来开展多种经营业务。开展具体的业务之前，一定要制定好详细的经营方案和策略，并对经营方案和策略进行推演和不断地修整、完善。

4. 完善管理

经营的本质是交换。交换只有是双赢的、愉悦的，才可能长久持续。因此，物业管理多种经营的主旨必须清晰，战略上以业主需求为中心，向前后左右辐射扩展。在经营策略上一方面要注重宣传，另一方面要注重内部管理。宣传不仅能提高企业的知名度和认同感，还能起到引导消费、拓展市场、减少与业主的争议等作用。内部管理上要重视财务管理，加强工程管理，节能降耗，有效控制或降低成本，为经营产生良好的经济效益打好基础。

（三）开发阶段

1. 渠道推广

推广渠道分为付费渠道、自媒体渠道和口碑渠道。推广渠道能够帮助物业服务企业对多种经营项目进行更好的宣传，让更多业主或客户了解多种经营项目。推广渠道越多，就越能够帮物业服务企业迅速地完成业务的推广。因此，物业服务企业要做好渠道推广工作。

2. 制定营销策略

营销策略有很多种，具体包括目标市场策略、品牌策略、价格策略、竞争策略、渠道策略等。物业服务企业在选择营销策略时，一定要考虑多种经营项目的特点和物业服务企业的自身情况，选择一种或几种适合的营销策略。适合的营销策略才是多种经营项目开展的必要保障。

3. 选择合适的促销手段

促销手段是营销策略得以实施的具体方法，不同的营销策略需要应用不同的促销手段来确保运营目标的实现。例如，如果物业服务企业选择用价格策略打开市场，那么在具体的运营过程中就要结合市场定位来运用高价或低价的促销手段开展具体的业务工作。

（四）维护发展阶段

1. 提升运营口碑

当多种经营项目经历过初期的运营之后，物业服务企业就要将运营目标调整为运营口碑的提升，通过树立良好的口碑来提升品牌效应，同时也为业务拓展打下基础。

2. 维护老客户，开发新客户

老客户是维持多种经营项目现有业务规模的基础，而新客户的开发是扩大业务规模和拓宽业务范围的动力源泉。维护老客户、开发新客户是多种经营项目运营团队的重要工作内容之一。

3. 形成管理规模

多种经营项目的开展需要配备专业化的团队，需要投入一定的运营成本。在多种经营业务量少的情况下，物业服务企业的收益就会低甚至会亏损，只有当业务量增加到一定程度，形成一定管理规模，物业服务企业才能获得更大的收益。

四、物业服务企业多种经营的实施步骤

（一）制定经营总体规划

物业服务企业要开展市场调研，分析自身的优势资源，然后结合自身的优势资源来开展相关服务项目。与此同时，物业服务企业的负责人要树立居安思危的经营意识，建立新型的物业服务企业经营理念，并将开展物业多种经营项目列为物业服务企业的重点工作来做。

（二）处理与业主的利益关系

物业服务企业要注意开展多种经营项目和获取收益的合法性，不得侵害业主权益。依靠物业本身进行的经营行为，要按照国家和地方法规的要求进行，分清物业服务企业和业主的利益，其中哪些收益属于业主（收入用于补贴管理费），哪些属于开发商或物业服务企业，这些问题在开展多种经营之前就应该明确。此外，物业服务企业还要重视社区文化建设，满足业主的精神需求，做到让业主从依赖到信赖物业的服务。

（三）处理好与商家的关系

在开展物业多种经营项目时，前期商家是多种经营的服务主体，在这个过程中，物业服务企业一定要明确好与商家的权利和义务，建立保障机制，加强商业学习，打造综合物业型服务人才。此外，物业服务企业在引进商家时，一定要做好商家的各方面评估工作，对商家的经营资质、信用等级、产品质量等方面进行把控。

（四）细化服务项目做好经营宣传

物业服务企业在开展多种经营项目的过程中一定要深挖服务项目的开展，如开展各类信息、便民咨询类服务项目，业务开展的流程一定完善，让业主获得更好的服务体验，逐步树立起良好的口碑。此外，还需要加强社区经营及服务的包装宣传，为后续的业务扩展做好宣传工作。

（五）多种经营模式的选择

多种经营模式有两种：一种是自营，一种是外包。自营的目的是打造综合服务性物业服务企业；外包合作经营只是锻炼自身经营队伍的过程。物业服务企业要根据自身的实际情况，做好经营模式的选择。

（六）做好经营沟通调研

多种经营项目的开展一定要做好业主需求分析，分析自身优势、劣势，明确业主需求，并将业主需求作为制订多种经营总体规划的重要依据。业主的需求分析可以通过沟通调查来获得，沟通调查过程也是企业转变观念的过程。因此，物业服务企业一定要建立并维护好有效的沟通渠道。

（七）执行总体规划

物业服务企业的多种经营总体规划是物业服务企业的方向标，具体业务的开展要以多种经营总体规划为行动导向，要逐级逐层地落实和执行。另外，总体规划要随着各项服务的开展不断完善，要形成以总体规划为核心，以点带线、以线带面乃至立体，以确保总体经营目标的达成。

第二节　社区商业服务项目的经营

一、社区商业物业

（一）社区商业物业的概念

以服务社区住宅为目的、满足业主日常生活的需要、进行统一的规划设计、位置相对集中、具有一定的规模、所辐射的服务面积是社区和周边地区范围内的物业，称为社区商业物业。

（二）社区商业物业的管理特点

物业服务企业在现代社区商业运营中的工作主线必须紧紧围绕三类客户做文章。一是内部客户，即居家业主。基于社区商业物业是依托大型社区而配套或生存的客观事实，物业服务企业的管理服务一定要关注业主日常生活所需的必备品，如衣、食、住、行等，以提供高效的便利性为准则，倾力营造家门口的微型商业圈，从而使社区商业物业与社区业主之间紧密互动，和谐共赢。二是经营客户，即社区商户。物业服务企业应该以“统一规划、统一管理、统一服务”的专业姿态，对社区商户的经营行为进行有效规范，从而使“千店千业”的零散式经营格局忙而不乱，杂而不散，多而不挤。三是外部客户，即临街或外来消费者，泛指社区周边约 3 千米半径内的消费群体。此类客户对社区商业的存活与繁荣也起着非常重要的作用。例如，隔街社区的业主遵循便利且就近的原则，买一袋米、提一桶油、聚一次餐、会一次友，与其跑到很远的专业化购物中心或城市广场，倒不如选择附近消费环境好的社区商业。所以说，物业服务企业的工作重点也包括为此类客户创造良好的消费环境和时尚体验。

二、社区商业物业经营的层次

从需要动用资源的多少来看，满足社区居民的需求有以下两个层次。

（一）物业服务企业的增值服务

物业服务企业利用自身资源满足业主及物业周边非业主的需求，并从中获取一定的收益。例如，业主外出度假时，委托代为照看宠物，代为养护室内绿植等；又如，工程部（维修班）随时向业主提供上门维修服务等。这类服务亦即前面所述的特约服务，或者称为增值性服务、特色服务，也有的称为专项服务或者综合经营服务等。

（二）社区商业经营

物业服务企业仅依靠自身现有的资源无法满足业主及其他非业主居民的需求，必须进行再投资并整合其他社会资源共同为之。例如，在社区内开办餐厅、洗衣店，建立超市、医疗诊所、银行储蓄机构等。此即社区商业经营。社区商业经营在物业管理区域内相当普遍，其运作也基本成熟，但物业管理行业的介入很浅，有待进一步提高。

三、社区商业的形式和配置原则

就已经出现的社区商业网点的构成形式来看，比较常见的社区商业形式有临街底层商铺、小区会所、社区内独立建筑的超市、社区内独立建筑的购物中心、社区商业步行街、分布在社区内各个组团的便利店等。其中最多见的是沿街马路建造底层商铺的形式。

在社区商业的配置上，应重点考虑便民原则。有专家把构建社区购物网称作“51015”，即居民出家门步行 5 分钟可以到达便利店，步行 10 分钟可以到达超市和餐饮店，骑车 15 分钟可以到达购物中心。

四、物业服务企业如何满足业主的商业服务需求

大型社区商业物业如何定义？临街立铺是不是一种社区商业呢？人们无从考证，也无处定义，但真正的大型社区商业物业有着不能忽略的硬件条件：首先，它是一种以社区范围内的居民为主要服务对象，以社区范围外且在一定半径内的客户为集约式服务对象，且以便民、利民，满足和促进居民综合消费为目标的属地型商业物业；其次，它服务的受众群体一般在 5 万人以下，服务地理半径一般在 3 千米以内，其商业物业的总建筑体量约为 3 万平方米，商业业态的设置也有较强的针对性；最后，社区商业物业以满足社区居民日常生活综合消费为载体，离开这一核心定位就会偏离社区商业发展的初衷。

社区有特有的消费环境、特定的消费群体，社区商业的消费者在消费心理与消费习惯上也与普通的社会商业消费者有所差别。社区商业有自己内在的经营规律。

目前社区商业物业还处于起步阶段，主要是以历史形成的沿街商铺为载体。这一自然形成的商业形式在成长中存在几个致命缺陷：一是缺乏统一的规划设计；二是业态档次普遍较低；三是社区商业功能不健全；四是环境差、秩序乱、常扰邻、人车混杂、安

全性差，给物业服务企业造成了很大的服务困境。另外，此类社区商业的日常经营及诚信管理也仅仅是依赖商铺或商家的自律，其零散的经营模式在实践中备受诟病，重点在于缺失有效而规范的环境监管，且没有把社区业主作为终身服务对象的经营意识。

住宅小区商业具有以下特点：一是顾客的属地性；二是业态的配套性；三是居民的消费习惯；四是邻里的亲和性；五是盈利的稳定性；六是社区商业的依赖性。为此，物业服务企业在满足小区业主生活需求和满足小区业主商业需求时，应做好以下四个方面的工作。

（一）做好物业管理早期介入工作

在房地产开发项目的立项、规划设计、施工阶段，物业服务企业应积极做好物业管理早期介入工作，组织相关专业人员，收集资料，根据物业所在地段综合考虑物业总体布局，研究潜在业主的构成、消费水平和消费习惯，考察周边物业及商业设施，根据物业服务企业过去商业设施的管理经验，对小区商业配套设施及服务内容等方面提出建议。

（二）参与会所的设置与管理

香港一些社区将具有娱乐性质的场所聚集在一起，统称其为会所，也就是能给人们提供健康、娱乐、沟通交流的场所。目前，内地会所也融入了商业服务设施。如果对会所设置不合理，不能提供良好的管理，甚至有些物业服务企业和会所经营者发生矛盾、冲突，将直接影响到社区居民的生活。所以物业服务企业从项目开始阶段就应主动参与会所的设置与管理，为开发商或经营者提出有益可行的建议，或建立合作关系。

（三）合理利用小区规划

在很多情况下，小区的规划已完成，建筑已封顶，物业服务企业不可能要求开发商改变可能存在问题的商业设施或会所设置，物业服务企业有以下几种做法来满足小区业主的商业服务需求：

① 如果小区面积在 10 万～20 万平方米，物业服务企业应积极寻找可用房源为小区引进或建立一个 24 小时的便利店，面积可在 50～100 平方米，满足最基本的日常生活需求；

② 根据业主的需求程度，每天定时为小区居民开通购物班车或引进周边的商业单位为小区业主开展门到门服务，为居民送菜送餐；

③ 在入住时发给业主的《服务手册》或小区服务期刊中登载周边的商业服务信息（地址、电话、乘车路线等），将商业服务信息咨询规范化。

（四）实现综合经营场所的再开发

综合经营场所的再开发就是在现有物业管理区域内综合经营服务项目，准备改造和局部增建房屋和场地，以满足原有设施的不足，满足业主的使用需求。当然，物业再开发利用涉及规划、资金诸方面，应在充分尊重业主意愿的基础上，按照经济适用的原则，在进行充分论证的前提下实施。

要赢得小区业主的欢迎和尊重，必须满足小区业主各个层面的需求，坚持“以人为本、崇本务实、固本创新”的服务理念。对社区商业的思考不仅仅局限于是否有商业配套设施、有多大的商业配套设施，更重要的是根据本物业小区的规模，本小区业主的生活方式，观察了解业主的生活需求，采取切实可行的服务方式，满足其生活需求和购物需求，解决其后顾之忧，进而提升企业的声誉，提高企业的市场竞争力，为当前国家提倡的和谐社会、宜居城市主动承担责任。

第三节　物业租赁服务项目的经营

物业租赁不仅是实现物业投资价值的一种有效方式，也可以解决一部分人由于各种原因还未能拥有自己住房的问题，对推动我国住房体制改革的进一步深入、加快市场化进程具有重要的促进作用。在国家推广“以租代售”的政策下，长租公寓有着广阔的市场空间。“租”“售”是业主在打理自身资产时必然会经历的诉求之一，物业服务企业可以依托自身的社区资源，承接社区的租售业务，为同时身为业主的买方和卖方搭建沟通的桥梁。实践证明，物业租赁管理是物业服务企业的工作内容之一，许多业主或投资者愿意将物业交给物业服务企业进行租赁管理。

一、物业租赁的概念

物业租赁就是物业所有者或者代理人作为出租人，将物业使用权出让给作为物业消费者的承租人，并向承租人定期收取一定数额的资金，从而使物业价值得以实现的一种经营活动。物业租赁有广义和狭义两种含义：广义的物业租赁，不仅包括房屋租赁，而且包括土地使用权的租赁；狭义的物业租赁，仅仅是指房屋租赁。房屋租赁是指房屋所有权人作为出租人将其房屋出租给承租人使用，由承租人向出租人支付租金的行为。现实生活中，物业租赁活动主要表现为房屋租赁。

二、物业租赁的分类

物业租赁按照不同的分类标准可做如下分类：

① 按照承租人的国籍不同可分为国内租赁和涉外租赁。

② 按照租赁房屋的用途不同可分为居住物业、商业物业、工业物业等的租赁。

③ 按照租赁房屋的性质不同可分为公房租赁和私房租赁。

④ 按照租金的计算和支付方式不同可分为毛租约、纯租约和百分比租约。

⑤ 按照房屋的租赁期限可分为定期租赁、不定期租赁、阶段式租赁。定期租赁是指有确定期限的租赁，租期满即租赁终止。不定期租赁是指租赁双方没有约定租期，出租人可随时要求收回房屋。阶段式租赁是指双方虽然确定了某个日期，但同时规定，双方没有提前通知终止的情况下可自动续约同一个租期。

⑥ 按照房屋租赁的具体情况通常有如下分类：房地产行政主管部门直管公房向城市居民和单位出租；各企事业单位将自己临街的房屋或将围墙拆除后自建或改建的商业

用房向社会公开出租；单位自管公房向本单位职工出租；开发商将自己开发的房屋留作自用并兼管出租；房产经租商通过买进房产专营租赁，经营范围主要是商业楼宇、写字楼、公寓、别墅、商住综合楼、标准厂房等；城市居民、单位职工将暂时空余的自购房屋用于出租等。

三、房屋租赁的限制条件

住房和城乡建设部出台的《商品房屋租赁管理办法》第六条规定，有下列情形之一的房屋不得出租：

① 属于违法建筑的；

② 不符合安全、防灾等工程建设强制性标准的；

③ 违反规定改变房屋使用性质的；

④ 法律、法规规定禁止出租的其他情形。

四、房屋租赁的一般程序

（一）房屋出租登记

我国执行的是房屋租赁登记备案制度，根据《商品房屋租赁管理办法》及相关法律法规的规定，房屋租赁登记备案制度一般要经过申请、审查和核发房屋租赁凭证三个环节。房屋租赁登记备案证明应当载明出租人的姓名或者名称，承租人的姓名或者名称、有效身份证件种类和号码，出租房屋的坐落、租赁用途、租金数额、租赁期限等。

凡办理物业委托出租的客户，须携带该物业的有效权属证明、业主的有效身份证明的原件，以及共有人同意出租的证明材料，进行出租登记。受委托人办理出租登记时，还需要出具委托人的书面证明，并由物业服务企业留存。

（二）租户承租登记

凡办理委托承租的客户，须携带本人有效身份证明或户籍证明，境内单位须携带有效营业执照副本，境外人士须提供有效护照或回乡证明，填写需求表并签署协议。

（三）物业的勘察和评估

委托出租的物业需要进行价格评估时，应由估价人员与客户预约上门勘察。对租赁物业的勘察一般包括对其产权归属等资料的查验，以及对物业实体是否与合同内容一致进行现场查验，并对物业附属的设备、设施和室内器具或设备进行试用，以确定其是否完好。然后根据物业的基本情况，并结合本地租赁价格的行情，确定物业的租金。达成一致后，由客户签署协议，并按约定支付相应费用。

（四）签订合同及登记备案

实地查看房后，经租赁服务企业确认已经达成出租/承租意向的，由出租方、承租方分别与租赁服务企业签订确认书。随后，租赁双方签订房屋租赁合同并做好登记备案工作。

（五）费用收取

房屋租赁合同签订后，租赁服务企业根据房屋租赁合同规定，按照约定的房屋租金标准和收取时间收取。出租方一般应支付相当于一个月租金的中介服务费，承租方支付押金和至少第一个月的租金。出租方还可以自行或委托到有关部门办理登记备案手续，并按合同约定缴纳相关税费。在收费之前应开具物业费用收费通知单，定期向客户收取相关费用。

（六）房屋交验及租后服务

房屋租赁合同签订并付清各项费用后，由业务员按规定时间陪同租赁双方进行房屋交验。对租赁房屋的查验一般包括对其产权归属等资料的查验，以及对房屋实体是否与合同内容一致进行现场查验，并对物业附属的设施、设备及室内器具进行试用，以确定其是否完好，对室内重要物品做好登记。同时，可以根据需要，开展租金代付与代收、物业保险、装修装饰、维修养护等一系列的租后服务。租赁服务企业还应建立房屋租赁管理信息系统，应用现代化手段协助物业租赁管理人员分析、处理和传递信息资料，降低租赁管理成本，提高工作效率和物业租金水平，向租户提供高水平的优质服务，从而达到使物业保值增值的效果。

（七）退房及验收交接

对于房屋租赁合同到期或提前解除租赁合同的客户，要及时办理物业退房手续，为客户提供快捷便利的服务。在物业退房工作中，应做好以下几项工作：

① 提前告知租户有关退房的相关规定；

② 为租户办理房屋退房验收手续时，注意检验物业在使用过程中是否有违反合同约定的事项，针对租户的违约行为，做好监督管理和赔偿工作；

③ 租户的各项费用结算；

④ 合同的终止并注销；

⑤ 物业租赁信息反馈及总结提高。

五、物业租售中介业务管理程序

（一）目的

确保租售业务操作的规范性。

（二）范围

适用于物业服务中心及租售中心的租售业务。

（三）职责和工作内容

① 租售中心负责租赁、转让业务的跟进、洽谈和手续办理。

② 财务管理部门监督租售业务各项收付款工作并负责对租售业务进行监督。

③ 有条件的物业服务企业设专门的租售中心接待点（处）开展租售中介业务；未设专门租售中心接待点（处）的，由物业服务中心兼职，但租赁业务需有专人独立操作。

④ 地产尾盘、车位、商铺租售代理。

⑤ 租售人员客户收款工作的沟通及各项租售业务办理。

⑥ 租售专员的业务培训及指导。

（四）方法和过程控制

1. 基本要求

① 业务操作必须遵循法律和行业规定，不得违规操作。

② 熟悉小区内已委托的租、售房的信息，如朝向、面积、楼层、有无装修、价格等，并清楚每套房的优势和劣势；熟悉小区内的配套设施及周边相应的配套设施。

2. 接待、签约

① 对前来委托、咨询的业主，给予及时、热情的接待。业主委托房屋租售时，通过听、问、看等方式，尽可能多地了解其房屋的具体情况。

② 当业主确定委托时，与其签订《出售（出租）物业委托书》。如果业主通过电话委托或不愿正式签订委托书，可先在房源信息表或租售软件系统上登记。签订《出售（出租）物业委托书》时要注意核实产权证明资料、业主身份证等有关资料原件，在业主同意的情况下保存复印件。若业主委托代理人办理则须提交合法的委托书。

③ 对前来求租、求购的客户，应热情接待，在听取客户需求后，介绍适合的房屋，并带领其看房。客户初次看房前必须填写《看房服务确认书》。如果客户选中意向房屋，要与其签订《求购（求租）物业委托书》（注意核实客户身份证），并及时与业主和租售中心相关人员联系，促进买卖双方达成交易；如果客户当时并没有特别满意的，要将其需求登记在客户信息表或租售软件系统中，有合适房源再与其联系。

④ 对于登记委托的业主和客户，要做好后续服务，每月至少联系一次，告知其房屋的租售情况，并了解其委托意向是否更改。

⑤ 租赁交易时，在签订《物业租赁合约》前必须核对业主的产权证明资料，并保存复印件；房屋租赁合约一式四份，签约后告知出租方、承租方须按国家规定到相关部门登记备案。

⑥ 转让交易时，必须买方、卖方和租售中心人员三方到场后方可签订《房地产经纪合同》；签订时必须经部门授权审核租售合同人员审核后，方可在经纪方上盖公司租售业务专用章。

⑦ 交易时，可向交易双方提供出租房屋的家私电器清单、费用结算确认单，供交易双方使用。

3. 信息报送

① 租售信息报送。报送的主要内容如下：出租人或出售人、管理人的姓名、身份证件的种类和号码、联系方式；承租人和共同居住人的姓名、身份证件的种类和号码、

联系方式；租售房屋地址及租售房屋的具体门牌号；租售房屋的出租用途和租期。需要特别说明的是：出租人、管理人或租赁服务企业一定要严格执行国家相关法律法规，遵守当地的管理制度，确保租售信息的保密性、真实性和可靠性。

② 租售资料保管。租售中心所填写的初始租售资料，应明确专人严格保管，除上级领导、财务管理部和租售中心指定工作人员外，不得提供他人使用或借阅。在进行委托登记时，租售人员必须注意登记资料的保管，避免客户看到其他相关资料。租售人员应熟悉委托记录，当有业主或客户来咨询时，要口述房屋委托情况，不可向其出示重要资料。对已失效的租售资料，各部门需要至少再保存两年；《房地产经纪合同》《物业租赁合约》至少保存五年。

③ 用邮件发送租售业务表格时，要把所发内容用颜色区分，新增或新更改的用红色字体，对之前已报送的信息用黑色字体。

④ 租售信息以年度为单位保存，在下年开始时，启用新表格，相应序号、合同号从 001 开始登记。对于跨年度仍然有效的委托，要顺延至下一年度，但原编号不变。

⑤ 每季度租售中心应对企业租售业务工作情况进行分析总结。

4. 财务管理

① 租售中心的出纳负责租售业务款项的收取，并按企业要求及时存入指定账号。

② 租售中心各业务分点，由专人向公司领取收款收据，并按企业财务规定定期将本月收取的收款凭证上交财务部结算，及时核销已使用完的收据。

③ 租售中心各业务分点，收款收据不可遗失、损坏，作废的收款收据必须完整保存，负责人对收据负保管责任。

④ 租售中心各业务分点，由各业务员负责催收各自达成交易的款项，收据由指定人员开具。

⑤ 租售中心各业务分点，在收款时注意单笔现金款项不能超过两万元人民币，大额款项的收取必须要求客户通过银行转账方式存入企业指定的银行账号中。

⑥ 所有租售业务人员不得接受客户任何形式的馈赠。

⑦ 所有收款应于当天存入企业指定的账户，如银行已下班，应于第二天第一时间存入银行。

六、房屋租赁合同

为了使物业租赁关系规范化和合法化，物业在出租给他人使用时，物业出租人和承租人之间必须签订书面的物业租赁合同，也称物业租赁契约或简称租约。物业租赁合同一经签订，就具有了法律效力。

（一）房屋租赁合同的概念

租赁合同是出租人将租赁物交付承租人使用、收益，承租人支付租金的合同。

房屋租赁合同，就是出租人与承租人就房屋租赁事宜，明确双方的权利、义务和责任的协议。内容是出租人将房屋交给承租人使用，承租人定期向出租人支付约定的租金，并于约定期限届满或终止租约时将房屋完好地归还给出租人。

房屋租赁合同按用途可分为两大类：居住用和商用。签订居住用房屋租赁合同，以是否更适合居住为原则；签订商用房屋租赁合同，以是否更适合办公为原则。

房屋租赁合同依据房屋租赁合同相关法律规定制定的基本参照文本，一般包括以下要素：合同当事人、标的物及房屋基本情况、出租的用途、租赁期限、租金及支付方式、有关费用的承担、押金、出租人与承租人的权利和义务、房屋维护、违约责任、合同解除、免责条件及纠纷的解决方法等。

（二）房屋租赁合同应具备的条款

《商品房屋租赁管理办法》第七条规定，房屋租赁当事人应当依法订立租赁合同。房屋租赁合同的内容由当事人双方约定，一般应当包括以下内容：

① 房屋租赁当事人的姓名（名称）和住所；
② 房屋的坐落、面积、结构、附属设施，家具和家电等室内设施状况；
③ 租金和押金数额、支付方式；
④ 租赁用途和房屋使用要求；
⑤ 房屋和室内设施的安全性能；
⑥ 租赁期限；
⑦ 房屋维修责任；
⑧ 物业服务、水、电、燃气等相关费用的缴纳；
⑨ 争议解决办法和违约责任；
⑩ 其他约定。

房屋租赁当事人应当在房屋租赁合同中约定房屋被征收或者拆迁时的处理办法。

知识链接

房屋租赁合同（样本）

甲方（出租方）：____________________

乙方（承租方）：____________________

根据《中华人民共和国民法典》、《中华人民共和国城市房地产管理法》及《商品房屋租赁管理办法》等规定，为保障甲、乙双方的合法权益，经双方协商一致，签订本合同。

第一条　甲方自愿将坐落在__________市__________区__________房屋建筑面积__________平方米（以下简称该房屋）租给乙方使用，其他基本情况载于本合同附件。

第二条　该房屋现有设施及装饰、装修情况

设施情况：____。

装饰、装修情况：

1. 天棚：____。

2. 地面：____。

3. 墙面：____。

第三条 乙方对该房屋（__________）①不进行装修；②进行装修，费用自理，同时增添设施。

第四条 租赁期限为_____年，自_____年____月____日起至_____年____月____日止。

第五条 甲方须在本合同生效之日起_____日内将该房交付乙方使用。

第六条 该房屋月租金每平方米建筑面积为¥__________元，人民币（大写）__________元。年租金总额为¥__________元，人民币（大写）__________元。

第七条 租金结算时间和方式：______________________________

第八条 上述租金不包括：____。该部分费用由乙方按实际发生额支付。

第九条 租赁期内，该房屋自然损坏的维修养护由_____方负责；由于使用不当或装修造成损坏的维修由_____方负责；维修责任方延误维修或维修不当，给对方或他人造成损失的，由责任方按实际损失赔偿。

第十条 在租赁期限内甲方承担下列责任：

1. 保证该房屋产权清楚，没有纠纷。若发生与甲方有关的产权纠纷或其他债务，概由甲方负责清理；给乙方造成损失的，甲方负责赔偿。

2. 若需转让或抵押房屋，甲方应提前三个月通知乙方并保证本合同继续履行；甲方若出卖该房屋，在同等条件下，乙方享有优先购买权。

第十一条 在租赁期限内乙方承担下列责任：

1. 必须按合同约定的使用用途使用该房屋，若需改变用途，应征得甲方同意或签订补充协议，否则应当承担违约责任，并可解除合同。

2. 欲对房屋进行改建、装修或增添设施，应征得甲方书面同意，并办理有关手续；对涉及墙体、楼板、支撑立柱等承重构件的改动，增加房屋荷载，以及从事危及毗邻房屋和整栋房屋安全的活动，必须经房屋安全鉴定单位鉴定、批准，装修费用由乙方承担。乙方设计的装修方案应经甲方书面认可，未经甲方同意，乙方擅自装修的，甲方有权要求恢复原状，并可解除合同。

3. 若将该房屋转租，必须征得甲方同意，并签订转租合同；若未经甲方同意并签订转租合同，擅自转租，甲方可以追究乙方的违约责任，并解除合同。

4. 因使用不当或乙方的其他原因造成房屋或设施损坏的，乙方负责赔偿或修复。

5. 乙方应在租赁届满时，将该房屋交还甲方；若需继续承租，应在租赁期满前三个月提出，经甲方同意，双方重新签订租赁合同。

6. 乙方在交还房屋时，必须保证该房屋原有设施完好，乙方增添的下列设施不得拆卸：____。

第十二条 甲方未按本合同第五条约定的时间交付房屋，乙方按下列第__________款约定追究甲方的违约责任：

1. 终止合同，同时甲方按年租金总额的_____%支付违约金，乙方的实际损失超过违约金时，由甲方按实际损失赔偿；

2. 甲方向乙方支付年租金总额的_____%的违约金，合同继续履行。

第十三条 乙方未按本合同第七条约定的时间交付租金，甲方按下列第_____款约定追究乙方的责任：

1. 终止合同，同时乙方按年租金总额的_____%向甲方支付违约金，甲方实际损失超过违约金的，按实际损失赔偿；

2. 乙方按年租金总额的_____%支付违约金，合同继续履行。

第十四条 有下列情形之一的，可以提前解除本合同：

1. 因不可抗力的原因须提前解除的；

2. 经房屋安全鉴定单位鉴定为危险房屋不能继续使用的。

第十五条 在租赁期内该房屋因政府规划决定拆迁的，按政府有关规定执行。

第十六条 双方如果在本合同履行中发生争议，可向房屋租赁管理部门申请调解，调解不成，按下列第_____款约定方式解决：

1. 向__________仲裁委员会申请仲裁；

2. 向人民法院起诉。

第十七条 本合同签订后 30 日内，双方到房屋租赁管理部门办理登记备案手续，交纳有关费用，领取房屋租赁证。

第十八条 本合同自登记备案之日起生效。

第十九条 本合同未尽事宜，由双方另行协商。

第二十条 本合同的附件有：

____。

第二十一条 本合同一式_____份，甲、乙双方各执_____份，房屋租赁管理部门一份。

第二十二条 双方承认的附加条款如下：

____。

甲方（签章）：___________	乙方（签章）：___________
法定代表人：_____________	法定代表人：_____________
地址：___________________	地址：___________________
联系电话：_______________	联系电话：_______________
邮政编码：_______________	邮政编码：_______________
委托代理人：_____________	委托代理人：_____________

第四节 居家养老服务项目的经营

随着我国老龄化步伐的加快，养老问题越来越严重。目前，我国老年人大多数居家养老和依托社区支持养老，形成了“9073”的格局，即 90%左右的老年人居家养老，7%左右的老年人依托社区支持养老，3%左右的老年人入住养老机构。参与居家养老服务，可为面临生存压力的物业服务企业提供转型发展的新机遇，这对促进传统物业管理向现

代服务业转型有着至关重要的意义。

一、物业服务企业开展居家养老服务的优势

物业服务企业开展居家养老服务的优势体现在以下方面：

① 物业服务企业在社区服务中拥有会所、场地及设施管理主导权，可以充分利用这些资源为老年人开展各项服务；

② 物业服务企业 24 小时不离小区，能解决老人紧急求助问题；

③ 物业服务企业长期服务于业主，能够取得业主的信任；

④ 物业管理以企业行为提供服务，质量上比单个家政服务员较有保证；

⑤ 物业服务企业掌握业主的家庭信息，有利于开展养老服务。

二、居家养老服务认知

1. 居家养老服务的含义

所谓居家养老服务，主要是针对为居家的老年人提供物质、精神等方面的服务。

2. 居家养老服务对公共环境的要求

舒适的居家养老环境离不开公共环境的建设，无障碍的社区环境能为老年人提供更安全的居住环境，包括为旧式住宅楼加装电梯、对楼梯加装扶手和楼梯照明装置、为单元门入口增加供轮椅使用的斜坡等。

三、老年人需求

老年人需求由于年龄、性别、健康状况、生活保障水平等方面的差异，促使物业养老服务的供给应立足老年人多元化、差异化的实际需求，不仅要在生活照料、医疗康复、信息向导及特约服务等物质服务需求领域给予高度关注，还要密切关照居家老人的精神慰藉、心理辅导及文化娱乐方面的精神服务需求。此外，在发挥各类要素资源的集聚优势满足居家老人共性需求的同时，还要在生活格调和服务水平方面进行个体化体验的积极探索，依托信息技术，整合多方资源，积极探索面向“互联网+”时代的智慧养老新模式。

四、居家养老服务功能及内容

居家养老服务中的服务对象为居住在物业管理区域内需要服务的老年人，包括活力老人以及高龄、空巢、独居、生活困难的老年人。居家养老服务的主要功能及服务内容包括以下方面。

1. 老年人口信息登记

采集老年人的基本信息并整理、归档。通过智能化终端，收集包括但不限于老年人的年龄、性别、联系方式、支付能力、慢性病等信息。

2. 养老服务需求评估

对所在辖区内的老年人的身体状况、收入状况及服务需求进行评估，并确定相关的养老服务。

3. 生活照料

为老年人提供托老、用餐（配、送餐）、居家养老等一系列照料和陪护等服务。

4. 健康保健服务

为老年人提供健康教育、疾病防治、康复训练、保健推拿、送药上门、医护到家等服务。

5. 文体娱乐服务

为老年人提供有益身心健康的文体娱乐活动，通过成立老年顾问委员会以及专业的文化团体，引导并树立老年人健康的老年生活理念。

6. 精神慰藉服务

为老年人提供聊天谈心、心理疏导、协助交友等服务。

7. 法律维权服务

为老年人提供法律咨询、法律援助等服务，维护老年人赡养、财产、婚姻等方面的合法权益等。

8. 志愿服务

为老年人提供包括义诊、义务理发等在内的每月集中式的公共志愿服务。

9. 上门服务

由经过专业培训的服务人员上门为居住在家中的老年人提供照护服务，为失能、空巢老人提供定期上门查看、定期查访等家庭式亲情关怀服务。

10. 智能居家养老服务

采取信息化服务方式，为养老服务延伸进家庭提供信息化支撑。

11. 爱心超市

在所在辖区内，设计小区居家日用品的爱心超市并为区内老人提供代缴水、电、燃气费等公共服务。

12. 爱心食堂

配备助餐员，为老年人提供健康实惠的午餐和集中就餐服务，午餐内容以清淡、营养均衡为主，并根据时令和实际条件，适当增加配菜和配汤。

五、签订居家养老服务协议

1. 居家养老服务协议的含义

居家养老服务协议是工作者与服务对象经过讨论协商所达成的满足服务对象需要和解决其问题的工作方案，是双方对解决问题的承诺，是工作者与服务对象之间的合作计划，体现了双方的伙伴关系。

2. 签订居家养老服务协议的目的

签订居家养老服务协议的目的在于使工作者和服务对象双方明确各自的任务和角色，保证服务协议的执行和实现。

3. 居家养老服务协议的特点与制定原则

居家养老服务协议最大的特点是要具有可操作性。

居家养老服务协议的制定原则包括明确性、得到工作者和服务对象的认可、具有弹性、具有实用性。

一项居家养老服务协议的制定要在工作者和服务对象的共同参与下完成，包括目的和目标的设定、构建行动计划以及签订协议。

4. 居家养老服务协议的内容

居家养老服务协议的内容如下：

① 签订协议的目的与目标；

② 双方各自的角色与任务；

③ 为达目的与目标所采取的步骤、方法与技巧；

④ 期望达到的结果，以及进行总结、测量和评估的方法。

5. 设定目的和目标

制定居家养老服务协议的第一步就是与服务对象共同设定工作的目的和目标。

① 明确居家养老服务的目的。

② 设定居家养老服务的目标。设定目标的步骤如下：确定服务对象的需要和问题；向服务对象解释设定目标的目的；共同选择适当的目标；与服务对象讨论目标的可行性和可能的利弊；确定目标并决定目标的先后次序。

6. 签订居家养老服务协议的过程

居家养老服务协议是工作者与服务对象在共同讨论问题，通过需求评估、构建行动计划的过程中逐步协商产生的。签订服务协议的过程如下：

① 会谈协议；
② 评估服务对象的问题及需求；
③ 确定协议签署的目的和目标；
④ 确定协议的实施策略和具体行动方案。

7. 签订居家养老服务协议的技巧

签订居家养老服务协议的技巧如下：

① 认定服务对象对问题的看法；
② 与服务对象分享对问题的看法；
③ 描述为服务对象工作可能出现的问题；
④ 确定目的和目标并说明行动的具体策略；
⑤ 总结和强调协议的主要内容。

居家养老服务协议

甲方：×××××服务中心　（以下简称“甲方”）
乙方：　　　　　　　　　（以下简称“乙方”）

本着服务社会、服务老人、互助互利的原则，为营造温馨、舒适、安全的生活环境，保证居家养老服务质量，规范服务行为，满足老年人“老有所养、老有所乐”的需要，切实保障老年人的合法权益，明确各自的权利义务，结合当前有关养老的规定，经过甲、乙双方友好协商，就养老服务事宜，自愿达成以下协议条款，供各方遵照履行：

第一条　乙方符合《社会化居家养老实施方案》中规定的居家养老服务资格条件且自愿申请并同意甲方安排服务员为其提供居家养老服务。若乙方不符合资格条件，甲方将有权停止或拒绝提供服务。

第二条　居家养老服务对象为老人，乙方应自觉遵守。在服务过程中，若出现乙方要求或变相要求服务员为乙方以外的其他人员服务时，服务员视情况有权拒绝或停止服务。

第三条　服务员提供居家养老服务的具体工作内容：

帮助老年人打扫卫生、洗衣、做饭、购物等基本生活服务；
协助老年人就医、煎药、康复等基本护理服务；
陪伴老年人聊天、散步、心理疏导等精神慰藉服务。

第四条　未经甲方同意，乙方不能擅自增加第三条约定以外及与居家养老服务严重不符的劳务负担，甲方对此保留停止服务的权利。若乙方不满意服务员提供的服务，乙方有权申请调换服务员。

第五条　服务安排：

甲方将按照“定服务对象、定服务项目、定服务时间、定服务地点、定服务人员”的“五定”方式，为乙方安排持有健康证等相关证件的居家养老服务员为其提供服务。若甲方本次安排的服务员不适应乙方的生活环境，乙方可向甲方申请调换服务员。

甲方的服务时间：

时间起止：从_____时至_____时。

协议期限：协议期为_____年，从_____年_____月_____日至_____年_____月_____日止。

服务地点：____。

第六条　服务费用：

（一）依据乙方填写的《居家养老服务申请登记表》，乙方符合《居家养老服务补贴标准》，属于_____________________类型，可享受每天_____小时的居家养老服务，所需劳务费由政府每小时补贴_____元。

（二）乙方有义务在每个自然月的最后一天或服务停止当日正确填写《居家养老服务凭证》，并按照当月实际服务时间，准时向服务员支付_____元/小时的服务劳务费。若乙方未按时向服务员支付劳务费，甲方将停止服务，乙方应向服务员每日偿付当月劳务费总额的1%的滞纳金。

第七条　服务调整：

（一）乙方和服务员均享有调整服务的权利，若因故需要调整服务，须向甲方提前3日提出申请。

（二）甲方在接到乙方或服务员提出的服务调整申请后，会根据实际情况停止服务，并及时选派新的服务员上门服务，但服务调整期间不保证服务不中断。

（三）服务调整后本协议依然有效。

第八条　其他：

（一）服务员上岗后，乙方应尊重服务员，平等对待，不得歧视和虐待，若不满意该服务员，可直接与甲方联系，进行人员调整。

（二）若乙方在服务员规定的服务时间段内发生紧急情况，服务员会及时与乙方相关监护人取得联系，同时与相应的社会应急机构如110、120、119等取得联系。

（三）乙方在服务员到家后，有义务详细交代应做及应注意的事项，并教会服务员使用家用器具和电器，当面提出合理的工作要求，以便服务员能迅速、稳妥地开展工作。

（四）甲方已明确规定服务员在服务期间不得带亲朋在乙方家中做客。若出现上述情况，乙方可与甲方联系，当即处理（但乙方主动邀请的除外）。

甲方已明令禁止服务员不能与乙方发生任何借款、借物和委托办事的情况，若出现以上情况，乙方应明确拒绝。若有纠纷属私人行为，甲方概不负责。

服务员每月请事假不准超过_____次，每次不准超过_____天，欢迎乙方监督。请假期间乙方不支付劳务费。

法定假日（清明节1天、五一1天、端午节1天、中秋节1天、十一3天、元旦1天、春节3天）服务员正常休息，乙方不需要支付劳务费。若乙方需要服务员法定假日服务，且服务员同意，乙方须按照国家规定支付300%的劳务费。

乙方要随时将现金和贵重物品妥善保管好，若乙方因财物找不到而认为被盗，应及时向公安机关报案，通过法律途径解决。在任何情况下，乙方都不得对服务员采取搜身、扣押钱财以及殴打、威逼等侵权行为。

服务员在服务过程中，造成本人或他人的意外事故，乙方应立即通知甲方。

甲方有权拒绝乙方将服务员转为第三方服务，若需调整，乙方可向甲方提出申请。

乙方因心、脑、血管等老年常见急性突发病导致的不良后果，甲方概不负责。

乙方因病住院或患有传染性疾病期间，应由其子女履行赡养、照料老人的义务，甲方将暂停服务，乙方痊愈后，甲方将继续安排服务。有特殊情况请在补充协议中说明。

第九条 本协议一式两份，甲、乙双方各执一份，自签订之日起生效，至协议中约定之解除及终止的条件出现时止。

补充协议：

甲方：×××××服务中心（章）

养老服务部负责人：（签字）

地址：

电话：

签订日期： 年 月 日

乙方：（签字、盖章或按手印）

性别：

出生年月：

身份证号：

家庭住址：

联系电话：

签订日期： 年 月 日

监护人、直系亲属：（签字、盖章或按手印）

姓名：

性别：

出生年月：

身份证号：

家庭住址：

联系电话：

签订日期： 年 月 日

第五节　家政服务项目的经营

随着社会结构日趋小型化、核心化，中青年职业压力增大，家庭照料资源日益减少，传统家庭运作模式的发挥受到限制，急需发展家政服务业。2019 年 2 月 20 日，国务院常务会议提出促进家政服务扩容提质，并从促进家政服务企业进社区、推进家政服务标准化等方面明确了具体措施。同年 6 月 26 日，《国务院办公厅关于促进家政服务业提质扩容的意见》出台，对家政服务业做了如下定义：家政服务业是指以家庭为服务对象，由专业人员进入家庭成员住所提供或以固定场所集中提供对孕产妇、婴幼儿、老人、病人、残疾人等的照护以及保洁、烹饪等有偿服务，满足家庭生活照料需求的服务行业。家政服务业作为新兴产业，对促进就业、精准脱贫、保障民生具有重要作用。

一、家政服务项目的发展需求

（一）人口结构和家庭结构的变化导致家庭的传统家务在不断加重

我国 2020 年第七次人口普查的主要数据显示，人口总数为 141178 万，60 岁及以上人口为 26402 万，占总人口的 18.7%，老龄化程度进一步加深。从这个角度来看，家务劳动的压力逐渐增加。与之不能相适应的是我国家庭规模日趋小型化，从大家庭变为以核心家庭为主，还有丁克家庭、单亲家庭、空巢老人、留守子女等。这些规模偏小的家庭和新出现的家庭类型都难以全面充分发挥以往家庭所具备的职能来承担家务劳动的负重。因此，应鼓励各种物业服务企业投资开办家政服务项目，培养家庭服务市场，推进社区服务体系建设。

（二）随着生活质量的提升，家庭需求趋于多样化

随着生活质量的提高和收入的增加，人们的生活越来越丰富，也越来越复杂，家庭的需求趋于多样化。在传统家务相对加重的情况下，家务的内涵还在不断扩大。家务已经不限于原来的洗衣、做饭、清洁卫生，家庭教师、家庭护理、家庭医师、家庭理财、汽车陪练等这些满足家庭成员更高需求的活动都可归于家务。同时，社区居民对家政服务的质量要求也更高。家政服务市场的整体消费水平、消费心理和消费习惯与传统观念相比较，已经发生了改变。从家政服务人员素质和服务技能到服务流程和标准，都影响着购买家政服务者的满意度。因此，物业服务企业规范化管理，是提高工作效率和服务质量的保障，也能体现其服务社区居民的理念。

（三）家庭成员积极参与社会经济生活使得家务劳动需通过其他途径完成

家庭成员尤其是女性与社会日渐紧密的联系压缩了家庭成员投入在家务上的时间和精力。曾经“男主外、女主内”的社会性别分工体制把家务劳动划分为女性的分内工

作，而如今，女性的独立、自主、自强意识大大提高。另外，从家庭的需求出发，在当前激烈的社会竞争中，仅靠男性家庭成员的经济收入负担整个家庭的开支是不现实的。因此，原来以某个家庭成员或女性来操持家务的家务运作模式越来越不能满足家庭需求，尤其是有老人和孩子需要照顾的家庭，对家务服务的需求范围不断扩大。

（四）扩展物业服务范围并提高物业服务水平

当前市场状况下，物业服务企业是否能提供满足业主个性化需求的特约服务项目，已成为划分物业服务企业归类和评定物业服务企业服务质量等级的重要因素之一。首先，物业服务企业整合家政服务，如日常保洁、钟点保洁、开荒保洁、家具保养、石材地板维护等保洁服务，不仅能使居民生活更方便、更迅捷，而且能使物业服务结构更加合理化。其次，通过升级物业服务既能为业主家庭营造温馨、和谐的环境，又能提高企业的经济效益，为品牌增加内涵，提升品牌价值。此外，随着业主尤其是高端业主对个性化服务需求的不断增加，家政特约服务的市场空间也越来越大，通过高品质的特约服务不仅能提高业主的满意度，更能彰显物业服务企业高端的服务品质特征，体现物业管理的亲情，提升为业主服务的整体水平。

二、家政服务的概念与分类

（一）家政服务的含义

家政服务是以家庭为服务对象，协助家庭成员对其各类事务进行实际操作和科学管理的过程。

家政服务将部分家庭事务社会化、职业化，由社会专业机构、社区机构、非营利组织、家政服务公司和专业家政服务人员来承担，帮助家庭与社会互动，提高家庭生活质量，以此促进整个社会的发展。

（二）家政服务的分类

目前市场上的家政服务业务主要包括五类，具体内容如表 8-1 所示。

表 8-1　家政服务业务类型

序号	类别	内容
1	保洁类	室内保洁、新房开荒
2	保养类	地板、家具、壁纸、沙发、地毯、窗帘、厨房和卫生间消毒灭菌等
3	维修类	水电检查与维修、管道疏通等
4	家电清洗保养类	空调、冰箱、抽油烟机、微波炉、洗衣机、饮水机、热水器等家电的清洗维护和保养等
5	其他特约服务	病人陪护、营养指导、母婴护理、家庭护理、搬家服务等

三、家政服务项目运营的步骤

物业服务企业可以结合自身的资源和优势，结合环境管理部门和维修养护部门的专

业特长，重点开展保洁类、保养类、维修类、家电清洗保养类的家政服务业务，也可以通过与专业机构进行合作来开展其他特约服务类的家政服务业务。物业服务企业开展家政服务业务可参照以下步骤：

第一步，根据环境管理部门的人员配置，在不增加保洁人员的前提下可开展保洁类的家政服务，并根据业务量的大小再确定人员的增加数量；

第二步，保洁类家政服务开展后，根据情况适时增加保养类的家政服务；

第三步，根据维修养护人员的配备情况，逐步开展维修类和家电清洗保养类的家政服务；

第四步，根据业务量情况，拓宽家政服务范围，并成立专门的家政服务部门，专业承接社会上的家政服务，达到专业级别。

四、家政服务业务宣传途径

（一）海报宣传

制作印发家政服务宣传海报，张贴在社区宣传栏、小区宣传栏等位置，使居民了解物业家政服务的项目等内容。

（二）新媒体宣传

以文字、图片和视频形式，通过新媒体矩阵发布物业家政服务具体项目、服务流程、服务理念、服务品质等；通过软文开展情感营销和文化营销，树立家政服务品牌形象。

（三）建立客户档案

定期问候客户，向客户发放小礼物，以联络感情、建立良好的客户关系。

（四）开展公益活动

每逢重大节日或活动，主动与社区及社会企事业团体合作，开展公益活动，扩大影响，如为空巢老人提供免费家务服务。

（五）品牌形象宣传

家政服务员统一着装，在工服上印有物业服务企业家政服务项目、企业标识和联系方式等。家政服务很注重口碑，往往口口相传的方式是最容易被人接受的。因此，提升家政服务质量，打造物业家政服务品牌本身就是长效的广告宣传。

五、家政服务的业务流程

家政服务的业务流程如图 8-1 所示。

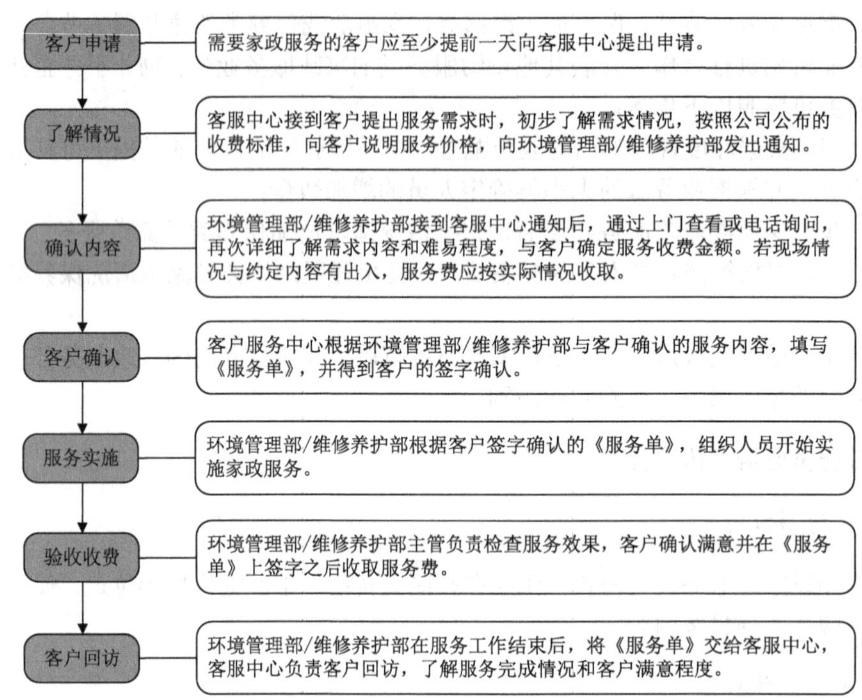

图 8-1　家政服务的业务流程

六、家政服务人员工作纪律及注意事项

① 服务人员在上门服务时须注意个人形象，上门服务前须对自己的衣着形象进行整理。

② 上门服务时须按两长一短的方式敲门。客户开门后，服务人员须面带微笑，自报单位、姓名，并礼貌地向客户询问操作起点。若客户无特殊要求，则按具体业务操作程序进行。

③ 服务人员上门服务时必须穿鞋套进门，在客户家行走时必须步履轻盈，且不可东张西望，不可向客户提任何要求（包括喝水等）。不可碰伤或是损坏客户家的任何东西，不可弄脏客户家的地面。

④ 在进行室内清洁时，服务人员必须及时提醒客户收藏好贵重物品，以免引起误会。作业完成后须及时请主管对所做区域进行检查，经客户确认并签名后方可离开。

⑤ 服务人员在客户家工作时不可乱翻客户家的任何东西，不可在客户家抽烟。

⑥ 作业完成后所有工具必须全部带回，不可留在服务现场。

⑦ 因服务人员粗心大意或是工作不细心造成物品损坏或是遗失，由物业服务企业承担相应的赔偿责任。

⑧ 服务人员不可接受客户的任何馈赠。

⑨ 服务人员必须洁身自好，不可拿客户家的任何东西，一经发现，以偷窃论处，并移交公安机关处理。

知识链接

家政保洁流程及标准

部位		作业程序	清洁标准
玻璃擦拭	室内外窗玻璃、玻璃门	①使用湿抹布清洁玻璃内表面	无污渍、无水
		②使用玻璃水与磁力双面擦玻璃器清洁玻璃内外表面	
	室外窗框	使用湿抹布清洁内侧窗框，室外不予清洁	无污渍、无积尘
	室内玻璃门框	使用湿抹布清洁门框边缘及门框槽	无污渍、无灰尘
	室内玻璃窗框	使用湿抹布清洁全部窗框、窗台	无污渍、无积尘
室内除尘	天花板、墙壁、壁纸	使用吸尘器清理灰尘	无灰尘、保持墙壁原有的颜色
	床品	使用吸尘器清理灰尘	无灰尘、床品铺盖摆放整齐
	沙发	使用吸尘器清理灰尘，包括沙发缝隙	无灰尘、无垃圾
室内清洁	实木家具	① 使用纯棉干软布擦拭灰尘	无灰尘、无污渍
		② 用拧干水分的湿棉布将家具犄角旮旯处的积尘细细揩净，再用洁净的干软细棉布擦净	
		③ 使用专用的家具清洁剂去除污渍	
		④ 每年1～2次使用专用的纯木家具上光蜡对家具进行保养	
	其他材质家具	① 使用纯棉干软布擦拭灰尘	无灰尘、无污渍
		② 用拧干水分的湿棉布将家具犄角旮旯处的积尘细细揩净，再用洁净的干软细棉布擦净	
	餐厅桌椅	用湿抹布擦拭后，用干抹布清洁水渍	清洁、无污渍
	电视、计算机	① 使用干软布去除表面灰尘	无灰尘、无污渍
		② 使用专门的屏幕清洁剂清洁	
	空调	① 使用湿抹布去除表面灰尘	无灰尘、无污渍
		② 使用干抹布去除水渍	
		③ 使用空调清洁剂清洁过滤网	
	电灯开关	① 使用干毛刷清除开关上的灰尘	无灰尘、无污渍
		② 使用干抹布擦拭灰尘	
	地板、地砖	① 使用吸尘器清除灰尘与毛发	无灰尘、无污渍
		② 使用湿抹布清洁表面	
	地脚线	① 使用干毛刷清除地脚线上的灰尘	无灰尘、无污渍
		② 使用干抹布擦拭灰尘	
厨房	吸油烟机	① 将清洁剂与温水共同在喷壶中混合均匀	无油渍、无异味
		② 拆掉油烟机网罩	
		③ 启动抽油烟机，用喷壶朝待洗部位喷射清洗液	
		④ 反复清洁，并倒掉储油斗中的脏水	
		⑤ 用抹布揩净吸气口周围、机壳表面及灯罩等处	
	橱柜	① 使用湿抹布清洁表面，并用干抹布擦拭水渍	手摸光滑、无灰尘
		② 打开橱柜门进行通风	

续表

<table>
<tr><th colspan="2">部位</th><th>作业程序</th><th>清洁标准</th></tr>
<tr><td rowspan="8">厨房</td><td rowspan="8">电冰箱</td><td>①使用微湿软布擦拭冰箱的外壳和拉手</td><td rowspan="8">无异味、无污渍</td></tr>
<tr><td>②清理内胆前先切断电源，把冰箱冷藏室内的食物拿出来</td></tr>
<tr><td>③用软布蘸上清水或食具洗洁精，轻轻擦洗，然后蘸清水将洗洁精拭去</td></tr>
<tr><td>④ 拆下箱内附件，用清水或洗洁精清洗</td></tr>
<tr><td>⑤ 内壁做完清洁后，用软布蘸取甘油（医用开塞露）擦一遍冰箱内壁，方便下次擦拭</td></tr>
<tr><td>⑥ 用酒精浸过的布清洁擦拭密封条。如果手边没有酒精，用 1：1 醋水擦拭密封条消毒</td></tr>
<tr><td>⑦ 用吸尘器或软毛刷清理冰箱背面的通风栅，不要用湿布，以免生锈</td></tr>
<tr><td>⑧ 清洁完毕，插上电源，检查温度控制器是否设定在正确位置</td></tr>
<tr><td rowspan="7">卫生间</td><td rowspan="2">瓷砖</td><td>① 使用钢丝球蘸取清洁剂擦拭瓷砖表面</td><td rowspan="2">清洁、无污渍</td></tr>
<tr><td>② 使用湿抹布擦拭后，用干抹布清洁水渍</td></tr>
<tr><td>吊顶</td><td>使用湿抹布擦拭</td><td>无灰尘</td></tr>
<tr><td>瓷砖、镜面</td><td>使用湿抹布擦拭后用干抹布去除水渍</td><td>无灰尘、无水渍</td></tr>
<tr><td>浴盆</td><td>使用清洁剂与水混合后进行清洁，并反复使用清水冲洗</td><td>无水渍、无水垢</td></tr>
<tr><td>坐便器</td><td>使用洁厕剂与钢丝球擦洗，并用清水冲洗干净，水箱内放置除味剂</td><td>无水渍、无水垢</td></tr>
<tr><td>洗手盆</td><td>使用钢丝球与清洁剂擦洗，并用清水冲洗干净</td><td>无水渍、无水垢</td></tr>
</table>

本章小结

本章主要介绍物业多种经营方面的内容，如物业企业多种经营的方式、多种经营项目开展及运营管理、社区商业服务项目的经营、物业租赁服务项目的经营、居家养老服务项目的经营等。

物业服务企业在做好物业管理服务的基础上开展各种各样的增值服务项目，不但可以为物业服务企业增加经营收益，还可以为业主提供日常的衣食住行以及租赁、居家养老和家政等方面的便捷服务，是目前物业服务企业的主要业务发展方向之一。物业服务企业针对业主需求开展的多种经营项目属于互惠双赢的活动。

知识训练

一、填空题

1. ________是物业服务企业为方便业主的工作和生活而提供的各种委托代办性有偿便民服务。

2. ________是物业服务企业利用公司自身资源、物业项目资源、业主客户资源开展的各种有偿服务经营活动的总称。

3. 以服务社区住宅为目的、满足业主日常生活的需要、进行统一的规划设计、位置相对集中、具有一定的规模、所辐射的服务面积是社区和周边地区范围内的物业，称为________。

4. ________是工作者与服务对象经过讨论协商所达成的满足服务对象需要和解决其问题的工作方案，是双方对解决问题的承诺，是工作者与服务对象之间的合作计划，体现了双方的伙伴关系。

5. ________是指将部分家庭事务社会化、职业化，由社会专业机构、社区机构、家政服务公司和专业家政服务人员来承担，帮助家庭与社会互动，构建家庭规范，提高家庭生活质量，以此促进整个社会的发展。

二、多项选择题

1. 开展物业服务企业多种经营服务的要求包括（　　）。

A. 效用　B. 方便　C. 态度　D. 满意

2. 物业服务企业开展的多种经营业务主要包括（　　）。

A. 特约性经营　B. 配套性经营　C. 资源性经营　D. 专项性经营

3. 物业服务企业在现代社区商业运营中的工作主线必须紧紧围绕三类客户，分别是（　　）。

A. 物业使用人　B. 内部客户　C. 经营客户　D. 外部客户

4. 从需要动用资源的多少来看，满足社区居民的需求有两个层次，分别是（　　）。

A. 增值服务　B. 社区商业经营　C. 社区专项经营　D. 无偿服务

5. 物业租赁的管理模式包括（　　）。

A. 包租转租模式　B. 出租代理模式　C. 委托管理模式　D. 连锁销售模式

三、判断题

1. 在物业服务企业成本不断上升，物业费提价困难的双重压力下，开展多种经营无疑成为物业服务企业增加收入来源的主要渠道。（　　）

2. 做好物业管理多种经营，要以做好物业管理常规经营为前提。（　　）

3. 所谓居家养老服务，主要是为居家的老年人提供物质、精神等方面的服务。（　　）

四、简答题

1. 在物业服务企业多种经营项目运营实施的准备阶段都需要做哪些工作？

2. 物业服务企业在满足小区业主生活需求和业主商业需求时，应做好哪些工作？

3. 物业租赁的程序是什么？

4. 物业服务企业开展居家养老服务的优势有哪些？

第九章
物业服务企业常用文书

学习目标

知识目标

1. 熟悉物业管理常用应用文书的概念和类型。
2. 掌握物业服务常用事务文书、行政公文和其他日常应用文书的写作方法。

技能目标

1. 具有物业管理工作中文字处理的能力。
2. 具有有效沟通和管理的能力。

思政育人目标

1. 具有积极进取的精神，具有一定的人文素养和职业素养。
2. 具有良好的服务意识和爱岗敬业精神。

案例导学

入住通知书（A版）

尊敬的先生/女士：

您好！

我们非常高兴地通知您，您所购买的 ××× 项目-××栋-×-××× 号房屋已具备交付条件，准予入住，现特向您发出入住通知。

一、入住手续办理时间及地点

我们将于 _____年___月___日至_____年___月___日（每日9:00～16:30）在 ××物业用房 为客户集中办理入住手续。若您在上述时间内无法前来办理入住手续，请您拨打服务热线 ××××-××××-×××（联系电话） 另行预约时间，以便我们为您提供更好的服务。

二、办理入住请您务必携带如下资料

1. 入住通知书（原件），购房合同（原件）。

2. 所有已交房款、税费的票据原件、维修基金交纳收据。

3. 业主有效身份证件正本：

（1）身份证、护照等（需与预售合同一致）；

（2）如果是未成年人的，应提供监护人的身份证明复印件、监护人及被监护人的户口簿复印件；

（3）没有中文名的，需要做中文译本公证；

（4）如果是公司购买的，应由公司法人前来办理入住手续，同时需提供最新的年检营业执照副本、港澳台及外籍公司的注册证书或商业登记证明、单位公章、法定代表人身份证明书、法定代表人身份证或护照；

（5）单套房屋的购买人为两人以上（含两人），购买人需同时到场办理入住手续。

4. 若您因事务繁忙不能亲自前来，可委托他人代办。代办时，被委托人需提供经公证的业主授权委托书（中文）、业主身份证件复印件及被委托人身份证原件。

注：有关业主入住办理程序及收费事宜请仔细阅读《业主入住办理手册》。

再次感谢您对我们工作的支持，欢迎并期待着您的到来！

×××物业服务公司（加盖印章）

_____年___月___日

入住通知书（B版）

尊敬的××家园业主：

您好！欢迎您选择××家园。我们非常高兴地通知您，您所购买的位于××小区____栋____单元____号房间，现全面竣工，经验收合格。请您于_____年___月___日至_____年___月___日前来办理房屋入住手续，办理地点为 ________________。在此期间内，各部门将到现场办公，一次办完手续，为您提供快捷方便的服务。

1. 您需携带的材料:

（1）本人身份证及身份证复印件一张;

（2）购房合同（原件）;

（3）所有购房收据（原件）。

2. 如您不能在集中办理入住时间内前来办理，可委托他人代办，委托人须持业主本人委托书、本人身份证、业主身份证及购房资料原件。如逾期仍无法办理，请及时与服务中心联系，联系电话：×××××××××。

注：有关业主入住办理程序及收费事宜请仔细阅读《业主入住办理手册》。

谨祝您在××家园生活愉快，身体健康，万事如意！

恭候您的到来！

×××物业服务公司（加盖印章）

_____年___月___日

【案例评析】

本案例中的“入住通知书”就是典型的行政公文，用于通知业主办理入住。该种文书要求内容全面、语言简练、通俗易懂，以便业主一次顺利办理完入住手续。

通用的应用文书可分为行政公文、事务公文、会议公文、制度公文、礼仪文书、经济公文、其他日常文书和司法公文等八大类几十种。由于物业管理行业是服务行业，属第三产业，所以，在制作和使用各种文书时，不仅要符合通用文书的一般特点，而且要突出服务的特性。物业管理服务过程中常用的文书有事务文书、行政文书和其他日常应用文书。

第一节　事务文书

事务文书是物业服务工作中表述工作事务所用的书面文书。物业服务企业常用事务文书有计划、总结、调查报告、倡议书、会议记录、竞聘演讲稿、述职报告等。

一、计划

（一）计划类文书的概念

计划类文书，是人们对未来一定时间内要做的工作或要完成的任务，提出明确目标，规定具体要求，制定相应措施，作出切实安排的一种文书。

计划类文书包括规划、纲要、设想、方案、安排等文种。一般来说，规划和纲要实现目标的期限较长，往往是五年以上，涉及面广，内容比较概括且侧重于工作的指导方针、努力方向和重要措施等。设想实现的目标比较长远，内容粗犷且仅供初步参考；方案是指对某项工作的全面计划；安排是指实现目标的期限较短、涉及面较窄、内容比较具体的工作计划。

（二）计划类文书的格式规范

从内容上看，计划类文书包括制订计划的任务、目标、措施、步骤，也称“四要素”，一般由标题、正文、落款三部分组成，具体如表 9-1 所示。

表 9-1　计划的格式规范

构成部分	写作要求与内容
标题	标题应写明计划的名称，包括制订计划的部门或人员的名称和计划期限两个要素，如《××物业服务公司 2016 年度工作计划》《年度行政人事部工作计划》
正文	计划的正文一般由开头、主体、结尾三部分组成，要写明计划的具体要求，一般包括工作的项目和指标、实施的步骤和措施等。 ① 开头。开头即序言，主要说明制订计划的依据和指导思想，为什么要制订该项计划，总的要求是简明扼要、统领全文。有的计划也可以省略序言部分，直接写计划的具体事项。 ② 主体。主体就是计划事项，是计划的核心部分，说明计划的基本内容，即具体的任务、目标、措施、步骤等。 ③ 结尾。结尾即结束语，可提出希望，发出号召，但也可视情况略去该部分内容
落款	计划的落款包括计划的署名和日期。日期是指制定计划的年、月、日，可写在标题下面，也可以写在正文的右下方，如果标题中已写明单位，则不用再署名

当物业服务企业为了实现某一管理目标、完成某项任务或开展某项工作而预先作出安排与部署时，就可以用计划这种事务文书。

【范例 9-1】

A 物业服务公司××××年工作计划

为了 A 物业服务公司顺利运作发展，为业主和租户提供高效优质的服务，完成业主委托的各项物业管理及经济指标，发挥物业最大的功能，使公司通过对××大楼及家属院实行的物业管理，不断总结管理经验，提升物业管理服务水平，积极努力地参与市场竞争，拓展业务管理规模，达到最佳经济效益，特制定本年度的工作计划。

一、定编定岗及培训计划

今年是公司运行的第一年，计划通过今年的努力工作，打开市场。计划全公司定编 37 人，其中管理人员 7 人，岗前统一安排全员培训。

二、代租、代收计划

按照公司的物业管理委托要求，对××大楼及将要建成的其他物业大楼进行代为租赁，计划完成××大楼委托租赁的房屋出租率大于 96%，今年完成代租收入不少于 149 万元，按要求完成水电暖费用的代收、代缴工作，保证所辖物业的正常运作。

三、收入计划（物业管理费、代租、代办费）

今年完成物业服务费 77.26 万元，代租、代办费 29.80 万元（149×20%），一共为 107.06 万元。其中，××大楼物业服务费及代租代办费合计为 98.40 万元，其他收入为 8.66 万元。

四、费用支出控制计划

今年的费用支出控制在 112 万元之内（不包括 3000 元以上的修理费用）。其中，人员工资总额为 82.56 万元，自担水电费为 15.60 万元，税金为 8.80 万元，其他为 5.04 万元。

五、拓展业务、创收计划

1. 计划2月底前所属××家政服务公司开始正式挂牌运作，年创收不少于20万元。

2. 组织成立对外扩大管理规模攻关组，派专人负责，争取在年底前扩大物业管理规模不小于5000平方米，实现盈利。

六、综合治理、消防安全工作计划

1. 保持××区综合治理先进单位称号，争取先进卫生单位称号。

2. 每月24日为例检日。组织有关部门对楼内进行全面的“四防”大检查，发现隐患及时整改，做到最大限度地杜绝各种事故的发生。

3. 完成消防部门及综合办要求完成的各项工作。

4. 5月份、8月份组织两次秩序、工程、环卫等人员参与的消防设施的运用演练，并结合法制宣传月、禁毒日、消防日开展禁毒宣传、消防宣传等，每年不少于三次。

5. 保证所辖物业的治安、消防安全，不发生大的治安事故，杜绝一切火灾的发生。

七、大楼维修、设施设备维修计划（根据大楼拆迁时间待定）

1. 大楼沿街外墙的清洗、粉刷、改造。

2. 大楼内部的维修、粉刷。

3. 楼内中央空调系统的清洗、维修、保养。

4. 消防报警系统的维护、清洗、调试。

5. 管路系统的更换。

××物业服务公司

______年___月___日

（三）计划类文书写作的注意事项

不论哪种计划，写作中都要做到坚决贯彻执行党和国家的相关政策和方针，对上负责、切实可行、集思广益、重点突出及防患于未然，要预先想到可能发生的偏差和故障等，做好防范工作。

二、总结

（一）总结类文书的概念

总结类文书是单位或个人对过去一段工作或一项活动，进行全面、系统的回顾和分析评价，判明得失利弊，提高理性认识，从中找出经验教训，引出规律性的认识，用以指导今后工作的书面材料。

（二）总结类文书的类型

总结类文书的类型通常有以下几种：

① 按性质不同划分，总结有综合性总结、专题总结；

② 按时间不同划分，总结有年度总结、季度总结、月份总结等；

③ 按内容不同划分，总结有生产总结、工作总结、学习总结等；

④ 按功用不同划分，总结有经验性总结、汇报性总结等；

⑤ 按范围不同划分，总结有国家总结、地区总结、部门总结、单位总结、个人总结等。

（三）总结类文书的格式规范

总结类文书一般由标题、正文、落款（署名和日期）三部分组成，具体如表 9-2 所示。

表 9-2　总结的格式规范

构成部分	写作要求与内容
标题	总结类文书的标题通常为《××物业服务公司××××年度培训工作总结》《××服务部××××年秩序维护工作总结》。总结的标题可以是完整式，也可以是省略式；可以是单标题，也可以是双标题
正文	总结类文书的正文大致可分为四个部分：总结概述、工作情况、经验教训、结语。 ① 总结概述。这部分通常要简明扼要地概述工作全貌。 ② 工作情况。这部分要写明工作的进程、采取的措施、取得的业绩及存在的问题。 ③ 经验教训。这部分是总结的核心，一定要根据具体工作情况总结出规律性的东西，分享经验，接受教训。 ④ 结语。这部分要结合经验和教训，简洁、明确地提出改进工作的措施和方法及今后努力的方向，表明决心，展望前景。 工作情况和经验教训是总结中最重要的两个部分，是工作总结必备的内容
落款	总结类文书一般在正文的右下方署名，并写上日期。如果标题中已有署名，这里就不必再写

当物业服务企业对前一段的工作、学习等进行全面、系统地回顾、分析和评价时，就可以用总结这种事务文书。

【范例 9-2】

×××物业服务公司年度工作总结

王一

2021 年是我们努力拼搏奉献的一年。在本年度的工作当中，我们物业服务公司努力全面建立标准化物业管理体系，着力提升物业服务品质，打造和谐文明智能化园区。现将本年度公司工作情况总结汇报如下。

一、加强标准化物业管理体系建设，提升物业服务品质

（一） 实施标准化流程管理

以“业主无抱怨、服务无缺憾、管理无盲点、工程无隐患”为工作标准，重点制定、改善了各项管理服务流程、管理制度、作业指导书；建立了监督管理组织，落实岗位责任制；建立了一套覆盖各个管理环节、实施有效的管理体系。

（二）针对项目实际情况培训考核

结合项目部的实际状况，结合疫情防控需求，物业部年初制定了详细的培训考核方案，通过工程、客服、安全、卫生、环境知识的培训考核，使员工物业知识专业化、智能化、全面化。编写了《安全秩序管理人员工作指南》《客户服务人员工作中指南》。

（三）经常与业主沟通，赢得了业主的理解和支持

定期向园区业主公示本公司及物业部的工作情况，明确公司的服务理念，及时向业主提供安全知识、卫生常识、天气预报、房屋租售信息、生活小常识，保持沟通渠道畅通，引导园区业主积极参与园区建设，赢得了业主对物业管理工作的理解和支持。

（四）倡导绿色环保理念，推进垃圾分类工作

根据街道办事处的要求，在年初，物业部专门成立了垃圾分类领导小组，制定了垃圾分类管理制度及流程，完善了垃圾分类设施，安排专人负责，细致、系统地进行宣传、培训、监督、落实。初步实现了园区生活垃圾减量化、无害化的管理目标。

（五）完善档案资料管理

档案管理是物业管理当中的一项重要工作，档案记录了物业、业主和管理过程的真实面貌。设置专人跟进收集、整理、更新，建立了一套完整的档案管理体系和数据库，并保持数据的不断更新，保证了档案的完整性及可靠性。

（六）规范保洁服务流程和标准

对于园区保洁工作，制定了操作流程和保洁标准，完善了定期考核制度和监督机制，有效地调动了员工的工作积极性，使园区环境质量大幅度提升。

二、完善配套设施设备，做好卫生防疫预案，保障生活秩序

1. 自接管水站并投入使用以来，因设备缺陷，经常出现故障。针对具体情况，工程部人员加班加点对设备进行了彻底整改，使设备能够正常运行，保证了居民生活质量。

2. 新冠肺炎疫情影响了物业工作的正常进行，物业部为了确保居民生活安全有序，制定了《公共疫情应急处理预案》，在疫情突发时，积极配合社区进行联防联控。

2021 年，物业部在以项目经理为核心的管理团队带领下，管理方法有所创新，智慧服务不断加强，服务品质大幅度提升，圆满完成了公司的既定目标。但是，在某些方面仍然存在很多问题，如个别设备仍有问题有待解决、沟通渠道不够畅通，还需要我们继续努力工作，不断提高管理服务水平，让业主更满意。

以上就是我们物业服务公司的年度工作总结，不妥之处敬请上级领导批评指正。

______年___月___日

三、调查报告

（一）调查报告的概念

调查报告是通过对典型问题、情况、事件的深入调查，经过分析、综合，揭示出事物的本质和客观规律的书面报告。

（二）调查报告的类型

根据内容的不同，调查报告分为基本情况调查报告、新生事物调查报告、典型经验调查报告和揭露问题调查报告等。

（三）调查报告的格式规范

调查报告一般由标题、署名、正文三部分组成，具体如表 9-3 所示。

表 9-3　调查报告的格式规范

构成部分	写作要求与内容
标题	调查报告的标题可以是单标题，也可以是双标题，如《关于物业服务行业从业人员素质现状的调查》《住宅区车位停放情况——关于××市××区车位停放情况的调查》。调查报告的标题中有时也写成“调研”“考察”等字样
署名	调查报告的署名即写明作者的姓名，姓名位置在标题下方、正文上方
正文	正文一般由引言、主体、结语三部分组成。 ① 引言。引言一般是简要地说明调查的目的、时间、地点、内容、区域范围，并说明要采用的方法以及调查后的结论等。 ② 主体。主体是调查报告的重点部分，主要是基本情况调查，然后进行分析研究，揭示事物的本质和规律，最后提出建议和措施。 ③ 结语。结语即调查报告的结束语，带有结论性质，简明扼要地总结概括全文提出的相关建议或对策，是分析问题、解决问题的必然结果

【范例 9-3】

关于我县住宅小区物业管理情况的调研报告

调研人：×××

为了推动我县住宅小区物业管理工作健康、规范发展，县人大常委会决定对县城住宅小区的物业管理情况进行专题调研，并将此项工作列入常委会 2020 年工作要点。调研组自 7 月份起，利用大约三个月的时间，通过深入各住宅小区实地察看、听取情况介绍、召开座谈会、发放调查问卷、走访群众、利用互联网征求意见、赴××地考察等形式，了解我县住宅小区物业管理的整体情况，分析现状，查找问题，学习借鉴先进经验，认真研究对策和建议，圆满完成了调研工作任务。现将调研情况报告如下：

一、我县住宅小区物业管理的现状

（一）住宅小区的基本情况

根据住房和城乡建设局提供的住宅小区情况，本次实际调研居民住宅小区 A 个，总建筑面积 B 平方米，住宅 C 套，已入住人口约 D 万人。全部入住后，小区的入住人口将近到 E 人，占城区居住人口近 50%。

分析我县住宅小区的基本情况，主要呈现出以下几个特点：

1. 住宅性质多样

…………

2. 建设标准不一

…………

（二）物业管理的基本情况

1. 业主大会及业主委员会成立情况

…………

2. 小区的物业管理情况

…………

二、存在的主要问题

调研组认为，我县城区居民住宅小区物业管理总体还处于起步阶段，物业管理还不规范，不能健康有序地运行。存在的突出问题主要有以下几个方面：

（一）工程建设的遗留问题

…………

（二）物业费收缴不到位

…………

三、意见和建议

针对物业管理中存在的突出问题，为了进一步加强我县物业管理工作，提高物业管理水平，调研组提出如下意见与建议：

（一）加强居民住宅小区的工程建设管理

…………

（二）加强物业管理法律法规的宣传

…………

______年___月___日

四、倡议书

（一）倡议书的概念

倡议书是为倡议、发起某项活动而写的带有号召性、公开提议性的专用文书。当物业服务企业公开提倡某种做法、倡导某项活动、鼓动大家响应时，要使用倡议书。倡议书通常有个人倡议书和集体倡议书，如《关于向××地震灾区捐赠衣物倡议书》。

（二）倡议书的构成

倡议书由标题、称谓、正文、落款四部分构成。

标题：一般在第一行正中用较大字体写上“倡议书”三个字，也可以由倡议内容和文种名共同组成。如“环保倡议书”。

称谓：第二行顶格写明受倡议人的称谓。

正文：另起一行空两格写明倡议的背景、原因和目的，倡议的具体内容和要求，开展什么活动，要做哪些事情，具有的社会价值和重大意义等。倡议的具体内容一般是分条来写，一目了然。

落款：即署名和时间，在正文的右下方写明倡议者的个人姓名或单位名称及日期。

【范例 9-4】

环保倡议书

尊敬的广大业主朋友们：

你们好!

今天我们××物业服务公司全体客服人员向大家介绍保护家园环境的重要性。保护环境已刻不容缓，因为现在环境污染问题严重，为了地球，为了人类的将来，也为了让

我们永远拥有一个美好的生存环境，真诚地向大家发出如下倡议：

1. 以节水为荣——随时关紧水龙头，别让水空流；
2. 以节电为荣——省一度电，少一分污染，多一分贡献；
3. 以节粮为荣——爱惜粮食，让节俭美德代代传；
4. 珍惜纸张——参加植树造林，保护森林资源。

记住，保护环境、保护地球，就是保护我们自己的家园、就是保护我们自己！

××物业服务公司客服部

____年__月__日

五、会议记录

（一）会议记录的概念

会议记录是对会议组织情况以及会议上讲话、发言、决定、决议等内容进行记载，以供整理会议文件、存查备考的会议原始文字记载。

（二）会议记录的类型

会议记录通常有详细性会议记录和摘要性会议记录两种类型。

（三）会议记录的构成

会议记录的一般格式包括会议的组织情况和会议的内容两部分。

会议的组织情况要求写明会议名称、时间、地点、出席人员人数、缺席人员人数、列席人员人数、主持人、记录人、主要议题、发言记录及审阅签字等。

会议的内容要求写明发言人、会议中心议题，这是会议记录的核心部分。

正式会议记录要由主持人和记录人在正文的右下方签名。

【范例 9-5】

A 物业公司周会会议记录

会议时间：2021 年 5 月 20 日 17:30

会议地点：营销中心会议室

参会人员：客服、内勤、协管、秩序维护负责人、保洁负责人

主持人：总经理助理

会议内容：

一、客服、协管、秩序维护、保洁汇报上周工作情况

1. 客服发现问题：卫生上周有所下降，希望保洁这周努力把卫生搞好；地下停车场希望抓紧时间投入使用。

2. 协管发现问题：豆芽批发车辆乱停乱放，难清理；市场外有水果批发车辆占道经营，较难清理。

3. 秩序维护发现问题：锁车需要广播循环播报。

二、经理安排本周工作内容

1. 周一上午通知安装空调的商户，在安装空调前到物业办公室提出申请；

2. 秩序维护要继续清理西停车场主干道乱停车现象，引导车辆进入停车场停放；

3. 保洁要对地面进行冲刷，对垃圾桶、花箱、宣传画、瓷砖进行擦洗，对下水道进行清理；

4. 协管要引导大棚下的商户上完货以后，将三轮车停放在停车场，清理占道经营商户；

5. 赵电工要对公用电表箱进行检查，要有记录；

6. 内勤要对商户租赁来访进行登记，收取租金，将合同归档，做好租控工作；

7. 内勤要求保洁和秩序维护有人员变动时要及时来物业进行登记。

记录人：_____

______年___月___日

六、竞聘演讲稿

（一）竞聘演讲稿的概念

竞聘演讲是指参加竞聘者为了实现竞争上岗，就自我竞聘条件、未来的构想和具体的实施方案等所发表的公开演讲。

（二）竞聘演讲稿的格式规范

竞聘演讲稿的内容要具有明显的竞争优势，态度真诚、思路清晰、语言简练，充分表明自己的决心和请求。竞聘演讲稿一般由标题、称谓、正文和落款四部分组成，具体如表 9-4 所示。

表 9-4 竞聘演讲稿的格式规范

构成部分	写作要求与内容
标题	竞聘演讲稿的标题有两种写法：一种是只标“竞聘演讲稿”；另一种是公文标题法，如《关于竞聘××公司人力资源部经理的演讲》
称谓	称谓即对评委或听众的称呼，一般用“各位评委”、“各位听众”或“各位领导”即可
正文	正文由开头、主体和结尾三部分构成。 ① 开头。开篇多以“感谢给我这样的机会让我参加本次竞聘演讲”或“恳请评委及与会同志指教”等礼节性致谢词导入正题，紧接着阐明自己发表竞聘演讲的理由，然后简要介绍自己的有关情况，如姓名、学历、职务、经历等。 ② 主体。主体是全文的重点和核心，主要包括个人简历、竞聘条件、提出达到目标的构想和具体实施方案等。 ③ 结尾。结尾首先要写出自己竞聘的愿望和信心，其次要表明对竞聘成败的态度，如果成功就大展宏图，如果失败也会一如既往地努力工作
落款	写姓名和时间（不读出来）

【范例 9-6】

区秩序管理队长竞聘演讲稿

尊敬的各位领导：

你们好！

我今天竞聘的岗位是小区秩序管理队长。

自××××年2月担任小区秩序管理代理队长一职以来，在部门经理和公司各级领导的正确领导和指引下，高标准严要求，紧紧围绕公司的总体部署，带领全体秩序管理人员全力做好小区的安全保卫工作，任职至今未发生一件安全事故，秩序管理队伍稳定，各项工作开展情况良好。下面我就将任职期内的工作情况及未来的工作计划向公司领导做一个汇报。

一、任现职期内的工作情况

秩序管理工作也许不是我一生的追求，但是现在我既然选择了秩序管理这个职业，就会尽职尽责做好。在这里我要感谢各位领导给了我很多学习锻炼的机会，这一年里，公司领导让我在秩序管理队长的岗位上锻炼，为了使我适应秩序管理工作，公司领导经常帮助和鼓励我。为做好秩序管理代理队长工作，我认真学习秩序管理、消防等专业知识，踏踏实实做好每一件事。

在实践工作中我敢想敢管，发现员工中存在对工作不够尽职的现象敢于批评指正，在履行秩序管理代理队长职责的同时，还不断学习充实自己。当然，在日常的秩序管理中，由于自己年轻，心直口快，方法又不多，可能挫伤了一些人的积极性，那段时间里自己也感到相当无奈。但我并不气馁，而是不断总结经验教训，慢慢地，在做秩序管理代理队长的工作中经历的事情多了，看得多了，也从中学到很多的知识，同时还积累了一些经验，掌握了一些方法，为我以后的工作打下了良好的基础，尤其是在遇到突发事件的时候不至于手忙脚乱，以不变应万变。在秩序管理队长的岗位上工作，精神也很紧张，我深感责任重大，平时就有许多琐事尤其是节假日、夜里、领导不在的时候，总会有一些事情发生，这就要有很强的责任心。

二、未来的工作计划

下面从十个方面谈谈我的工作计划。

（一）加强业务学习提高自身素质

基层管理者要有高度的责任心和过硬的业务水平才能胜任管理工作，带领队伍健康稳定地向前发展。秩序管理是一个特殊的行业，对从业人员的要求高，而且要求准军事化管理，怎样才能让这十几名不同情况的年轻人发挥他们的光和热呢？这是个有挑战性的工作。在任职之时，为了能尽快熟悉岗位情况，厘清工作思路，我给自己制定了详细的学习计划，利用各种学习方式，全面加强业务学习和注重专业知识的提升，提高自身素质。

（二）提升工作效率和工作质量

在小区从事秩序管理工作一年来，我深知其中的责任感有多重，而事故的隐患不会随人的主观意识而改变。正因为如此，身为一名基层秩序管理人员，我必须时刻保持高度的警觉性、责任意识和大局意识，一年来我们在工作实践中逐步建立健全部门规章制度，创新管理措施及管理手段，稳步提升工作效率和工作质量。

（三）加强员工培训，提升服务质量

部门员工多为“90后”并且大多是第一次参加工作，有的自我约束力较差，理解能力不强，工作执行力低，管理难度大。针对这一问题，为提高队伍的整体素质和形象，我坚决从源头抓起，加大岗位培训力度，每天对队员进行有计划的学习和培训，同时根据队员的不同情况，进行针对性的教育培训，以确保队伍稳定。队员的作风纪律、业务水平、服务质量和处理问题的能力都有了明显的提高，取得了持续无事故的良好效果。

（四）加大值班和巡逻检查力度

在节假日期间加强值班，对重点部位、敏感部位安排专人多转、多听、多看，发现情况做到第一时间到位，及时处理，把一些不安定因素和苗头消灭在萌芽状态，在加强值班的基础上进一步调整巡逻检查密度，秩序管理人员24小时巡逻检查园区四周死角。

（五）把每一项工作落实到实处

层层布置、层层落实，主抓各项工作落实情况，争取把每一项工作落到实处。

（六）对员工加强管理

对每个队员严格进行考核，提高秩序管理队伍的整体素质。对他们多讲、多做工作，让每一名队员都知道秩序管理工作的重要性、特殊性，使他们从根本上强化自己的服务意识，并对他们提出严格要求，严格执行公司的规章制度，做好本职工作。配合经理对每一个岗位进行绩效考核，有功必赏、有过必惩，进一步提高队员的工作积极性。

（七）对队员进行人性化管理

做好队员的思想工作，关心爱护队员，了解他们的思想、工作、生活等情况，及时发现问题，做到政治上关心、思想上信任、工作上教导、生活上体贴。

（八）不断提高队员的业务技能

有计划地组织队员学习训练，检查督促队员管好、用好安保器材和消防器材，使其保持良好的工作状态。

（九）保证小区安全有序

加强园区内消防安全和车辆管理工作，确保园内消防通道畅通，车辆有序停放。

（十）做好应急防护工作

坚持查岗查哨制度，掌握人员在岗情况，做好考勤工作和秩序管理人员调配。发现问题及时解决，重大事件及时上报。

我现在的工作离公司的要求和同事们的期待还有一定的距离，工作中也有一些不尽如人意的地方，特别是秩序管理的整体服务意识方面做得还不到位，我会吸取教训，总结经验，不断学习，在公司领导的正确领导和监督下，进一步加强小区的安保防护工作，不断提升队伍的整体素质，使每项工作落到实处，做到防患于未然，确保安全无事故，为小区广大业主提供一个良好舒适的生活环境。

我在本次竞聘中，如果成功就大展宏图，如果失败也会一如既往地努力工作。

姓名：×××

______年___月___日

七、述职报告

（一）述职报告的概念

述职报告是指各级管理人员和专业技术人员向主管单位领导或本单位人员陈述自己在一定时期内履行岗位职责的评述性文体。

（二）述职报告的格式规范

述职报告要求实事求是、语言精练、层次清晰、充分展示个人的业绩和能力。述职报告一般应包括标题、称谓、正文和落款四个部分，具体如表 9-5 所示。

表 9-5 述职报告的格式规范

构成部分	写作要求与内容
标题	一般为《述职报告》《××××年述职报告》《在困境中开拓工作新局面——××××年述职报告》等
称谓	这是述职者对听众的称呼。称呼通常有“各位评委”“各位领导、同志们”等
正文	正文一般由引言、主体、结尾构成。 ① 引言。引言就是用精练的语言概括述职者的基本情况，即述职者的姓名及现任职务、任职时间、分管工作、岗位职责和工作任务等。 ② 主体。这部分是述职报告的核心，主要写工作业绩。 ③ 结尾。这部分主要写存在的主要问题和今后解决问题的方法和措施。这部分行文要求简短、自然
落款	标明述职者的单位名称（视情况可省略）、姓名和述职时间

【范例 9-7】

物业项目经理述职报告

公司×总、各位同人：

大家好！

年初，公司×总再次提出了“二次创业”的战略目标，同时提出了以“五心”撰写××××年物业优质服务的新篇章的工作宗旨，紧紧围绕执行×总下达的目标管理责任开展工作。现对一年来的工作做如下述职总结。

一、简述指标完成情况

年初，按×总下达的目标管理责任进行分解，并按部门和项目签订了部门和项目的目标责任书，明确了自己的各项任务指标。科学安排，强化“三全管理”，为创朝阳特色的企业品牌，树立良好的企业形象，实现多元化管理，力创社会效益、经济效益双丰收，紧紧抓住物业服务工作主线，展开工作，较好地完成了公司下达的各项任务。一年来，虽有项目经理、主管的更换，以及物业遗留问题、安全问题和服务缺陷问题对物业管理费收缴的影响，但还是想方设法完成了收费任务，如××项目各项收费率达 96%；××项目各项收费率达 98%；××项目各项收费率达 98%。

二、回顾反思，落实整改提高

细细品味一年来的工作，好像事事都有美中不足的地方。自身也有许多不尽如人意的地方，主要表现在以下两个方面。

1. 急躁激动、缺乏克制

工作中遇到不顺心的事容易暴躁激动，好发脾气，好训斥人，无意中伤害了员工的自尊心。

2. 缺乏沟通技巧

工作中宁肯多干，不愿多说；遇阻受制，不善疏通，因此往往事与愿违，影响工作。

这些缺点和不足有待今后工作中克服。

最后，借此机会表达一下我的心愿：感谢×总对我工作的支持，感谢与我同舟共济、朝夕相处的物业公司全体同事对我的帮助和信任。

述职人：×××

________年____月____日

第二节 行政公文

物业服务企业常用行政公文有通知、通报、报告、请示、函和会议纪要等。

一、通知

（一）通知的概念

通知是指用于批转下级部门的公文，转发上级部门和其他不相隶属部门的公文，发布规章，传达要求下级部门办理或有关单位人员需要周知或者执行的事项，任免人员时使用的公文。

当物业服务企业在内部要转发上级单位或不相隶属单位的公文，传达要求下级单位或部门办理或需要有关单位周知、执行的事项，以及任免人员时，都会用到通知。

（二）通知的类型

物业服务企业通知大体上可分为指示性通知、转发性通知、周知性通知三类。

（三）通知的格式规范

通知一般由标题、正文、落款和附件四部分组成，具体如表 9-6 所示。

表 9-6 通知的格式规范

构成部分	写作要求与内容
标题	一般由“发文单位名称+事由+通知”构成，可省略发文单位名称，但不可省略事由（通知的内容）
正文	一般包括以下内容： ① 开头。简明交代制发通知的根据和目的，之后多用过渡语，如“特此通知如下”“现将……的有关事项通知如下”等。 ② 主体。简要叙述通知的事项，分条列项，层次分明。 ③ 结尾。写明通知执行要求，通知的结尾通常用“特此通知”“以上通知，望认真执行”“本通知自发布之日起实行”等惯用语

续表

构成部分	写作要求与内容
落款	标明发文日期和发文单位（印章），发文日期的数字写法如二〇二一年八月八日
附件	通知要求附加的文件

【范例 9-8】

停 水 通 知

尊敬的各位业主：

为保证业主的生活用水质量，保障业主的身体健康，物业公司决定对本小区二次供水水箱进行清洗，需停水作业，具体停水时间：

6 月 2 日 7 时 30 分至 6 月 3 日 7 时 30 分。

为此，物业服务中心特别提醒您：

1. 请提前做好蓄水准备。

2. 恢复供水后，三天内水有微量消毒味，属正常现象；养殖金鱼等小动物的住户 7 天内请不要换水。

3. 外出前务必检查家中的水阀开关是否关闭，以免正常供水后发生泄水现象。

4. 用户在停水后初次用水时，若出现水质浑浊的现象，适当放水三至五分钟便可恢复正常。

停水期间将给您带来不便，敬请谅解！

××物业服务有限公司

______年___月___日

二、通报

（一）通报的概念

通报是表彰先进、批评错误、传达重要精神或者情况的公文。

（二）通报的类型

通报大体上可分为表彰性通报、批评性通报和情况通报三种类型。

（三）通报的格式规范

通报一般由标题、正文、落款三部分组成，具体如表 9-7 所示。

表 9-7　通报的格式规范

构成部分	写作要求与内容
标题	一般由“发文部门+事由+文种”构成，也有省略发文部门的
正文	一般包括以下内容： ① 主要事实，即通报的原因、典型材料等； ② 指出事例的教育意义；

续表

构成部分	写作要求与内容
正文	③ 希望或要求； ④ 生效标识
落款	一般应标明： ① 发文部门名称并加盖印章； ② 发文日期，数字写法如二〇二一年八月八日

【范例 9-9】

关于表彰银河区物业服务工作先进单位、先进个人的通报

×××〔2021〕2 号

各物业服务企业、各业主委员会：

2020 年度，银河区物业服务工作长足发展，取得了良好成绩，各物业服务企业在服务意识、服务质量和管理机制上都有新的提高。为鼓励先进，鞭策后进，现通报表彰在 2020 年度物业服务工作中业绩突出的先进单位和先进个人（名单附后）。各物业服务企业和物业从业人员应以他们为榜样，学习他们的新理念、新经验和科学管理方法，积极努力工作，在 2021 年物业服务工作中取得新的成绩。

××市银河区住房保障和房产管理局

______年___月___日

附件：2020 年度银河区物业服务工作先进单位、先进个人名单

三、报告

（一）报告的概念

报告是指下级向上级汇报工作、反映情况，提出意见或建议、答复上级的询问或要求的一种陈述性公文。物业服务企业行政部门经常使用报告这个文种向上级单位汇报工作情况。

（二）报告的类型

物业服务企业报告通常有工作报告、情况报告、回复报告、建议报告和报送报告五种类型。

（三）报告的格式规范

报告一般由标题、正文、落款三部分组成，具体如表 9-8 所示。

表 9-8 报告的格式规范

构成部分	写作要求与内容
标题	标题一般由“发文单位+事由+文种”构成，也有省略发文单位的
正文	正文一般包括以下内容： ① 缘由。即报告的目的和原因，概述报告的中心内容或基本情况。 ② 主体。指报告的事项。一般要写明具体情况、存在的问题和今后的意见。 ③ 结语。指用简明的文字或惯用语结束全文。由于报告不需要上级答复，所以它的结束语避免出现“请指示（批示）”等字样
落款	一般应标明： ① 发文单位名称并加盖印章。 ② 发文日期，数字写法如二〇二一年八月八日

【范例 9-10】

××物业服务公司品质部关于质量体系运行的报告

公司董事会:

现将我部门质量体系运行以来的工作报告呈上，请予审阅。

自公司建立质量体系以来，我们紧紧围绕公司制定的质量方针和目标来开展本部门的各项工作，并且取得了较好的效果，大家的质量意识得到了很大的提高，对公司质量目标与方针的理解也较为透彻，为确保公司质量目标和方针的实现作出了我们应有的贡献。我们做的工作具体来说有以下几点:

一、顾客满意度调查

围绕“以顾客为关注焦点”，我们进行了顾客满意度的调查，充分了解到了顾客的要求和期望。顾客还对以往我们工作中存在的问题提出了改进的方案，这些在目前的工作中得到了很好的落实，顾客反映比较满意。

二、树立公司良好形象

我们还加强了对工作环境的管理，对文件、资料的存储、摆放进行了规范，对办公场地的清洁、整齐制定了更严格的标准，对工作人员的服务态度也予以端正，做到待人热情、礼貌，这些都得到了业主的一致好评，为公司树立了良好的形象。

三、完善物业管理过程

对物业管理的整个过程，我们以过程方法和管理的系统方法为原则，进行了细致的策划，针对市场调研→楼宇接管→入住→秩序管理服务→绿化服务→清洁服务→监察服务→维修服务→楼宇事务服务→社区活动这一系列的过程，我们进行了系统的管理，明确了大家的工作职责，改变了以往管理上存在的职责不明的现象，也消除了可能存在的工作盲区，使我们的服务质量有了较大的提升。

此外，我们还加强了对质量体系运行以来产生的各种记录的管理，确保我们的工作符合标准的要求，也为工作的持续改进提供了可靠的依据及信息。

通过这些工作，确保了公司的质量目标和方针的贯彻和实施。显然，由于体系的运行时间还比较短，我们的工作不可避免地还存在一些不足，还有不符合标准的地方，在以后的工作中，我们将进一步加强对标准的学习，使大家对质量体系做到真正透彻、深入地理解。同时，我们将继续按照标准的要求来规范我们的各项工作，使公司的质量体系能够有效地运行，为公司树立良好的形象。

特此报告。

品质部

______年___月___日

四、请示

（一）请示的概念

请示是向上级单位请求指示、批准的公文。当物业服务中就某一事项请求上级领导给予指示或批准时，要用请示这个文种。请示要求一文一事，即一份请示只能向上级请示批准一个问题；请示的主送单位也只能是一个，不能多头请示。

（二）请示的格式规范

请示一般由标题、开头、主体和结尾四部分组成，具体如表 9-9 所示。

表 9-9 请示的格式规范

构成部分	写作要求与内容
标题	标题由“发文单位名称+事由+文种”构成，有的只写事由和文种，但不可省略事由（请示的内容）只写文种
开头	开头要求写得充分而又简明，内容写请示的缘由和背景
主体	主体要求写作内容实事求是、简要、明确、合理；内容写请示的事项
结尾	结尾写要求和希望。常用语有“妥否，请批示”“以上批示，望予审批”“当否，请批示”等。最后署名（发文单位）并写明请求日期

【范例 9-11】

关于提高清洁卫生服务费的请示

尊敬的公司领导：

自 2021 年 10 月 30 日办理完五月花住宅小区入住手续以来，我们保洁部全体员工坚持“全心全意全为您”和“微笑服务”的理念，为本小区提供了优质的清洁卫生服务，得到了本小区广大业主的支持和信任，但今年春节后保洁员工作积极性不高，部分保洁员陆续辞职（主要原因是工资待遇太低），业主频繁投诉。

为保证清洁卫生质量，提高清洁卫生工作效率，提高清洁卫生人员的素质和工作技能，保洁部计划更换新型清洁工具，为清洁卫生工作人员做岗前培训和定期培训。为了提高清洁卫生人员的工作积极性，稳定清洁卫生队伍，也为了能够更好地服务业主，同时根据劳动力市场行情，恳请公司领导将保洁员的工资由 1500 元/月上调为 2000 元/月，并给予保洁部每年一万元的培训经费，尽快更新清洁工具。

真诚地希望公司领导给予全面、客观的考虑。

当否，请批示。

保洁部

××××年××月××日

五、函

（一）函的概念

函是指不相隶属的企业（机关）部门之间、企业与企业之间或企业与政府部门之间相互商洽工作，询问和答复问题或向有关部门请求批准事项时使用的公文。例如，C物业服务企业想去D物业服务企业参观学习，如果要用书面形式表明，就要用“函”。

（二）函的类型

函一般可分为商洽函、询问函、告知函、答复函和请求批准函等五种类型。

（三）函的格式规范

函一般由首部、正文和落款三部分组成，具体如表9-10所示。

表9-10　函的格式规范

构成部分	写作要求与内容
首部	首部一般由“标题+受文单位”构成
正文	正文一般由开头、主体、结尾、结语等部分组成。 ① 开头。主要说明发函的缘由和目的。复函要说明来函已收悉。 ② 主体。主体是函的核心内容，主要用精练的语言写明所商洽、询问或请求批准的事项以及请求。 ③ 结尾。一般用礼貌性语言向对方提出希望、帮助等，或请对方提出意见，请求对方及时复函，或请主管部门批准。 ④ 结语。去函常用“特此函达”“敬请回复”等请求语，复函常用“特此函复”“特此函告”“此复”等请求语
落款	落款一般应标明： ① 发文单位名称并加盖印章。 ② 发文日期，数字写法如二〇二一年八月八日

提示：函主要是不相隶属单位或平级单位之间使用的公文，因此，语气应温和、得体，避免使用命令性的语句。

【范例9-12】

××××业主委员会关于今冬供暖问题的函

××物业服务有限公司：

因本小区供暖责任单位A公司已经被贵公司整合，所以就本冬供暖问题特发此函。

本冬供暖情况我们非常不满意。进入12月份以后（春节期间除外），不满意率大幅增加，投诉如潮。多数业主家中温度仅能在供热波峰时达到16～17℃，个别业主（主要是东西两侧圆弧窗、南侧飘窗户型及跃层的顶层）家中波峰时仅14℃左右，更别提供热间歇时间的温度了，离相关文件要求的室内保持温度相差甚多。

毋庸讳言，从×总到×部长，物业的相关工作人员也确实在想方设法改善供暖情况，其间还对本小区换热站一、二次管道进行了局部改造。但从结果来看，供暖整体效果还是无法让人满意，说目前小区业主对供暖工作充满怨言并不为过。

我们要求贵公司针对以上情况认真总结今冬供暖工作，找出供暖不能达标的真正原因，是系统的问题改造系统，是燃煤问题解决热值问题，是管理问题加强控制，是房屋质量问题请开发商解决。总之，我们要求贵公司就今冬供暖工作的症结及解决措施给我们以书面答复（15个工作日内），以利于以后小区供暖工作的正常进行。

××××业主委员会

______年___月___日

六、会议纪要

（一）会议纪要的概念

会议纪要是记载和传达会议情况及议定事项的公文，是会议文件的一种。

当物业服务企业记载会议情况和议定事项时，就要用“会议纪要”这个文种。纪要的形式因会议形式不同而异，有专题会议纪要、综合会议纪要、协调会议纪要、例行会议纪要等。

（二）会议纪要的格式规范

会议纪要一般由标题、成文日期和正文组成，具体如表9-11所示。

表9-11　会议纪要的格式规范

构成部分	写作要求与内容
标题	标题一般由会议“名称+文种”构成，也有的由正、副标题组成
成文日期	会议纪要的成文时间一般写在标题正下方，并加圆括号。会议纪要不需要加盖印章
正文	正文通常由引言、主体和结语组成。 ① 引言。正文开头简要介绍会议概况：召开会议的目的、时间、地点、主持人、参会的单位或人员情况、会议的议题，以及对会议成果的总体评价等。 ② 主体。主体主要记载会议精神和议定的事项，是纪要的中心部分，要根据会议记录的原始材料归纳、总结、整理并实事求是地提炼出与会代表的发言内容和会议主要精神以及与议定事项相吻合的会议精华。 ③ 结语。结语即结尾，一般写会议成绩或提出希望、要求，发出号召。有的会议纪要没有结尾部分，主体写完就结束了

提示：会议纪要成稿后，须经与会者讨论认定，并提请主持人审核与签发。

【范例 9-13】

××物业服务公司管理与发展专题汇报会议纪要

______年___月___日

××××年 9 月 19 日下午，在公司总部 1016 会议室，公司副总经理、工会主席×××主持召开了 A 物业公司管理与发展专题汇报会，物业公司经理×××做管理与发展专题汇报；公司董事长、总经理×××，党委书记××及各物业公司部门以上负责人参加了会议。会议对重点问题进行了讨论，受董事长、总经理×××委托，党委书记××做会议总结。现将会议主要内容纪要如下。

一、会议汇报的主要内容

（一）管理概况

1. 基本情况（略）。
2. 财务状况（略）。
3. 人员状况（略）。
4. 员工收入（略）。

（二）发展思路（略）

（三）需要公司解决的问题（略）

二、会议对重点问题讨论的意见（略）

三、党委书记×××做会议总结（略）

第三节　其他日常应用文书

物业管理服务过程中除了用到事务文书和行政文书以外，通常还要用到其他日常应用文书，如告启类文书和条据类文书。

一、告启类文书

物业管理常用告启类文书有标语（提示牌）、启事、海报等。

（一）标语（提示牌）

制作标语（提示牌）（图 9-1）的书写要求如下：

① 简洁明了，通俗易懂，易读易记；
② 针对性强，贴近生活，让观众喜闻乐见；
③ 与时俱进，人性化管理，多用现代文明语句；
④ 一般情况下，在标语（提示牌）下要有落款，标明制作单位简称。

图 9-1　物业服务企业制作的提示牌

（二）启事

启事一般包括标题、正文和落款三个部分。

【范例 9-14】

寻 物 启 事

本人于今年 1 月 25 日早 8 时乘 7 路公共汽车时，不慎将身份证和驾驶证遗失。有拾到者请与××公司×××联系，必有重谢。

电话：×××××××××××

启事人：×××

______年___月___日

（三）海报

海报是人们极为常见的一种招贴形式，多用于电影、戏剧、比赛、文艺演出等活动。当然，也可以说海报是向公众传播各种消息的招贴。海报中通常要写清楚活动的性质，活动的主办单位、时间、地点等。海报的语言要求简明扼要，形式要做到新颖美观。

海报的结构一般包括标题、正文和落款三个部分。

【范例 9-15】

海　　报

为了促进物业管理专业大学生快速就业，物业管理教研室李主任特邀著名物业管理专业人士××经理来校做大学生如何从事物业管理服务工作的报告，希望物业管理专业

全体学生积极参加。

报告时间：______年___月___日
报告地点：学院 1 号报告厅

××学院学生会
______年___月___日

二、条据类文书

（一）条据的基本知识

1. 条据的概念

条据是单位或个人之间为了办事方便，避免纠纷，在收到、借到、领到钱或物时出示的凭据。条据是记载重要的行为和事务的文书。

2. 条据的构成

无论何种条据，都由首部、正文和尾部构成。

（二）条据的类型

条据是物业管理记载重要的行为和事务的文书。条据一般分单据和便条两种。单据具有凭据的作用，记载的内容是重要的事务或者能产生法律后果的事务。便条一般记载的是日常生活中重要的事项。物业管理服务常用条据通常有借条、收条、欠条、领条、请假条、留言条等。

1. 借条

借条是向单位或个人借款借物时写给对方的条据，一般借条中应说明归还日期。当归还钱物时，一定要取回借条并及时销毁，以免发生事端。

【范例 9-16】

借　条

今借到×××物业服务公司书桌两张，椅子陆把，定于 9 月 8 日前归还。
此据。

×××（签字）
______年___月___日

2. 收条

收条也称收据，是收到个人或单位交还的钱物时，写给对方的表明已收到且作为凭证的条据。

【范例 9-17】

收　　条

今收到××同志归还的借款叁佰元整。

×××物业服务公司会计室
经手人：×××（签字）
______年___月___日

如果是代本单位的某一部门或代熟识的个人收到钱物，所开的条据就叫代收条。

【范例 9-18】

代　收　条

今收到××物业服务公司归还给财务处的计算机叁台，均完好无损。
此据。

××物业服务公司办公室
代收人：×××（签字）
______年___月___日

3. 欠条

欠条是人们在社会生活过程中，因不能立即结清某种钱款或财物手续而写给对方的条据。欠条有四种情况：①购物时携现款不够，赊欠部分需要打欠条；②归还钱物时，只归还一部分，余欠部分需要打欠条；③购物时，因供货商商品不足，未及时付给消费者的部分商品需打欠条；④向单位或个人借款借物时，当时因各种原因未打借条，事后需补写欠条。

【范例 9-19】

欠　　条

欠××装饰公司装饰费共捌万元整，今付伍万元整，尚欠叁万元于××××年 5 月 8 日前结清。

××物业服务有限责任公司办公室（公章）
______年___月___日

4. 领条

领条是向单位或部门领取发放的钱物时，给经手发放人写的条据。领条是发放人结账的凭证。

【范例 9-20】

领 条

今领到后勤处发放的 9 月份劳保用品：计肥皂拾肆条、香皂拾肆条、毛巾捌条、水靴捌双。

此据。

经手人：×××

______年___月___日

5. 请假条

请假条是因病或因事不能上班或不能完成既定工作而向有关人员或负责人说明情况和请求给予准假的条据。

【范例 9-21】

病 假 条

办公室吴主任：

我因感冒发烧，今天不能上班，特此请假一天。附：医院证明。

请假人：×××（签名）

______年___月___日

【范例 9-22】

事 假 条

党支部××书记：

接办公室通知，明天派我去省城汇报工作，故不能参加支部会。

特此请假。

请假人：×××（签名）

______年___月___日

6. 留言条

留言条是在日常生活和工作中，因未能见到期望人而留给对方说明情况的条据，或因故不能按时赴约，需要给对方留言所写的条据。留言可以避免对方长时间等候或者误会。不过，在通信工作高度发达的今天，不一定非要写纸质留言条，有时也可以电话或短信留言。

【范例 9-23】

留 言 条

方经理:

今天上午找你，有要事相商，巧不相遇，不能久等。明日上午八时我准时再来，敬请等候。

××留言（签名）

______年___月___日___时

知识链接

一、物业常用文书模板目录

【模板 1】质量问题通知单

【模板 2】整改报验不合格通知单

【模板 3】停电通知

【模板 4】业主授权委托书

【模板 5】电梯暂停服务通知

【模板 6】出入门禁刷卡通知

【模板 7】设备维修报告书

【模板 8】费用催缴通知单

【模板 9】保洁质量月总结报告

【模板 10】设备事故报告书

二、物业常用文书模板

【模板 1】

工程名称:　　　　　　　　　　　　　　　　　　　　　　　　　　编号:

质量问题通知单
__________________工程部:
经检查，__________施工单位在_________号（楼、单元）至________号（楼、单元）的_______分项工程施工上存在一些质量问题。详见附页，质量问题记录表编号（___________）共__________页________项问题。
请通知施工单位于______年___月___日之前完成整改，经自查合格后及时报验。
备注:
物业公司质量检查组　　　　　　　　　　××工程部
签发人:　　　　　　　　　　　　　　　　签收人:
日期:　　　　　　　　　　　　　　　　　日期:

【模板 2】

工程名称：　　　　　　　　　　　　　　　　　　　　　　　　　　　　编号：

整改报验不合格通知单

________工程部：

________施工单位根据编号______《质量问题通知单》整改后于____年__月__日提交了报验单，经我检查组复查验收，所报验的______号（楼、单元）的________分项工程仍存在部分不合格或未整改质量问题。详见附页，质量问题记录表编号（______）共___页______项问题。

请通知该单位继续整改，于____年__月__日之前完成整改，经自查合格后及时报验。

根据____年__月__日贵部召集的物业、监理、施工三方细部质量检查专题会议之约定，将对报验复验不合格项目做相应罚款处理。

备注：

物业公司质量检查组　　　　　　　　　　　　　　　　××工程部

签发人：　　　　　　　　　　　　　　　　　　　　　签收人：

年　月　日　　　　　　　　　　　　　　　　　　　　年　月　日

【模板 3】

停 电 通 知

物业（　　）物字第（　　）号

尊敬的各位业主：

我公司接供电公司停电通知，因高压电房设备维修工程计划，____年__月__日（周六）上午____至____将对本小区停止供电，请互相转告，不便之处请谅解！停电期间，我们将启用发电机组以满足日常用电需要，请大家节约用电，尽量减少空调的使用。相关单位确需进行用电作业的，请打我们的服务热线：________

××物业服务有限公司

____年__月__日

【模板 4】

业主授权委托书

______物业管理处：

我单位/本人______是大厦______室的业主，从____年__月__日起至____年__月__日止，将上述单元租给/授权________使用。

在此期间，该使用单位直接向管理公司支付有关费用（如管理费、电费及______等），若该使用单位欠缴上述费用时，我单位/本人将按《业主公约》规定负责缴清。

我单位/本人通信地址：________________

联系电话：________________

微信号/电子邮箱：________________

业主签名：____________

（盖章）

业主单位名称：____________

（盖章）

日期：____年__月__日

【模板 5】

电梯暂停服务通知

大厦名称：______________________　　座号：____________

电梯编号：______________________　　保养编号：__________

梯种：　□电扶梯　　　□电梯/货梯　　　□液压梯

暂停服务原因：____

____

处理程序：____

____

由______单位负责，是否需要停止服务：□ 是　　　□ 否

停止服务日期：由______至______止或另行通知。

备注：____

经理签名：　　　　　　　　　　　　　　日期：_____年___月___日

客户签名：　　　　　　　　　　　　　　日期：_____年___月___日

【模板 6】

出入门禁刷卡通知

尊敬的业主（住户）：

接近年关，治安形势比较复杂，为了大家有一个安全文明的居住环境，请大家在出入时刷卡进出，并警惕陌生人跟随进入。没有办卡的业主、住户请尽快来管理处办理。

特此通知。谢谢大家的合作！

×××物业管理有限公司　　×××管理处

_____年___月___日

【模板 7】

设备维修报告书

设备名称		设备编号	
使用单位		报修时间	
开工时间		完工时间	
维修领班		维修人员	
故障现象			
故障原因			
维修结果			
验收人			

【模板 8】

费用催缴通知单

____先生/女士：

我公司曾于____年____月____日给贵用户发出催缴到期应交管理费及其他费用的通知，但至今仍未收到贵用户的欠款。为此，现给贵用户发出最后催款通知，望能在____年____月____日前收到贵用户欠款（详见下表），否则，物业服务企业将按《管理规约》规定，于________年____月____日____时对贵用户暂停各项服务，并保留通过法律途径追缴的权利。

××物业公司

年　月　日

欠费明细

序号	欠费类别	欠费名称	金额	滞纳金	单据号
总经理	签字：　　　日期：　年　月　日			业主签字	

【模板 9】

保洁质量月总结报告

报告人：　　　　　　　　　　　　　　　　______年___月___日

区域（项目）	总结内容
楼层清洁	
地面清洁	
消杀服务	
重大清洁服务	
管理部评语	管理部主管签字：　　______年___月___日
总经理阅示	总经理签字：　　______年___月___日

【模板 10】

设备事故报告书

<table>
<tr><td>资产编号</td><td></td><td>设备名称</td><td></td><td>型号规格</td><td></td><td>使用部门</td><td colspan="2"></td></tr>
<tr><td>事故发生时间</td><td colspan="3"></td><td colspan="2">事故排除时间</td><td colspan="3"></td></tr>
<tr><td>事故报告人</td><td colspan="2"></td><td colspan="2">事故类别</td><td colspan="2"></td><td>责任人</td><td></td></tr>
<tr><td>停机台时</td><td colspan="2"></td><td colspan="2">修理工时</td><td colspan="2"></td><td>修复费用</td><td></td></tr>
<tr><td>事故发生经过
及损坏情况</td><td colspan="8"></td></tr>
<tr><td>事故原因分析</td><td colspan="8">
分析人：　　　　　　　　　时间：______年___月___日</td></tr>
<tr><td rowspan="2">事故原因</td><td>违反操
作规程</td><td>擅离工
作岗位</td><td>超负荷
运转</td><td>没有按
期检修</td><td>忽略安
全措施</td><td>检修质
量不良</td><td>设备先
天不足</td><td>润滑管
理不善</td></tr>
<tr><td></td><td></td><td></td><td></td><td></td><td></td><td></td><td></td></tr>
<tr><td>事故预防措施
及处理意见</td><td colspan="8"></td></tr>
<tr><td>设备管理部
经理意见</td><td colspan="8"></td></tr>
<tr><td>总经理意见</td><td colspan="8"></td></tr>
</table>

本章小结

在物业管理活动中，作为直接影响物业管理活动成效的一个基本要素，物业管理常用文书得到了广泛的使用，而且发挥着重要作用。物业管理常用文书的规范性、科学性直接体现了物业服务企业的专业水平。对物业管理从业人员来说，熟练运用物业管理常用文书是一项必须具备的基本技能。本项目简单地介绍了物业管理常用文书的类型和基本写作方法，每种文书都配有一个供实际应用参考的范例。

知识训练

一、填空题

1. ________是各类企事业单位、机关团体和个人在工作、学习和日常生活等社会活动中，用以处理各种公私事务、传递交流信息、解决实际问题所使用的具有直接实用价值、格式规范、语言简约的多种文体的统称。

2. ________是指国家党政机关、人民团体、企事业单位在进行公务活动时所使用的体式完整、内容系统的各种书面材料。

4. ________是物业服务工作中表述工作事务所用的书面文书。

3. 通报大体上可分为表彰性通报、批评性通报和________三种类型。

5. ________是向上级机关汇报工作、反映情况，答复上级机关询问的公文。

二、选择题

1.（　　）是指参加竞聘者为了实现竞争上岗，就自我竞聘条件、未来的构想和具体的实施方案所发表的公开演讲。

A. 竞职演讲　　B. 决定　　C. 述职报告　　D. 调查报告

2.（　　）是指各级管理人员和专业技术人员向主管单位领导或本单位群众陈述自己在一定时期内履行岗位职责的评述性文体。

A. 竞聘演讲稿　　B. 决议　　C. 述职报告　　D. 倡议书

3.（　　）类文书是人们对未来一定时间内要做的工作或要完成的任务，提出明确目标，规定具体要求，制定相应措施，作出切实安排的一种文书。

A. 计划　　B. 决议　　C. 决定　　D. 调查报告

4.（　　）类文书是单位或个人对过去一段工作或一项活动，进行全面、系统的回顾和分析评价，判明得失利弊，提高理性认识，从中找出经验教训，引出规律性的认识，用以指导今后工作的书面材料。

A. 计划　　B. 决议　　C. 决定　　D. 总结

5.（　　）是通过对典型问题、情况、事件的深入调查，经过分析、综合，揭示出事物的本质和客观规律的书面报告。

A. 调查报告　　B. 决议　　C. 决定　　D. 总结

三、判断题

1. 物业服务企业常用行政文书有计划、总结、调查报告、倡议书、会议记录、竞聘演讲稿、述职报告等。（　　）

2. 物业服务企业常用事务文书有通知、通报、请示、报告、函和会议纪要等。（　　）

3. 请示是向上级单位请求指示、批准的公文。（　　）

4. 物业服务企业常用告启类文书有标语（提示牌）、启事、海报等。（　　）

5. 条据是单位或个人之间为了办事方便，避免纠纷，在收到、借到、领到钱或物时出示的凭据。（　　）

四、简答题

1. 简述物业管理常用事务文书、行政文书的概念和类型。

2. 简述物业服务企业常用事务文书、行政文书和其他日常应用文书的写作方法。

第十章 物业管理技能训练

学习目标

知识目标

1. 掌握案例分析的方法和技巧。
2. 熟悉物业管理的理论知识及应用。

技能目标

1. 具有理论联系实际的能力。
2. 具有综合分析问题和解决问题的能力。

思政育人目标

树立正确的世界观、价值观和人生观，塑造良好的品格。

技能训练一　物业服务企业早期介入谁付费？

某小区的房屋将要拆迁，李先生打算用政府补偿的拆迁补偿费和自己多年的积蓄购买一套新房。在与家人讨论买房之事时，在南方工作的孩子告诉他一些买房的经验，特别强调了一点就是要选那些物业管理早期介入的房产。李先生感到很疑惑，他对物业管理早期介入不太理解，认为早期介入没有什么意义。这种想法也存在于很多业主之中。

问题：

1. 什么叫物业管理早期介入？
2. 物业管理早期介入有什么好处？
3. 物业管理早期介入的费用应由谁来支付？

技能训练二　个别业主有要求，可以召开业主大会吗？

某住宅小区业主张某因在住宅装修过程中与物业服务企业的员工发生争吵，以致对物业服务企业不满，于是向业主委员会主任提出书面申请，请求立即召开业主大会，讨论物业服务企业服务水平及解聘问题。对于业主张某的这一做法，新上任的业主委员会主任感到为难。

问题：

个别业主有要求，可以召开业主大会吗？

技能训练三　业主的表决权应以什么为依据？

王某在某小区买了一套四室二厅的住房，总建筑面积约为200平方米。在召开业主大会选举业主委员会时，他发现一户只购买了一室一厅（建筑面积约为50平方米）住房的业主和他一样都有一票投票权，而交纳的物业管理费却只有他的几分之一。

问题：

这样的分配方式合理吗？业主的表决权到底应该以什么为依据？

技能训练四　业主自发成立的“业主维权委员会”能罢免业主委员会吗？

2021年9月，某住宅小区数百名业主自发组成了“业主维权委员会”，宣称要罢免不能代表业主利益的业主委员会，并要求选出能代表广大业主利益的新的业主委员会成员。

据悉，该小区的业主委员会是由开发商控制的物业服务企业临时指定的，而且对于物业服务企业的选聘也是直接由几个委员决定了结果，并未经过业主大会的审议，更未形成业主大会的决议，少了一道选聘程序，因此闹出了大麻烦。

问题：

1. 部分业主与业主委员会委员之间的矛盾是如何产生的，原因是什么？
2. 用“业主维权委员会”来罢免业主委员会是否可行？为什么？
3. 解决此问题的合理途径有哪些？

技能训练五　开发商能否进入业主委员会？

某大厦在进行业主委员会的筹备工作时出现了分歧，分歧的要点在于开发商能否进入业主委员会。一部分业主认为：开发商应该进入。该大厦共计39000平方米，目前开发商还有近7000平方米未售出，数量较大，这部分产权单位的代表不进入，就难以管理好大厦。另一部分业主认为：虽然开发商还有近7000平方米未售出，但房子一售完，开发商就要离开，不能担任业主委员会委员。

问题：

开发商能否进入业主委员会？

技能训练六　业主入住拿钥匙，物业服务企业设障合法吗？

小王购买了一套期房。住房建成后，在办理入住手续时，物业服务企业提出两个要求：第一，签订业主公约；第二，签三年的物业服务协议。小王发现业主公约中有些条款与开发商的承诺不一样，同时他认为签订三年的管理协议也是不合理的，所以他拒绝了物业服务企业的要求，结果该物业服务企业却以此为由不给他房屋钥匙。

问题：

物业服务企业的这种做法合法吗？小王该怎么办？

技能训练七　物业服务企业能否自行选聘专业服务公司？

某小区业主委员会在对小区物业服务企业进行财务收支状况审核时，发现该物业服务企业把维修费、保安费以及绿化保洁费划转给其他专业服务公司，并不像业主原来想象的这些专业服务人员都属于小区物业服务企业。部分业主认为，如果这些人员不属于物业服务企业，他们提供的服务怎么能放心呢？

问题：

物业服务企业能否自行决定选择专业服务公司？

技能训练八　停车场意外丢失车辆，物业服务企业究竟有无责任？

某日，某汽车维修公司驾驶员驾驶一辆轿车到某大厦办事，驾驶员交付5元停车费后，将车停放在由某物业服务企业经营的停车场，后来驾驶员要提车时发现轿车丢失，遂立即报案，但至今仍未将失窃的轿车追回。汽车维修公司遂起诉至法院，要求物业服务企业赔偿。

问题：

物业服务企业有责任吗？为什么？

技能训练九　开发商的空置房交不交物业服务费？

几位业主在谈及交纳物业服务费时认为，开发商声称在房屋没有销售完毕前自己是小区物业的大业主，有权首次聘用物业服务企业，而作为业主，交纳物业服务费是其应尽的义务，因此，开发商也应当交纳物业服务费。

问题：

开发商在其开发的房屋没有销售完毕前，是否也应按时交纳物业服务费？

技能训练十　外墙渗水，家具霉烂谁负责？

某住宅小区业主黄某住在三楼，发现每逢大雨天就会有水渗入房内，此情况已有两年多了，为此他多次找到物业服务企业，物业服务企业也派人对外墙进行了维修，但渗水问题始终未解决。两年多来，黄某一直受到渗水问题的困扰，屋内墙壁更因长期渗水而剥落发霉，部分家具也因此而霉烂。黄某认为内墙的损坏是由于外墙渗水所致，因此要求物业服务企业赔偿其家具的损失。

问题：

物业服务企业是否应当赔偿？

技能训练十一　业主装修影响他人，物业服务企业应否协调？

业主刘某投诉：隔壁装修施工噪声过大，一天到晚不停地打墙、锯木，请物业服务企业尽快处理。物业服务企业赶快派人去查看，发现刘某反映的情况属实，于是提醒装修施工单位注意文明施工，不要影响他人生活。

次日，刘某又打电话来说情况并未好转，严重影响了他的正常生活与休息。如果再这样下去，他将拒交以后的物业服务费，并向有关行政主管部门投诉。物业服务企业回复说，已经告知装修单位了，但他们要赶工，没办法。

问题：

业主装修影响他人，物业服务企业是否应该有效协调或制止？

技能训练十二　物业服务企业能否改变原来的设计擅设停车场？

某小区的业主之前一直在楼前楼后停车，今年年初，物业服务企业未经小区业主委员会同意就把楼前楼后画上线，改成临时停车场并进行经营。该小区的业主委员会对停车场的经营提出异议，多次与物业服务企业协商，但都未达成一致。无奈之下，业主委员会将物业服务企业告上法庭，要求停止侵权并赔偿损失。

问题：

业主委员会的要求能否得到法院的支持？

技能训练十三　物业服务人员入室引起的误会

某日清晨，某大厦新来的保洁员阿霞在公共通道拖地时，发现 1805 号业主家的客厅亮着灯，但大门内侧的防火门开着，外面的通透式防盗门也虚掩着。她便上前按业主家的门铃，但是按了好几次，室内都没有反应。阿霞便怀着好奇的心理，侧身进入室内，到客厅、阳台、厨房等一一查看有没有人。

正在这时，业主张先生从电梯出来径直走回家（原来他锻炼去了，因粗心而忘了关好家门）。一见大门未关，张先生先是吃了一惊，进到家中，又看见一陌生女子在自己家里，更是又急又气，大声质问阿霞是干什么的，不由分说要把她送到派出所。

问题：

1. 阿霞错在哪里？
2. 如果碰到业主家中无人而门又开着的情况，应该怎样处理？
3. 该如何向张先生说明和解释？怎样才能平息事态？

技能训练十四　业主能否因为房屋质量缺陷而拒交物业服务费？

李先生期盼已久的房子最近终于入住了，可他却高兴不起来。因为房子存在质量问题：卫生间渗水、墙面有裂缝、门窗歪斜。李先生找开发商和物业服务企业后，他们只是把裂缝补了补，渗水及门窗歪斜问题仍然存在，严重影响了李先生的使用。所以，李先生准备不再交物业服务费。

问题：

李先生的这种做法是否合理合法？为什么？

技能训练十五　物业维修资金的使用

某商品房住宅小区在投入使用期间一直没有发生房屋质量问题，但去年冬天经常下雪，由于得不到及时的清理，屋顶积雪越积越厚，春天一到，积雪化为雪水渗到屋内，影响了屋内业主的使用。住在顶层的业主要求物业服务企业对屋面作防渗防漏处理，但物业服务企业却说这属于大修工程，而他们收取的物业服务费不含大修费，所以应从维修资金中扣除此费用。

问题：

1. 屋顶的维修责任应由谁来承担？
2. 维修资金应该归谁所有？如何管理和使用？

技能训练十六　物业管理早期介入

某市拟建的欢乐花园项目地处城市边缘地带，邻近某风景区；总建筑面积 20 万平方米，全部为高层楼房，小户型、单身公寓为主力户型。物业区域有基本商业配套设施及健身房、网球场、游泳馆、图书馆等。某物业服务企业派出了由行政总监为组长，品质部、市场拓展部骨干组成的早期介入小组，负责为开发商提供物业管理咨询服务。在项目协调会上，开发商介绍，该项目正在施工建设中，预计还有 12 个月封顶。会后，物业服务企业随即制订了早期介入工作方案，内容主要包括欢乐花园周边交通、商圈情况调查，目标销售群体确定，工程质量监理，设备安装单位确定，项目销售配合方案等。

问题：

1. 该物业服务企业早期介入工作有哪些错误和不妥之处？
2. 早期介入的主要作用是什么？
3. 如果该物业服务企业取得该项目的物业管理权，可以在哪些方面开展多种经营服务？

技能训练十七 物业服务合同

某业主委员会受业主大会委托，聘请某物业服务企业为其住宅小区提供物业管理服务。双方经友好协商，就物业服务合同中的主要条款达成如下一致意见：①物业服务费用按每月每平方米1.9元的标准向业主收取，多退少补；②物业服务事项包括物业维修养护管理、环节保洁、公共绿化、安全秩序管理等；③业主委员会的权利是执行业主大会的决议，监督物业服务企业履行物业服务合同，听取业主的意见和建议；④物业服务企业有权制定物业管理规章制度，有权制定和修改业主公约；⑤物业服务企业有权采取停水停电的方法催缴物业服务费；⑥双方因履行本合同发生的争议应当协商解决，不能协商的，必须向人民法院起诉；⑦约定双方的权利；⑧本合同经双方签字后生效。

问题：

1. 如何判断物业服务合同是否生效？
2. 双方指定的物业服务合同中缺少了哪些主要的内容？
3. 上述物业服务合同的哪些条款不合理？
4. 有哪些事项有必要在物业服务协议中补充约定？

技能训练十八 物业的承接查验

某住宅小区入住不到两年。前期物业管理由开发商委托的甲物业服务企业（简称甲公司）负责，该小区业主大会成立后决定选聘乙物业服务企业（简称乙公司）承担该小区的物业管理工作，业主委员会书面通知甲、乙公司办理移交。

现场交接时，乙公司派项目经理一人，在甲公司人员陪同下观察了小区内共用部位、公共设施设备及其附属设施的运行状况。观察结果是除部分屋面漏水外，其他部分运行状况正常。对于屋面漏水，甲公司解释属保修期，应由开发商解决。于是，甲、乙两公司未将该问题列入移交工作范围。资料交接时，甲公司向乙公司移交了开发商提供的前期物业资料，甲公司称入住资料属短期保管，已销毁。

费用交接时，甲公司提出因有部分未实际居住的业主以没有接受服务为由，不交纳物业服务费，致使小区物业服务经营亏损，希望用小区楼内广告收入冲抵。

上述情况乙公司给予确认，双方共同签署了交接文件。接管后，乙公司便陆续发现部分电梯存在故障，支出大量维修费用。

问题：

1. 上述物业承接查验的做法是否正确？简要说明理由。
2. 对于部分屋面漏水，甲公司的解释是否恰当？甲、乙两公司的处理方法是否正确？简要说明理由。
3. 甲公司处置入住资料的行为是否符合档案管理规定？简要说明理由。
4. 在办理物业承接查验手续时，建设单位应当向物业服务企业移交哪些资料？
5. 物业承接查验的主要内容有哪些？
6. 部分业主拒交物业服务费的理由是否成立？简要说明理由。
7. 甲公司经营的欠费以广告收入冲抵的处理方法是否恰当？有哪些恰当的处理方法？

技能训练十九 承接查验和前期物业管理

某住宅小区由 A 物业服务企业（简称 A 公司）承担前期物业管理。业主于 2018 年 8 月开始入住，2020 年 5 月该小区召开首次业主大会会议，选举产生了业主委员会，并按照业主大会决议选聘了 B 物业服务企业（简称 B 公司）。业主委员会与 B 公司签订了物业服务合同，合同于 2020 年 8 月 1 日零时生效。业主委员会以书面形式通知 A 公司应于 2020 年 8 月 1 日前办理完成物业承接查验手续。A 公司收到业主委员会书面通知后，安排了该小区管理服务人员退场，但以部分业主欠缴物业服务费为由，拒绝移交相应的物业管理资料，拒不配合物业承接查验。

2021 年 8 月 15 日，顶层的 30 户业主发现房间在雨天漏水，于是联名要求 B 公司无偿修复，B 公司称这是 A 公司管理不善所致，应由 A 公司负责修缮。之后，B 公司不再受理业主有关问题的投诉。

问题：

1. 上述 30 户业主提出的修复请求合理吗？是否应由 B 公司负责无偿修复？
2. B 公司的做法是否妥当？如果你是该公司的负责人，会如何处理业主的投诉？
3. 该小区的前期物业服务合同何时终止？
4. 物业承接查验的一般程序有哪些？
5. 物业承接查验时应注意哪些问题？

技能训练二十 有关业主大会问题

某商品住宅小区建筑总面积（即专用部分面积总和）为 20 万平方米，分别有 130 平方米和 90 平方米大、小两种户型各 1000 套。该小区建设单位于 2019 年 1 月聘请了甲物业服务企业（简称甲公司）提供前期物业服务，合同期限为 3 年。2021 年 6 月，小区依法召开首次业主大会，选出了业主委员会。

部分业主对甲公司的服务不满意，要求予以解聘，并推荐了乙物业服务企业（简称乙公司）来管理小区。该小区业主委员会考虑到召开业主大会会议要产生一定的费用，而且时间拖延较长，拟由业主委员会作出解聘甲公司的决议，但遭到另一部分业主的反对。

2021 年 10 月，小区召开业主大会，对是否选聘乙公司进行表决，包括开发商和业主在内的 482 户大户型和 501 户小户型业主同意选聘乙公司。

问题：

1. 业主大会能否提前解聘甲公司？为什么？
2. 业主委员会能否直接作出解聘甲公司的决议？为什么？
3. 根据 2021 年 10 月业主大会表决结果，能否作出选聘乙公司的决议？为什么？
4. 首次业主大会召开的程序有哪些？

技能训练二十一 装修管理

某住宅区高层塔楼业主李先生装修房屋，在自家户门外约 2 米的公共通道处安装了

防盗门，将大约 4 平方米的公共通道占为己有。物业服务企业发现后多次劝阻，但李先生认为物业服务企业只能服务业主，无权管理业主，拒不恢复原状。

家住李先生对门的业主王女士也多次要求李先生拆除防盗门，王女士以物业服务企业没有尽到职责、没有能够阻止李先生安装防盗门为由而拒绝交纳物业服务费。在李先生安装防盗门时，物业服务企业多次发函予以劝阻制止，并及时报告了业主委员会。

问题：

1. 李先生在公共通道安装防盗门是否合法？为什么？
2. 对李先生拒绝拆除防盗门，应该采取什么法律措施？
3. 假如你是物业服务企业经理，由你来解决李先生和王女士之间的纠纷，采用哪种方式更有利于小区的长治久安？
4. 王女士拒绝交纳物业服务费用的理由是否成立？为什么？

技能训练二十二　房屋维修资金和设备养护问题

某住宅小区 2010 年交付使用，物业服务企业已对该小区投保公众责任险。

2020 年，该小区一号楼部分自来水主管道开始出现漏水，物业服务企业采取抱箍堵漏措施维修。2021 年 4 月起，漏水大范围爆发。经鉴定，简单封堵已不能解决问题，应逐步更换主管道。由于维修改造方案未确定，更换工作被搁置。

2021 年 10 月的一天，该楼业主张某家发现天花板被水浸泡，物业服务企业紧急维修，发现楼上自来水主管道漏水，须凿开楼上业主李某家厨房墙壁更换该主管道，经协商，业主李某同意。

问题：

1. 造成张、李两家相关损失的责任主体是谁？简要说明理由。
2. 赔偿和维修张、李两家的费用应由谁承担？简要说明理由。
3. 如果大面积更换自来水主管道，费用如何支取？简要说明理由。
4. 保险公司是否负责赔偿？
5. 应如何进行房屋设备的保养保修？

技能训练二十三　保洁管理

2021 年入夏的一天，业主石先生和朋友边走边聊，经过其所住的商住楼大堂时，因地滑而摔倒在地，造成骨折住院一个多月，花费医疗费用 20000 多元。石先生认为其摔倒主要是因为地滑，因此，物业服务企业应承担一定责任并补偿其医药费、误工费和精神损失费。物业服务企业认为是石先生自己不小心而导致的摔伤，与其无关，故拒绝赔偿。石先生与物业服务企业谈判不妥，遂将其告上法庭。

问题：

1. 物业服务企业是否需承担赔偿责任？简单说明理由。
2. 结合上述资料，简述物业环境清洁卫生工作的主要内容。

技能训练二十四　环境管理

某分期开发住宅小区，一期业主已入住，二期正处于开发建设期，工地内到处是凹洼积水及饭盒，一期与二期交界处也丢了很多空罐头盒。一期有一个临时垃圾收集点，十几个没盖的垃圾桶就放置在未硬化的沙土上。由于长期投放垃圾且未及时清理，垃圾桶周围土壤已发黑发臭。夏天到来，已入住的一期业主纷纷投诉小区蚊子、老鼠、蟑螂、苍蝇多，要求物业服务企业彻底解决环境问题，否则将拒交管理费。

问题：

1. 造成小区内苍蝇、蚊子、老鼠过多的原因有哪些？
2. 要想彻底解决该小区存在的环境问题，应采取哪些措施？

技能训练二十五　安全管理

凌晨四点，某高层办公楼监控中心的物业服务企业人员在监控屏幕上发现一人打开二楼窗户进入本大厦。

问题：

1. 值班监控人员应采取措施的最佳顺序是什么？
2. 物业管理人员在寻查中发现某办公室内有异常响动，但门窗紧闭。此时可以采取哪些措施？
3. 正确的处理嫌疑人的方法是什么？
4. 在控制嫌疑人后，物业服务企业应当采取哪些措施？
5. 根据实际情况谈谈物业服务企业安全管理的内容和程序。

技能训练二十六　房屋专项维修资金

某大型住宅小区 2005 年建成交付使用，由于尚未成立业主大会，物业服务企业聘请了 30 位业主作为物业服务义务监督员，并定期召开会议征求建议，通报情况。2021 年，在义务监督员会议上，义务监督员提出小区中心花园铁艺围栏锈蚀毁损严重，应给予更换。经物业服务企业预算，全部更换铁艺围栏约需要 13 万元。

问题：

更换铁艺围栏事项由谁决定？如何决定？费用如何解决？并说明理由。

技能训练二十七　多种经营及租赁业务问题

某物业服务企业经营的是写字楼项目，该项目在年底向上级公司汇报了一年来的收入如下：

1. 物业服务费收入 100 万元。
2. 电梯轿厢中设立广告收入 5 万元。
3. 为业主进行入户维修收入 7.5 万元。
4. 公共场地租赁收入 12 万元。
5. 代理业主房屋租赁收入 6.75 万元。

6. 设置快递终端设备获得场地使用费收入 1 万元。

7. 代收代发快递获得物业服务费收入 4.5 万元。

问题：

1. 上述收入中，哪些属于物业服务企业开发多种经营的收入？

2. 上述收入中，哪些属于物业服务企业常规物业服务收入？

3. 上述收入中，哪些属于全体业主共有？

4. 房屋租赁的一般程序有哪些？

5. 你所知道的多种经营项目有哪些？

6. 如何处理共用部位的收益？

技能训练二十八 综合分析

阅读下列资料，然后回答问题。

1. 部分楼梯间陈旧，要求进行粉刷。

2. 保安人员更换频繁，给小区安全管理带来隐患。

3. 小区内停车秩序混乱，建议加强管理。

4. 小区外市政道路边常有小摊贩，环境脏乱，建议加强管理。

5. 常有人到小区散发广告，业主反感，也存在不安全因素。

6. 楼道灯损坏频率高，建议及时检查更换。

7. 某部电梯安全隐患严重，需要大修。

8. 建议小区外墙全部翻新。

9. 小区老鼠和蚊蝇较多（特别是蚊子），建议采取措施。

10. 小区内出现业主丢失自行车的情况，要求加强管理。

11. 部分业主要求减免物业服务费。

12. 部分为主希望提供家政服务。

13. 部分业主反映交通不便，要求向交通部门建议增设到达小区的公交线路。

14. 建议清洁工作业时间与业主的上下班时间尽量错开，避免与业主争用电梯。

问题：

1. 解决上述问题，需要资金投入的项目有哪些？

2. 上述不属于管理职责范围的项目有哪些？对此，物业服务企业应如何处理？

3. 试分析第 9 项问题产生的可能原因和应采取的措施。

4. 在上述所有问题中，不可能满足业主要求，仅需要进行必要的沟通和解释的项目是哪一项？为什么？

5. 业主投诉的处理程序有哪些？

技能训练二十九 物业管理应用文书

某物业服务企业在管的一家住宅小区项目，运行良好，服务热情周到。由于水务集团通知明天要维修线路，所以停水一天，停水时间为早 8 点到当天下午 4 点。同时，该企业新接管一个住宅项目，拟本月底开始办理业主的入住手续，物业服务企业需要在小区入口处张贴“办理入住手续流程”。

问题：

1. 编写一份停水通知书。
2. 编写一份入伙通知书。

技能训练三十 物业管理服务

裴女士住在某高档住宅小区，物业按照每月每平方米7.9元的标准收取物业服务费。一天，裴女士家中的水龙头坏了，需要更换，于是就从商店买来一个新的水龙头，并打电话给物业服务企业，要求其派维修人员上门服务。维修人员按照要求为裴女士更换了水龙头。维修结束后，维修人员要求裴女士支付5元的维修服务费。裴女士不解：“物业服务费我都交了，怎么还管我要钱？”维修人员回答说：“帮您更换水龙头不属于物业服务，而是特约维修服务。我们维修中心都已公示了服务事项和收费事项，请您配合。”

问题：

1. 裴女士应否交纳5元的维修服务费？
2. 物业管理服务的含义是什么？有哪些基本内容？
3. 常规物业管理服务与特约维修服务有何区别？

参考文献

陈龙海，陈赣峰，2012．企业管理培训案例全书[M]．北京：地震出版社．

杜万辉，2016．浅谈现代社区商业物业的管理特色[J]．中国房地产业（5）：45-46．

丰佳栋，2012．物业管理职位工作手册[M]．3版．北京：人民邮电出版社．

贺宁，2014．物业管理实操[M]．北京：企业管理出版社．

李文翎，2013．商业物业管理[M]．北京：科学出版社．

凌明雁，王怡红，2010．物业管理概论[M]．北京：北京大学出版社．

鲁捷，2012．物业管理案例分析与技巧训练[M]．2版．北京：电子工业出版社．

鲁捷，杨凤平，2008．物业管理应用文写作[M]．北京：机械工业出版社．

谌汉初，初志坤，2014．物业管理概论[M]．北京：清华大学出版社．

苏宝炜，等，2014．物业服务运营信息化管理实务[M]．北京：电子工业出版社．

孙清江，2006．论物业管理中社区商业服务的重要性[J]．中国物业管理（z1）：62-63．

腾宝红，2019．物业管理实操从入门到精通[M]．北京：人民邮电出版社．

王海燕，2013．东北地区物业管理研究[D]．武汉：武汉工程大学．

王秀云，2003．物业管理概论[M]．北京：高等教育出版社．

王秀云，2012．物业管理[M]．北京：中国劳动社会保障出版社．

王占强，2014．从入门到精通[M]．北京：中国法制出版社．

武智慧，2018．物业管理概论[M]．重庆：重庆大学出版社．

于卉敏，2012．物业管理工作细化执行与模板[M]．北京：人民邮电出版社．

臧炜彤，等，2010．物业管理概论[M]．北京：化学工业出版社．

张尚国，2013．物业公司规范化管理工作手册[M]．2版．北京：中国纺织出版社．

张作祥，2014．物业管理实务[M]．3版．北京：清华大学出版社．

赵文明，2014．物业管理工具箱[M]．北京：中国铁道出版社．

中国法制出版社，2020．中华人民共和国民法典[M]．北京：中国法制出版社．

中国物业管理协会，2014．物业管理基本制度与政策[M]．北京：中国市场出版社．

中国物业管理协会，2014．物业管理实物[M]．北京：中国市场出版社．

中国物业管理协会，2014．物业管理综合能力[M]．北京：中国市场出版社．

中国物业管理协会，2014．物业经营管理[M]．北京：中国市场出版社．

中国物业管理协会，刘洪玉，柴强，2006．物业经营管理[M]．北京：中国建筑工业出版社．